高等院校会计
GAODENG YUANXIAO KUAIJI ZHUANYE BENKE XILIE JIAOCAI

计算机审计

JISUANJI SHENJI

主　编／徐晓鹏

副主编／王　唐　谢　军

重庆大学出版社

内容提要

本书从会计人员实际工作需要出发,理论结合实际,面向高等院校审计、会计、财务管理等相关专业的本、专科教学使用,也适合会计人员专业岗位培训使用。通过本书的学习,会计及相关人员将能运用系统分析与设计的思想,以计算机为工具,设计并实现完整的会计信息系统。

本书对企业案例和审计软件进行介绍,有很强的系统性和实用性。本书在介绍系统的理论和实务的基础上,也对计算机审计的软件系统进行了详尽介绍,采用理论和实务相结合的方法,配以练习和课件,便于使用者更好地学习。

图书在版编目(CIP)数据

计算机审计/徐晓鹏主编. -- 重庆:重庆大学出
版社,2021.6
高等院校会计专业本科系列教材
ISBN 978-7-5689-2525-9

Ⅰ.①计… Ⅱ.①徐… Ⅲ.①计算机审计—高等学校
—教材 Ⅳ.①F239.1

中国版本图书馆 CIP 数据核字(2020)第 259643 号

高等院校会计专业本科系列教材
计算机审计
主 编 徐晓鹏
副主编 王 唐 谢 军
策划编辑:尚东亮
特约编辑:曹莉莉
责任编辑:陈 力 版式设计:尚东亮
责任校对:王 倩 责任印制:张 策

*

重庆大学出版社出版发行
出版人:饶帮华
社址:重庆市沙坪坝区大学城西路 21 号
邮编:401331
电话:(023)88617190 88617185(中小学)
传真:(023)88617186 88617166
网址:http://www.cqup.com.cn
邮箱:fxk@cqup.com.cn(营销中心)
全国新华书店经销
重庆华林天美印务有限公司印刷

*

开本:787mm×1092mm 1/16 印张:20.25 字数:446 千
2021 年 6 月第 1 版 2021 年 6 月第 1 次印刷
印数:1—3 000
ISBN 978-7-5689-2525-9 定价:56.00 元

前言

　　计算机审计是一门实践性非常强的专业课程,以提高审计信息化和管理水平为指导,以会计系统为对象,采用计算机审计的理论、实务的方法体系,着重介绍计算机审计的软件系统。在内容安排上,讲解计算机审计概述、电子数据审计,为后续内容的学习打好基础;讲解电子表格软件在审计中的应用、数据库软件在审计中的应用;主要讲解审计软件初始设置,包括审计软件概述、系统初始设置、项目管理与审计准备,重点讲授审计软件的审计实施与审计终结,包括审计预警、审计查询、审计检查、审计分析、审计抽样的基本技术方法以及审计终结的基本内容。另外,本书最后一章提供了计算机审计实验案例资料,是对学习内容的操作应用。

　　计算机审计(尤其是大数据审计)已经成为目前审计领域研究与应用的热点。本书按照从计算机审计方法到通用审计软件操作的思路,不仅系统地分析了计算机审计的理论知识,还重点结合实际案例和具体软件操作,从电子表格在审计的应用、数据库在审计中的应用、审计软件的审计实施和审计终结等计算机审计的关键步骤出发,系统地分析了如何开展计算机审计(特别是大数据审计)。本书还介绍了持续审计、联网审计和大数据审计等审计前沿。因此,本书具有前沿性、系统性、可操作性、理论联系实际等特点。本书采用企业案例和审计软件进行计算机审计理论、实务两个方面的编写,应用价值高,推广使用性强。

　　本书是普通高等院校应用特色教材,适合普通高等院校审计、会计、财管、管理类专业的学生学习使用,也可供会计师事务所、企业事业单位内部机构的审计人员培训使用。对计算机审计工作感兴趣的其他专业人员特别是财务会计专业人员、计算机专业人员,亦可在工作中参考。

　　本书由石河子大学经济与管理学院的教师编写完成。具体分工如下：徐晓鹏负责本书的总体结构设计，并编写第4—6章；王唐编写第1—3章；谢军编写第7—8章。制图工作分工如下：方世元第1章、彭雨凡第2章、范露露第3章、苏健坤第4章、刘苗苗第5章、张晓宇第6章、宋玉红第7章、陈敏第8章。对以上教师的辛勤工作，我们在此表示由衷的感谢。

　　由于编者水平所限，书中难免存在疏漏之处，敬请读者批评指正。

编　者

2020年8月

目录

第1章 计算机审计概述

学习目标

　　通过本章的学习,学习理解计算机审计的重要意义,熟悉信息技术与组织业务之间的重要关系,熟悉计算机审计的相关术语,了解国内外计算机审计研究与应用情况,熟悉常用的计算机辅助审计技术。

1.1　计算机审计的重要性

1.1.1　审计与审计证据

　　审计作为一种独立的经济监督活动,一直备受各个国家的重视。随着我国改革开放和社会主义经济建设事业的蓬勃发展,审计监督的地位和作用越来越重要。2018年5月23日,中共中央总书记、国家主席、中央军委主席、中央审计委员会主任习近平在中央审计委员会第一次会议上指出,审计是党和国家监督体系的重要组成部分。审计机关成立30多年来,在维护国家财政经济秩序、提高财政资金使用效益、促进廉政建设、保障经济社会健康发展等方面发挥了重要作用。

　　简单地讲,审计实质上就是不断收集、鉴定和综合运用审计证据的过程。审计证据是指审计机关和审计人员获取的用以说明审计事项真相、形成审计结论基础的证明材料。

　　一般来说,审计证据有下列几种:

　　①书面证据,即以书面形式存在并证明审计事项的证据。

　　②实物证据,即以实物形式存在并证明审计事项的证据。

　　③电子审计证据,即以录音录像或者计算机存储、处理的证明审计事项的视听或者电子数据资料。

　　④口头证据,即与审计事项有关的人员提供的口头证据。

　　⑤专门机构或者专门人员的鉴定结论和勘验笔录。

　　⑥其他证据。

　　各种审计证据可用来实现各种不同的审计目标,审计人员形成任何审计结论和意见,都必须以合理、充分的审计证据为基础。由此可见,审计证据对审计人员而言事关重大,它贯穿独立审计的全过程,是形成审计意见的依据。因此,审计人员必须注重选择审计证据,保证审计质量,以降低审计风险。

1.1.2 常用审计方法

一般来说,审计人员常用的审计方法如下。

1)检查法

检查法是指对相关文件、资料进行审查,或者对有形资产进行审查,以发现相关问题。

2)观察法

观察法是指查看相关人员正在从事的活动或者执行的程序。

3)重新计算法

重新计算法亦称复算法或验算法,是指通过对有关数据指标进行重新计算,以验证其是否正确、可靠的审计技术。

4)外部调查法

外部调查法是指向与审计事项有关的第三方进行调查,以证实某些问题的一种审计确认方法。

5)分析法

分析法是指研究财务数据之间、财务数据与非财务数据之间可能存在的合理关系,对相关信息做出评价,并关注异常波动和差异的方法。

6)鉴定法

鉴定法是指对某些审计事项检查需要的技能超出了审计人员的正常业务范围,聘请专门人员运用专门方法进行检测以获取审计证据的一种审计技术。鉴定法是一种证实问题的方法,不是审计的专门技术,但却是必不可少的技术。多用于一些涉及较多专门技术问题的领域,以及难以判别真实情况的一般审计事项。

1.1.3 信息化环境给传统审计带来挑战

20 世纪 80 年代,我国以查账为主要手段的审计职业遇到了信息技术的挑战。金融、财政、海关、税务、民航、铁道、电力、石化等重要行业开始广泛运用计算机、数据库、网络等现代信息技术进行管理,国家机关、企事业单位信息化趋向普及。信息技术与组织业务的关系可简单描述为图 1.1。可见,信息技术对一个组织的运行起着至关重要的作用。以银行为例,目前银行的业务运行都离不开信息技术的支持,银行的相关信息系统有存款系统、贷款系统、资金交易系统、国际业务系统、身份识别系统、理财资产管理系统、信用风险管理系统、信用卡审批影像平台等,还有当前流行的手机银行系统、直销银行系统、微信银行系统等。

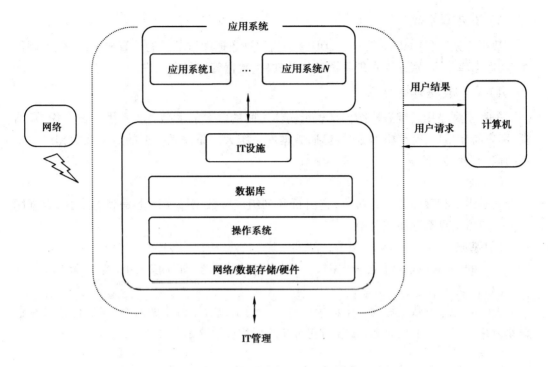

图 1.1　信息技术与组织业务的关系

不难发现,信息化环境对审计工作产生了巨大的影响,以查账为主要手段的审计职业遇到了信息技术的挑战。审计对象的信息化客观上要求审计机关的作业方式必须及时做出相应的调整,运用信息技术全面检查被审计单位的经济活动,发挥审计监督的应有作用。因此,利用信息技术开展审计工作成为必然。而审计人员为了适应现今信息时代的需要,必须使用计算机审计技术来完成审计任务。不懂得计算机审计技术,审计工作将难以开展。因此,掌握计算机审计技术对于审计人员来说非常重要。2018 年 5 月 23 日,中共中央总书记、国家主席、中央军委主席、中央审计委员会主任习近平在中央审计委员会第一次会议上指出,要坚持科技强审,加强审计信息化建设。

【数据库的相关知识】

1)数据库

数据库(DataBase,DB)是为了实现一定的目的按某种规则组织起来的"数据"集合。

2)数据库管理系统

数据库管理系统(DataBase Management System,DBMS)是位于用户与操作系统之间的一种数据管理软件,它为用户或应用程序提供访问数据库的方法,包括数据库的创建、查询、更新及各种数据控制。

数据库管理系统都是基于某种数据模型,可以分为层次模型(Hierarchical Model)、网状模型(Network Model)、关系模型(Relational Model)和面向对象模型(Object Oriented Model)等。

3)数据库系统

数据库系统(DataBase System,DBS)是指引进数据库技术后的计算机系统,包括硬件系统、数据库集合、数据库管理系统及相关软件、数据管理员和用户。

4)关系数据库

关系模型是用二维表格结构来表示实体之间的联系的模型。关系模型概念简单、清晰,用户易懂易用,有严格的数学基础,数据库系统大多是关系模型的。关系数据库中常用的概念介绍如下。

(1)表

表是组织和存储数据的对象,它由行和列组成。数据库实际上是表的集合,数据库的数据或者信息都存储在表中。

(2)字段

表中的每一列数据就是一个字段,字段有自己的属性,如字段大小、类型等。

(3)记录

表中的每一行数据称为一个记录。每一个记录包含这行中的所有信息,但记录在数据库中并没有专门的记录名,常常用它所在的行数表示这是第几个记录。

(4)值

数据库中存放在表的行列交叉处的数据称为值,它是数据库中最基本的存储单元。

相关概念的实例如图 1.2 所示。

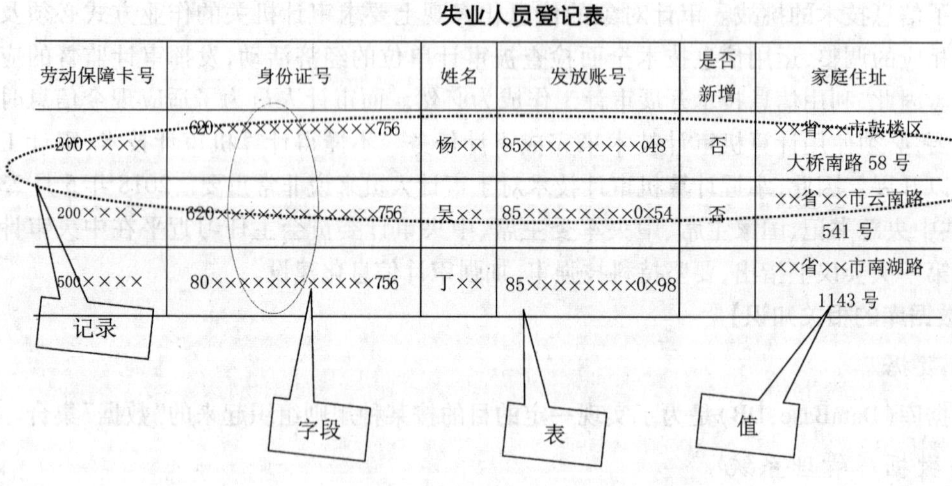

失业人员登记表

劳动保障卡号	身份证号	姓名	发放账号	是否新增	家庭住址
200××××	620×××××××××××756	杨××	85×××××××048	否	××省××市鼓楼区大桥南路 58 号
200××××	620×××××××××××756	吴××	85×××××××0×54	否	××省××市云南路541 号
500××××	80×××××××××756	丁××	85×××××××0×98		××省××市南湖路1143 号

记录　　字段　　表　　值

图 1.2 关系数据库中相关概念实例

1.1.4 计算机审计的内容

如前面所述,目前审计人员可以采用检查法、观察法、重新计算法、外部调查法、分析法、鉴定法等收集审计证据。信息化环境下,审计证据的获取更多是通过采用计算机技术对被审计电子数据的分析来完成的,也就是说,通过对被审计数据的分析,发现可疑数据,并通过对可疑数据进行确认,最终获取审计证据。因此,信息化环境下,电子审计证据成为一种重要的证据形式。电子审计证据(Electronic Audit Evidence,EAE)是指任何生成的、传递的、经过处理的、记录的以及(或者)是以电子形式保存的用来支持审计报告内容的信息,这些信息仅能通过使用合适的设备和技术(例如计算机、软件、打印机、扫描仪、传感器或磁质媒介等)来获得。电子审计证据包括会计记录、原始文档、日记账和总账、支持性文件和其他任何形式的以电子形式存在的可为审计使用的数据或信息。

此外,信息化环境下,除了通过审计电子数据获得审计证据之外,审计被审计单位的信息系统,即信息系统审计,也是目前开展审计工作的一项重要内容。比如,《中华人民共和国国家审计准则》(2010)第六十二条和第七十六条指出了信息系统审计的重要性。

第六十二条 审计人员可以从下列方面调查了解被审计单位信息系统控制情况:

①一般控制,即保障信息系统正常运行的稳定性、有效性、安全性方面的控制。

②应用控制,即保障信息系统产生的数据的真实性、完整性、可靠性等方面的控制。

第七十六条 审计人员认为存在下列情形之一的,应当检查相关信息系统的有效性、安全性。

①仅审计电子数据不足以为发现重要问题提供适当、充分的审计证据。

②电子数据中频繁出现某类差异。

因此,目前计算机审计可以归纳成两部分内容:

①电子数据审计。

②信息系统审计。

1.2 计算机审计相关概念

随着信息技术在审计领域的应用,在审计理论界和实务界出现了一系列相应的术语,本节对一些典型的术语进行整理和分析,以便为后面的学习打下基础。

1.2.1 IT 审计

随着信息技术的发展,组织的运行越来越依赖于信息技术(Information Technology,IT)。信息化环境下信息技术不但成为审计的工具,即计算机辅助审计技术(Computer Asisted Audit Technologies,CAATs),而且成为审计的对象。因此,IT 审计(IT audit 或 IT auditing)成为审计领域研究与应用的热点,IT 审计所包括的主要内容可简要归纳为图 1.3。

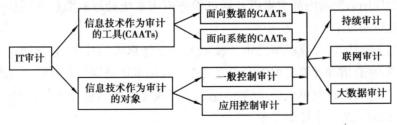

图 1.3 IT 审计的主要内容

1.2.2　计算机审计

计算机审计在国内学术界有多种叫法,有时也称 EDP 审计、电算化审计、信息系统审计等;有的文献认为计算机审计包括对计算机管理的数据进行检查以及对管理数据的计算机进行检查;有的文献认为,无论是对计算机信息系统进行审计还是利用计算机辅助审计,都统称为计算机审计,或者说,计算机审计包括以计算机系统作为审计的对象和作为审计的工具两个方面。根据国内对"计算机审计"一词的使用情况,可以把计算机审计的含义总结如下:

计算机审计是与传统审计相对称的概念,它是随着计算机技术的发展而产生的一种新的审计方式,其内容包括利用计算机进行审计和对计算机系统进行审计。由此可见,计算机审计的内涵和 IT 审计的内涵相似。

1.2.3　计算机辅助审计

如同计算机辅助制造（Computer Aided Manufacturing, CAM）、计算机辅助设计（Computer Aided Design, CAD）等概念一样,计算机在审计领域中的辅助应用称为计算机辅助审计。审计署把计算机辅助审计理解为:"计算机辅助审计,是指审计机关、审计人员将计算机作为辅助审计的工具,对被审计单位财政、财务收支及其计算机应用系统实施的审计。"

计算机辅助审计的内容很广泛,仅仅理解为计算机在审计中的简单应用是不够的。

1.2.4　计算机辅助审计技术

简单地讲,计算机辅助审计技术是指用来完成计算机辅助审计的技术。一些文献为了突出实现计算机辅助审计技术的工具,有时也会使用"计算机辅助审计工具与技术"（Computer Assisted Audit Tools and Techniques, CAATTs）这一术语。一些文献给出了计算机辅助审计技术的定义:

①有的文献认为,从广义上讲,计算机辅助审计技术是指在帮助完成审计的过程中使用的任何技术。

②由于多数关于计算机辅助审计技术的定义仅限于用于审计计算机应用系统以及用于抽取和分析电子数据的技术,因此有的文献把计算机辅助审计技术描述为,用来直接检测一个应用系统的内部逻辑以及通过检查应用系统处理的数据来间接地评价一个应用系统逻辑的技术。

③有的文献认为,计算机辅助审计技术是基于计算机的技术,它能帮助审计人员提高工作效率,并有借助计算机的能力和速度提高收集审计证据效率的审计功能。

④有的文献认为,简单地讲,计算机辅助审计技术就是指有助于以更有效的、更高效的、更及时的方式进行审计的技术。

综上所述,计算机辅助审计技术可以概括为:为了满足信息化环境下审计的需要,基于计算机的用来对信息系统或信息系统处理的数据进行审计的技术。

常用的计算机辅助审计技术可以分成两类：一类是用于验证程序/系统的计算机辅助审计技术，即面向系统的计算机辅助审计技术；另一类是用于分析电子数据的计算机辅助审计技术，即面向数据的计算机辅助审计技术，也可称为电子数据审计技术。

1.2.5　电子数据审计

对我国来说，在信息化环境下审计被审计单位的电子数据，发现大案、要案是一项重要任务，特别是政府审计。国际上也高度关注电子数据审计问题，国际内部审计师协会（Institute of Internal Auditors，IIA）2011 年发布了全球技术审计指南《数据分析技术》。可见，电子数据审计是目前国内外审计领域关注的重点。2014 年 12 月，审计署进行机构调整，增设了电子数据审计司。电子数据审计司的增设充分说明电子数据审计在我国目前审计工作中的重要性。对于电子数据审计，目前还没有明确的定义。根据该术语的使用情况，电子数据审计一般可以理解为"对被审计单位信息系统中的电子数据进行采集、预处理以及分析，从而发现审计线索，获得审计证据的过程"。

1.2.6　信息系统审计

信息系统审计（Information System Audit，ISA）也是目前常用的概念，一般理解为对计算机系统的审计。信息系统审计的国际权威组织——国际信息系统审计和控制协会对信息系统审计做了如下定义：信息系统审计是收集和评估证据，以确定信息系统与相关资源能否适当地保护资产、维护数据完整、提供相关与可靠的信息、有效完成组织目标、高效率地利用资源并且存在有效的内部控制，以确保满足业务、运作和控制目标，在发生非期望事件的情况下，能够及时地阻止、检测或更正的过程。

1.2.7　持续审计

持续审计（Continuous Auditing，CA）是在相关事件发生的同时或之后很短的时间内就能产生审计结果的一种审计类型。根据这一定义，把持续审计称为实时审计更为合适。此外，要实现持续审计，需要一个在线的计算机系统把审计部门和被审计部门连接起来，所以，持续审计也称为持续在线审计（Continuous Online Auditing，COA）。

1.2.8　联网审计

随着信息化程度的提高以及计算机网络的广泛使用，目前正在开展的联网审计（Online Auditing）也是持续审计的一种方式。在 2004 年召开的第二届计算机审计国际研讨会上，多个国家和地区的专家对联网审计的研究与应用进行了交流。印度总审计署认为，联网审计是一项技术，它可以在系统处理数据的同时，或者在处理结束后马上收集审计证据；中国香港特别行政区审计署认为联网审计就是在局域网环境下，以审计为目的的信息技术应用;波兰最高监察院认为联网审计的工作内容主要包括通过互联网实现访问被审计单位的公共数据库,并分析电子格式的文件、声明和解释。

在以上这些观点的基础上,联网审计可以归纳为:联网审计是由于网络技术在审计中的应用而形成的一种新的审计模式,它使得审计信息交流、审计证据采集和分析、审计项目管理等任务实现网络化、远程化,并且由于新的方法和工具的应用,使审计任务的性质、目标发生局部变化。

1.2.9 大数据审计

科学研究在经历了实验科学(Empirical Science)、理论科学(Theoretical Science)、计算科学(Computational Science)3 个阶段后,进入数据密集型科学阶段(Data-Intensive Science),与之相伴的是大数据(Big Data)时代的到来。大数据时代为计算机审计提供了机遇和挑战。研究大数据环境下的计算机审计问题具有重要的理论意义和应用价值。

目前,被审计单位信息化程度越来越高,信息系统越来越复杂,需要采集的数据量越来越大,数据类型较多,不仅是数据库中的结构化电子数据,还包括一些与被审计单位相关的会议记录、会议决议、办公会通知、办公文件、业务介绍、部门年度工作总结、风险分析报告、相关审计报告、政策文件、内部控制手册、信息系统使用手册等非结构化数据。因此,审计工作与大数据已经密不可分。大数据环境对审计工作来说既是机遇,又是挑战。大数据环境下需要考虑如何利用大数据技术审计电子数据、如何审计大数据环境下的电子数据、如何利用大数据技术审计信息系统、如何审计大数据环境下的信息系统等。

综上所述,大数据审计是随着大数据时代的到来以及大数据技术的发展而产生的一种新的计算机审计(审计作业信息化)方式,其内容包括大数据环境下的电子数据审计(如何利用大数据技术审计电子数据、如何审计大数据环境下的电子数据)和大数据环境下的计算机信息系统审计(如何利用大数据技术审计信息系统、如何审计大数据环境下的信息系统)两方面的内容。大数据审计主要内容可简要归纳为图1.4。

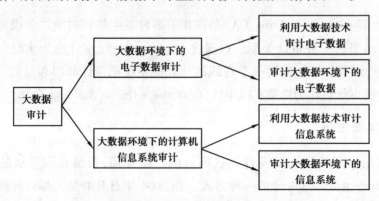

图 1.4　大数据审计的主要内容

1.3　国内计算机审计的研究与应用情况

1.3.1　金审工程

如前所述,到了 20 世纪 80 年代,以查账为主要手段的审计职业遇到了计算机技术的挑战。审计对象的信息化客观上要求审计单位的作业方式必须及时做出相应的调整,运用计算机技术全面检查被审计单位的经济活动,发挥审计监督的应有作用。

1998 年,审计署根据当时的状况,认真分析了信息化条件下审计工作面临的"失去审计资格"的职业风险,于 1998 年年底向国务院汇报工作时提出建设审计信息化系统的建议,得到了国务院的充分肯定。1999 年 12 月,审计署根据国务院的要求,上报了《审计信息化系统建设规划》。在国务院领导和有关部门的大力支持下,2002 年 7 月 28 日,国家计委正式批准"金审工程"开工。2002 年 8 月,《国家信息化领导小组关于我国电子政务建设指导意见》(中办发〔2002〕17 号)批准"金审工程"作为我国电子政务建设的重大业务系统建设工程,列入国家"十五"期间首先启动的 12 个"金"字号电子政务重大工程名单。目前,"金审工程"一期和二期已经顺利完成。"金审工程"三期将在"金审工程"一期和二期的基础上,利用大数据、云计算等现代信息技术,积极推进大数据审计。

审计信息化是审计领域的一场革命。审计信息化的进一步发展必将促使审计手段发生一些重大变革。总的来说,"金审工程"建设的意义如下:

①审计信息化象征着审计工作将发生 3 个转变,即从单一的事后审计变为事后审计与事中审计相结合;从单一的静态审计变为静态审计与动态审计相结合;从单一的现场审计变为现场审计与远程审计相结合。

②审计信息化必将推动审计方法的改变。对被审计单位的账目逐笔审计在过去是不可想象的,但在审计信息化情况下将轻而易举。

③审计信息化必将推动广大审计人员思维方式的转变,增强审计人员的全局意识和宏观意识。

④审计信息化必将提高审计质量,降低审计风险。

除了"金审工程"之外,"金"字号电子政务工程还包括:办公业务资源系统、金关工程、金税工程、金卡工程、金宏工程、金财工程、金盾工程、金保工程、金农工程、金质工程、金水工程,详细介绍参见相关书籍。

1.3.2　联网审计

"金审工程"总体规划确定了审计信息化建设的总体目标、审计模式、建设内容和审计工作实现"三个转变"的总体框架。一期建设中,对实现"预算跟踪+联网核查"审计模式所采用的联网审计方式进行了试点。为更好地研究联网审计技术,为"金审工程"二期建设提供技术支持,2004 年国家科技部批复了审计署申请的国家"863"计划项目——

"计算机审计数据采集与处理技术"研究课题。

1）研究目标

国家"863"计划"计算机审计数据采集与处理技术"项目的研究目标是，为有效履行信息网络环境下的审计监督，需要对网络环境下计算机审计的数据采集与处理等技术进行科学研究，包括不同网络环境下的审计组网模式、数据采集技术、清理技术、转换技术、存储技术、分析处理技术，以及各技术模型的工程化实验等方面的研究，并取得研究成果的工程化实验数据和工程经验，为"金审工程"二期设计和建设提供科技成果指导和工程建设模型。

2）研究内容

（1）联网审计系统组网模式研究

联网审计系统组网模式是针对被审计单位信息系统的数据布局、网络构架、系统结构等方面的不同，需要研究采用何种方式联网，即组网模式，才能有效地采集被审计单位信息系统中的数据。重点研究集中式数据采集组网模式（例如海关大数据集中系统的数据采集）、分布式数据采集组网模式（例如银行以省为单位的数据分布式系统的数据采集）、点对点式数据采集组网模式（例如中央一级预算单位的单点系统的数据采集）等。

（2）审计数据的采集、清理与转换技术研究

审计数据的采集、清理与转换技术主要是针对被审计单位不同的系统结构、网络结构、数据结构和业务特点，研究数据采集接口和数据采集方式，以及对原始数据的识别、转换、清理和验证等技术。

（3）审计数据的存储与处理技术研究

审计数据的存储与处理技术主要研究海量数据的存储方式和技术、多维数据库和联机分析处理、审计分析模型和构建技术等。

（4）联网审计系统的安全研究

联网审计系统的安全研究主要研究不同组网模式条件下数据采集的安全措施，数据传输、存储和分析处理方面的安全，应用系统的安全，网络系统的安全，以及联网审计的安全管理等。

（5）联网审计工程化实验环境的研究和建设

联网审计工程化实验环境是为了开展联网审计组网模式、数据采集与转换、数据存储与处理、联网审计安全等技术的研究，需要搭建一个研究和实验的平台，包括网络系统、计算机设备、应用系统及安全系统的建设。

在理论研究的基础上，审计署选取一些行业开展了联网审计应用试点。

目前大数据环境下，联网审计的实现方法也随之发生变化，相关情况将在第 7 章中做介绍。

1.3.3　电子数据审计

如前面所述，随着信息技术的发展，组织的运行越来越依赖于信息技术。因此，一方

面,信息化环境下信息技术成为审计的对象,即如何对被审计单位应用的信息技术进行审计,一般情况下称为信息系统审计;另一方面,在审计信息化环境下信息技术成为审计的工具,即审计人员如何应用信息技术开展审计工作,即计算机辅助审计技术。概括来说,常用的计算机辅助审计技术可以分成两类:一类是用于验证程序/系统的计算机辅助审计技术,即面向系统的计算机辅助审计技术;另一类是用于分析电子数据的计算机辅助审计技术,即面向数据的计算机辅助审计技术,也可称为电子数据审计技术。电子数据审计是目前我国开展审计信息化的重点。2014 年 12 月,审计署机构调整,增设了电子数据审计司,其主要职责为:审计电子数据的归口管理;审计电子数据的采集、验收和整理工作;组织开展跨行业、跨部门、跨地区的数据分析工作;对电子数据进行综合分析和利用等。电子数据审计司的增设充分说明电子数据审计在目前我国审计工作中的重要性。

2015 年 12 月 8 日,中共中央办公厅、国务院办公厅印发了《关于实行审计全覆盖的实施意见》等文件,其中,《关于实行审计全覆盖的实施意见》"七、创新审计技术方法"中指出:构建大数据审计工作模式,提高审计能力、质量和效率,扩大审计监督的广度和深度。有关部门、金融机构和国有企事业单位应根据审计工作需要,依法向审计机关提供与本单位本系统履行职责相关的电子数据信息和必要的技术文档,不得制定限制向审计机关提供资料和开放计算机信息系统查询权限的规定,已经制定的应予修订或废止。审计机关要建立健全数据定期报送制度,加大数据集中力度,对获取的数据资料严格保密。适应大数据审计需要,构建国家审计数据系统和数字化审计平台,积极运用大数据技术,加大业务数据与财务数据、单位数据与行业数据以及跨行业、跨领域数据的综合比对和关联分析力度,提高运用信息化技术查核问题、评价判断、宏观分析的能力。2018 年 5 月 23 日,中共中央总书记、国家主席、中央军委主席、中央审计委员会主任习近平在主持召开的中央审计委员会第一次会议上指出,各地区各部门特别是各级领导干部要及时、准确、完整地提供同本单位本系统履行职责相关的资料和电子数据,不得制定限制向审计机关提供资料和电子数据的规定,已经制定的要坚决废止。对有意设置障碍、推诿拖延的,要进行批评和通报;造成恶劣影响的,要严肃追责问责。

1.3.4　信息系统审计

信息系统审计(Information System Audit,ISA)也是目前常用的概念,一般理解为对计算机系统的审计。信息系统审计的国际权威组织——国际信息系统审计和控制协会对信息系统审计的定义如下:信息系统审计是收集和评估证据,以确定信息系统与相关资源能否适当地保护资产、维护数据完整、提供相关和可靠的信息、有效完成组织目标、高效率地利用资源并且存在有效的内部控制,以确保满足业务、运作和控制目标,在发生非期望事件的情况下能够及时地阻止、检测或更正的过程。

我国对信息系统审计也非常重视,在这方面所做的主要工作如下:

1999 年 2 月,中国注册会计师协会发布了《中国注册会计师独立审计准则》,其中包括《独立审计具体准则第 20 号——计算机信息系统环境下的审计》;2006 年 3 月,中国注册会计师协会发布了《中国注册会计师审计准则第1633号——电子商务对财务报表审计的影响》。

2008年9月,中国内部审计协会发布了《内部审计具体准则第28号——信息系统审计》;2013年8月,中国内部审计协会发布了新修订的《中国内部审计准则》,其中包括第2203号内部审计具体准则——信息系统审计。

2012年2月,审计署发布了《信息系统审计指南——计算机审计实务公告第34号》。

相关行业也高度重视信息系统审计的应用,例如:

中国银行业监督管理委员会于2009年3月发布了《商业银行信息科技风险管理指引》,同时废止了2006年11月发布的《银行业金融机构信息系统风险管理指引》。

中国保险监督管理委员会于2008年3月发布了《保险业信息系统灾难恢复管理指引》。

中国证券监督管理委员会于2014年12月发布了金融行业推荐性标准《证券期货业信息系统审计规范》,于2016年11月发布了金融行业推荐性系列标准《证券期货业信息系统审计指南第1部分:证券交易所》《证券期货业信息系统审计指南第2部分:期货交易所》《证券期货业信息系统审计指南第3部分:证券登记结算机构》《证券期货业信息系统审计指南第4部分:其他核心机构》《证券期货业信息系统审计指南第5部分:证券公司》《证券期货业信息系统审计指南第6部分:基金管理公司》《证券期货业信息系统审计指南第7部分:期货公司》。

1.4 国外计算机审计的研究与应用情况

计算机审计是国内审计信息化发展过程中形成的一个概念术语,国际上一般使用IT审计、计算机辅助审计(技术与工具)、信息系统审计等概念术语。本节对国外计算机审计的研究与应用情况进行简单分析。

1.4.1 计算机辅助审计技术

国外较早地关注审计信息化的研究与应用。早在1955年就提出了"通过计算机审计"(Auditing Through the Computer)的概念。之后,"通过计算机审计"得到越来越多学者的关注。"通过计算机审计"是和"绕计算机审计"(Auditing Around the Computer)相对立的一个概念。为了实现"通过计算机审计"的思想,一些文献提出了类似于测试数据法(Test Data)的测试程序叠(Test Decks)的方法。一些文献在比较测试程序叠法的基础上,提出了一种模型法(the Model Approach)来实现"通过计算机审计",该方法的原理类似于平行模拟法(Parallel Simulation)。之后,越来越多的计算机辅助审计技术被提出。

从早期针对电子数据处理(Electronic Data Processing,EDP)系统的审计,到目前针对计算机信息系统的审计,计算机辅助审计技术已被研究了几十年。使用计算机辅助审计,不仅能节省审计时间、降低审计风险,而且能提高审计质量。

1)计算机辅助审计技术的分类

测试数据、集成测试（Integrated Test Facility，ITF）、平行模拟、嵌入审计模块（Embedded Audit Module，EAM）以及通用审计软件（Generalized Audit Software，GAS）5 种技术被认为是最典型的计算机辅助审计技术。一些文献认为，测试数据、集成测试和平行模拟这 3 种技术直接检测应用系统的内部逻辑；嵌入审计模块和通用审计软件这两种技术处理应用数据，间接检测应用系统的逻辑。

表 1.1 从是动态审计还是静态审计、对被审计信息系统和数据的影响、对专业知识的需要程度以及对被审计单位的依赖程度这四个影响使用的因素出发，比较了测试数据、集成测试、平行模拟、嵌入审计模块以及通用审计软件这五种典型计算机辅助审计技术的优缺点，以便审计人员在实施审计时选择合适的计算机辅助审计技术。

表 1.1　典型 CAATs 的优缺点分析

CAATs 类型	影响使用的因素			
	动态审计还是静态审计	对被审计信息系统和数据的影响	对专业知识的需要程度	对被审计单位的依赖程度
测试数据	静态	影响小	不需要	依赖
集成测试	动态	影响大	需要	信息获取不依赖被审计单位
平行模拟	动态或静态	影响小	需要的程度取决于被审计信息系统的复杂程度	审计人员直接获得输出信息，不需要被审计单位的干涉
嵌入审计模块	动态	影响大	在设计和实施嵌入审计模块时需要	依赖
通用审计模块	静态	影响小	相对容易使用。一般不需要技术背景。但在获取一些具有复杂结构的数据时需要 IT 专家的帮助	对被审计单位依赖程度低

根据以上文献，结合目前计算机辅助审计技术的应用现状，计算机辅助审计技术的分类可总结为图 1.5。根据图 1.5，常用的计算机辅助审计技术可以分成两类：

①用于验证程序/系统的计算机辅助审计技术，即面向系统的计算机辅助审计技术。

②用于分析电子数据的计算机辅助审计技术，即面向数据的计算机辅助审计技术。

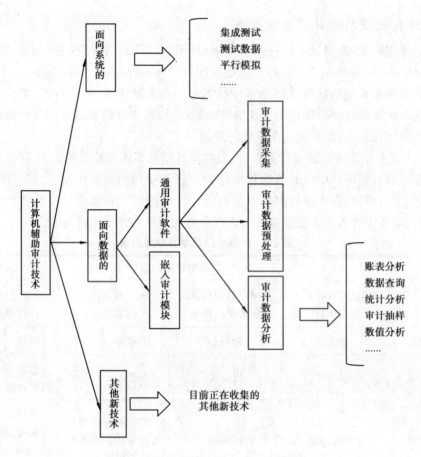

图 1.5　计算机辅助审计技术的分类

2) 面向系统的计算机辅助审计技术

常见的用于验证程序/系统的计算机辅助审计技术分析如下：

(1) 平行模拟

平行模拟是指针对某一应用程序,审计人员采用一个独立的程序去模拟该程序的部分功能,在输入数据的同时进行并行处理,比较模拟程序处理的结果和该应用程序处理的结果,以验证该应用程序的功能是否正确的方法,其原理如图 1.6 所示。

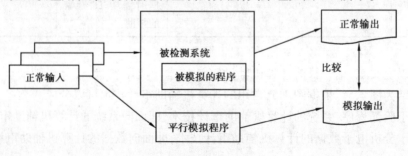

图 1.6　平行模拟原理

平行模拟法的优点是一旦建立了模拟程序,就可以随时对被审计系统进行抽查,也可以用模拟系统重新处理全部的真实业务数据,进行比较全面的审查。与抽查相比,它可以进行更彻底的测试。其主要缺点是模拟系统的开发通常需要花费较长的时间,开发或购买费用都较高;另外,如果被审计系统更新,则模拟系统也要随之更新,相应的费用要增加。

(2)测试数据

测试数据技术是指采用审计人员准备好的测试数据来检测被审计信息系统,通过将被审计信息系统处理的结果与应有的正确结果进行比较,来检测应用系统的逻辑问题和控制问题的一种方法。其原理如图 1.7 所示。测试数据法的优点是适用范围广,应用简单易行,对审计人员的计算机技术水平要求不高。因此,它广泛应用于各种系统的测试和验收。其主要缺点是可能不能发现程序中所有的错弊。

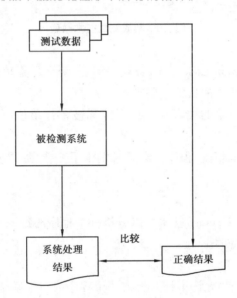

图 1.7　测试数据技术原理

(3)集成测试

集成测试技术是在正常的应用系统中创建一个虚拟的部分或分支,从而提供一个内置的测试工具。它一般用来审计复杂的应用系统,其原理如图 1.8 所示。该技术是在系统正常处理过程中进行测试的,因此可直接测试被审计信息系统在真实业务处理时的功能是否正确有效。然而,集成测试技术也有弊端。因为测试是在系统真实业务处理过程中进行的,如果未能及时、恰当地处理虚拟的测试数据,这些虚拟的测试数据可能会对被审计单位真实的业务和汇总的信息造成破坏或影响。

(4)程序编码审查

程序编码审查(Program Code Review)是一种对应用系统的程序编码进行详细审查的技术,它一般不被算作真正的计算机辅助审计技术。通过审查程序编码,审计人员可以识别出程序中的错误代码、未被授权的代码、无效的代码、效率低的代码以及不标准的代码。这种技术的优点是审计人员审查的是程序本身,因此能发现程序中存在的任何错弊问题。其缺点是对审计人员的计算机水平要求高,比较费事费时,而且要确认被审计的源程序的确是真实运行系统的源程序。

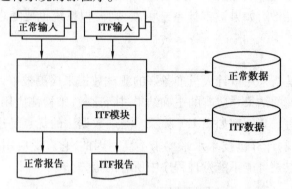

图1.8 集成测试技术原理

(5)程序代码比较

程序代码比较(Program Code Comparison)是指审计人员对程序的两个版本进行比较。审计人员使用这种技术的目的主要有:

①检查被审计单位所给的被审计信息系统和被审计单位所使用的系统是不是同一款软件。

②检查和前一个版本相比,程序代码是否发生了变化,如果发生了变化,是否有程序变更管理程序。

(6)跟踪

审计人员采用跟踪(Tracing)技术可以分析一个程序的每一步,从而发现每一行代码对被处理数据或程序本身的影响。

(7)快照

快照(SnapShot)是一种允许审计人员在一个程序或一个系统中指定的点冻结一个程序,使审计人员能够观察特定点数据的技术。快照技术具有快速、易用的特点,对于识别业务处理中潜在的数学计算错误是非常有用的。缺点是功能有限,不具有通用性。

3)面向数据的计算机辅助审计技术

有些计算机辅助审计技术主要用于分析数据文件,与面向系统的计算机辅助审计技术不同,这些技术不直接测试程序的有效性。常见的用于分析数据文件的计算机辅助审计技术主要包括嵌入审计模块技术以及通用审计软件。

(1)嵌入审计模块

嵌入审计模块技术是指在一个应用系统中长久驻存一个审计模块,该模块检查输入系统中的每一笔事务数据,并识别出其中不符合预定义规则的事务数据,审计人员可以对这些被识别出的事务数据进行实时的或定期的审查。嵌入审计模块技术的原理如图1.9所示。一些文献的研究表明,嵌入审计模块技术是一种有效的计算机辅助审计技术。需要指出的是,使用嵌入审计模块技术需要在被审计信息系统开发时就考虑。

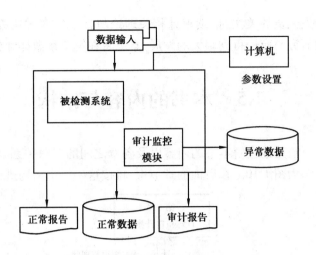

图 1.9 嵌入审计模块技术原理

(2)通用审计软件

由于对被审计信息系统影响小,对被审计单位依赖程度低,以及相对容易使用等因素,通用审计软件是目前最常使用的计算机辅助审计技术。目前,我国实施的电子数据审计大多是采用这种计算机辅助审计技术。通用审计软件具有审计数据采集和审计数据分析功能,通过审计数据采集,可以把被审计信息系统中的数据采集到审计软件中,然后,通过审计数据分析,发现审计线索,从而完成审计任务。

4)计算机辅助审计技术其他相关研究

除了以上分析的常见计算机辅助审计技术之外,一些学者尝试着采用新的信息技术研究计算机辅助审计,例如:数据挖掘技术在计算机辅助审计中的应用、审计专家系统在计算机辅助审计中的应用、人工神经网络技术在审计中的应用等。这些研究都为计算机辅助审计提供了新的方法和思路。

1.4.2 信息系统审计与电子数据审计

国际上高度重视信息系统审计的研究与应用。早在计算机进入实用阶段时,美国就开始提出系统审计(System Audit)。1969 年,电子数据处理审计师协会(EDP Auditor Association,EDPAA)在美国洛杉矶成立。1994 年,EDPAA 更名为"信息系统审计与控制协会"(Information Systems Audit and Control Association,ISACA),总部设在美国芝加哥。国际上不仅高度重视信息系统审计,也高度关注电子数据审计问题,国际内部审计师协会在 2011 年发布的全球技术审计指南《数据分析技术》中重点分析了面向数据的计算机辅助审计技术在审计数据分析中的应用。特别是近年由于大数据时代的到来,国际上更重视大数据的审计与分析。

1.4.3 持续审计

信息技术的发展将使得计算机审计朝持续、动态、实时的方向发展。持续审计成为计算机审计的一个重要发展方向。在过去的十几年里,持续审计得到国外学术界、审计人员以及软件开发人员的关注,持续审计相关理论与技术实现方法等得到广泛的研究,这使持续审计的研究与应用得到很大的发展,本书将在第7章做详细分析。

1.5 本书的内容与结构

为了使读者更清楚地理解本书的内容以及各章之间的逻辑关系,将本书的章节结构及其逻辑关系总结为图1.10。在后面的章节中,将按这一组织结构进行分析。

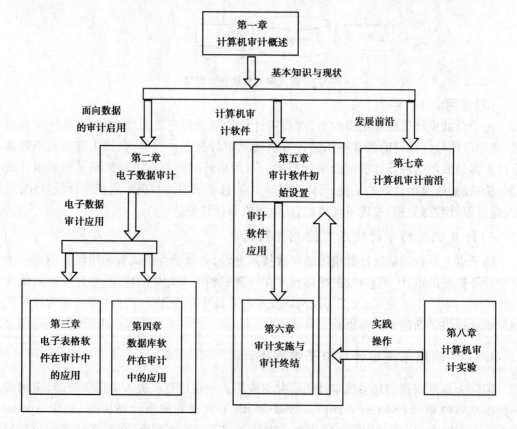

图1.10 全书章节结构及其逻辑关系示意图

本章小结

本章根据目前审计工作的需要,首先分析了开展计算机审计的重要性,在此基础上,分析了计算机审计的国内外研究与应用状况,以及目前常见计算机审计的相关术语和概念。通过本章的学习,读者可以深入理解为什么要学习计算机审计,以及目前计算机审计的国内外应用状况,从而为后面深入学习计算机审计打下基础。

思考与练习

1.为什么计算机审计在我国越来越重要?

2.什么是审计证据?

3.常用的计算机辅助审计技术有哪些?

4.如何开展计算机审计?

5.大数据环境对计算机审计有何影响?

第2章 电子数据审计

学习目标

通过本章的学习,熟悉信息化环境下实施审计项目的主要流程,掌握电子数据审计的原理以及开展步骤,掌握审计数据采集的原理、特点、主要步骤以及方法,掌握审计数据预处理的原理及方法,掌握审计数据分析的原理及方法,理解审计数据验证的重要性,熟悉审计数据验证的方法。

2.1 电子数据审计简介

电子数据审计是目前计算机审计的重要内容之一。本章首先介绍电子数据审计的原理,在此基础上,对电子数据审计的关键步骤(如审计数据采集、审计数据预处理、审计数据分析等)分别进行介绍,从而为第3—6章的学习打下理论基础。

2.1.1 信息化环境下实施审计项目的主要流程

信息化环境下的审计与手工审计相比,审计目标是相同的,但审计技术和方法、审计作业方式发生了根本性变化。目前,我国信息化环境下实施审计项目的一般流程如图2.1所示。由图2.1可知,审计实施是整个流程的关键环节,这一环节就是电子数据审计的内容。

2.1.2 电子数据审计的原理

为了避免影响被审计单位信息系统的正常运行,规避审计风险,并保持审计的独立性,审计人员在进行电子数据审计时,一般不直接使用被审计单位的信息系统进行查询、检查,而是将所需的被审计单位的电子数据采集到审计人员的计算机中,利用审计软件进行分析。概括起来,目前我国研究及开展的电子数据审计的原理如图2.2所示。

一般来说,电子数据审计需要如下几个关键步骤:

①审计数据采集。采集被审计对象信息系统中的数据。

②审计数据预处理。根据对这些数据的分析和理解,将其转换为满足审计数据分析

需要的数据形式。

　　③审计数据分析。采用通用软件或专门的审计软件对采集到的电子数据进行分析处理,从而发现审计线索,获得审计证据。

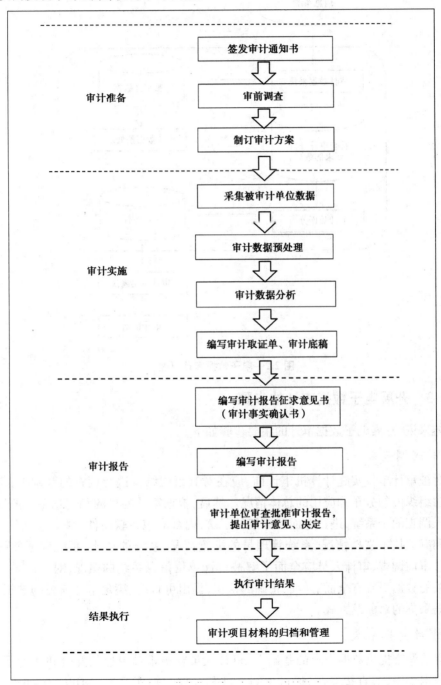

图 2.1　信息化环境下审计项目实施的流程

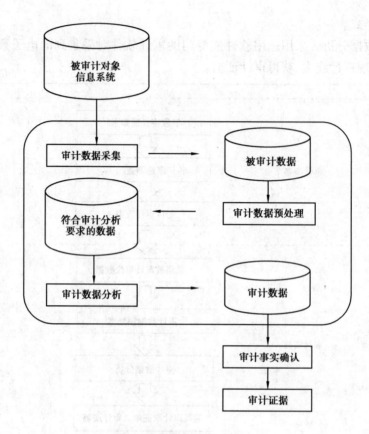

图 2.2 电子数据审计原理

2.1.3 开展电子数据审计的步骤

具体来说,开展电子数据审计的主要步骤如下。

1) 审前调查

在对被审计单位实施计算机审计前,应在对其组织结构进行调查的基础上,掌握信息系统在组织内的分布和应用的总体情况。然后,根据审计的目的和信息系统的重要性确认深入调查的子系统,进行全面和详细的了解,内容应包括软硬件系统、应用系统的开发情况和有关技术文档情况、系统管理员的配置情况、系统的功能、系统数据库的情况等。通过审前调查,审计人员应全面了解被审计单位信息系统的概况,对信息系统中与审计相关的数据更要有全面、详细、正确的认识,提出可行的、满足审计需要的数据需求,确定数据采集的对象及方式。

2) 审计数据采集

在审前调查提出数据需求的基础上,审计人员在被审计单位的配合和支持下,通过可行的技术手段,如直接复制、通过中间文件和开放数据库互连(ODBC,Open DataBase Connectivity)采集等方式,及时获取所需的被审计单位信息系统中的数据。

3）审计数据预处理

由于存在被审计单位数据来源繁杂，数据格式不统一，信息表示代码化，数据在采集和处理的过程中可能失真，被审计单位可能有意更改、隐瞒数据真实情况等诸多影响，对采集到的数据必须进行预处理，确保采集到的数据能为审计所用。数据预处理为电子数据审计的进行创造了"物质"基础，其工作的质量直接影响电子数据审计的开展和成败。

4）审计数据分析

对预处理后的数据，审计人员应首先从不同层次、不同角度进行分析，从总体上把握情况，找准薄弱环节，选择审计重点，根据所选择的重点问题，采用合适的审计方法完成对具体审计数据的分析。

5）审计事实确认

通过对审计数据进行分析，发现问题的线索，通过让被审计单位对这些问题进行确认，最终形成审计证据。由于在审计数据的采集、预处理和分析过程中难免出现人为处理错误等情况，因此，在可能的情况下，最好先将审计数据分析的明细结果交给被审计单位，征求意见，经双方认定的结果确定后，再将分析结果具体化为纸质资料，由被审计单位签字确认，作为审计证据资料。

2.2　审计数据采集

把被审计单位的电子数据采集过来，是开展电子数据审计的关键步骤。修订后的《中华人民共和国审计法》（简称《审计法》）对审计数据采集做了更具体的规定，其中第三十一条规定，审计机关有权要求被审计单位按照审计机关的规定提供预算或者财务收支计划、预算执行情况、决算、财务会计报告，运用电子计算机储存、处理的财政收支、财务收支电子数据和必要的电子计算机技术文档，在金融机构开立账户的情况，社会审计机构出具的审计报告，以及其他与财政收支或者财务收支有关的资料，被审计单位不得拒绝、拖延、谎报。被审计单位负责人对本单位提供的财务会计资料的真实性和完整性负责。

本节介绍审计数据采集的原理、特点、主要步骤及方法。

2.2.1　审计数据采集的原理

简单地讲，审计数据采集就是审计人员为了完成审计任务，在进行电子数据审计时，按照审计需求从被审计单位的信息系统或其他来源获得相关电子数据的过程。其原理如图 2.3 所示。

审计数据采集的对象一般是被审计单位信息系统中的电子数据或数据库中的备份数据，审计人员也可以从其他来源获得被审计单位的审计数据，例如从会计核算中心、税务等部门获得审计数据。

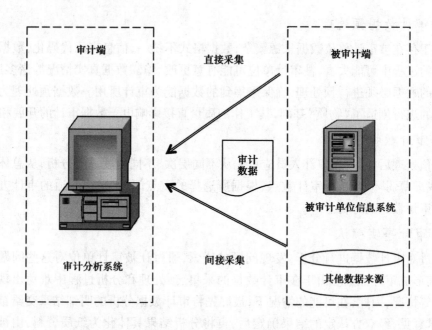

图 2.3 审计数据采集的原理

2.2.2 审计数据采集的特点

一般来说,审计数据采集具有以下特点。

1)选择性

选择性是指审计人员在进行审计数据采集时只采集与审计需求相关的数据。审计人员在进行审计数据采集工作之前,必须认真分析和研究本次审计工作方案中明确的审计范围、审计内容以及审计重点,结合审前调查所提出的数据需求,确认本次审计数据采集的范围、内容以及重点,特别是在不能完全采集电子数据的情况下,例如,当审计人员面对海关、银行、税务等被审计单位海量的电子数据时,审计数据采集必须做到有的放矢,减少盲目性,提高审计效率,降低审计风险。

2)目的性

目的性是指审计数据采集是为进行审计数据分析,发现审计线索,获取审计证据做基础数据准备的。如前面所述,为了完成电子数据审计,首先需要采集被审计信息系统中的数据,即审计数据采集,然后,根据对这些数据的分析和理解,将其转换为满足审计数据分析需要的数据形式,即审计数据预处理;最后,采用通用软件或专门的审计软件对采集到的电子数据进行分析,从而发现审计线索,获得审计证据,即审计数据分析。由此可见,审计数据采集是开展电子数据审计的首要步骤,是为进行审计工作做基础数据准备的,具有一定的目的性。

3)可操作性

可操作性是指审计人员在进行审计数据采集时,需根据被审计单位的实际情况选择最合适的审计数据采集方案。实现审计数据采集的技术和方法多种多样,后面将会介绍,因此,在执行审计数据采集任务时,需要根据被审计单位的具体情况,采取最佳的审计数据采集方案,以降低审计成本和审计风险。

4)复杂性

信息化环境下,被审计单位的信息化程度差异较大。一些小的单位多采用一些自己开发的应用软件,数据库系统一般也采用单机的,如 Access,FoxPro 等。而一些重要的单位,如银行等部门,信息化程度高,采用的应用软件和数据库系统层次也较高,数据库系统多数采用 Oracle 数据库。甚至还有单位使用盗版软件,软件部分功能不能使用,不能备份数据库,从而不容易采集数据。被审计单位信息化程度的差异性造成了审计人员在审计数据采集过程中不能采用同一种审计数据采集方法,必须根据被审计单位的实际情况选择合适的审计数据采集方法,从而造成了审计数据采集的复杂性。

2.2.3　审计数据采集的主要步骤

在实际的电子数据审计过程中,审计数据采集一般可以归纳为以下几个主要步骤,如图 2.4 所示。

1)审前调查

开展电子数据审计之前,应在对被审计单位的组织结构进行调查的基础上,掌握被审计单位计算机信息系统在其组织内的分布和应用的总体情况。然后,根据审计的目的和被审计单位计算机信息系统的重要性确认深入调查的子系统,进行全面、详细的了解。通过审前调查,了解被审计单位信息系统的相关情况。

2)提出审计数据需求

在审前调查的基础上,提出数据需求,指定采集的系统名称(或指定数据库中具体的表名称、字段名称等)、采集的具体方式,指定数据传递格式、所需数据的

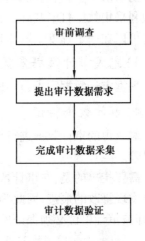

图 2.4　审计数据采集的主要步骤

时间段、交接方式、数据上报期限和注意事项等内容。关键步骤如下。

(1)确定所需数据内容

首先,应在审计组内将被审计单位计算机信息系统的相关情况进行通报,将调查所形成的材料分发给审计组相关成员阅读,并由负责具体调查工作的组员对材料进行讲解。审计组相关成员应对所需数据的内容进行讨论,再决定初步的数据需求。进行讨论是必要的,因为:

①通过讨论可以提出尽量全面、完整的数据需求,防止因考虑不周全而多次、零星提出数据需求从而延误电子数据的获取。

②通过讨论使审计组成员了解被审计单位计算机信息系统及其数据的概况,为后面的审计数据分析打下基础。

(2)确定审计数据采集的具体方式

经过审计组讨论,初步确定审计数据需求后,应同被审计单位的计算机管理人员商

量,从技术的角度考虑所需要的数据能否采集,以哪种方式采集更好,具体的文件格式、传递介质等问题。如果在发出正式的数据需求前不向被审计单位的计算机技术人员询问,有可能造成审计数据需求不合理,特别是在数据格式不现实或审计数据采集方式不是最佳方式的情况下,不利于工作的开展。

(3)提出正式的审计数据需求

在做好上述两步工作后,审计组应发出正式的审计数据需求。审计数据需求的主要内容应包括以下几个方面:被采集的系统名称、数据的内容、数据格式、传递方式、时限要求等。在实践中,常用的方式是请被审计单位将指定数据转换为通用的、便于审计组利用的格式;也可以通过 ODBC 等方式连接,直接对数据进行采集;特殊情况下,还可以要求被审计单位搭建系统分析环境。无论采取哪种方式,都应该以审计组的名义提出审计数据需求,明确目的、内容和责任等事项。审计数据需求可以消除只进行口头说明可能引起的需求不明,它能准确表达审计组的要求,并使被审计单位正确理解数据需求,从而为顺利采集数据打下基础。另外,在审计数据需求中规定安全控制措施、双方责任等事项还可以在一定程度上避免审计风险。

3)完成审计数据采集

根据审计数据需求,从被审计单位获得所需要的审计数据。

4)审计数据验证

对获得的审计数据进行检查,以保证审计数据采集的真实性和完整性,从而降低审计风险。

需要指出的是,在审计数据采集过程中,由于电子资料比纸质资料更容易篡改,并且难以发现篡改的痕迹,因此为了降低开展电子数据审计的风险,必须建立电子数据承诺制,即被审计单位必须保证所提供电子数据的真实性和完整性。

2.2.4　审计数据采集的方法

在审计数据采集过程中,审计人员常用的审计数据采集方法主要有以下 5 种。

1)直接复制

当被审计单位的数据库系统与审计人员使用的数据库系统相同时,只需直接将被审计单位的数据复制到审计人员的计算机中即可,即采用直接复制的方式。

2)通过中间文件采集

通过中间文件采集是指被审计单位按照审计要求,将原本不符合审计软件要求的数据转换成审计软件能读取的格式(如 txt 格式、XML 格式等)提供给审计人员。

对于一些比较敏感的系统,审计人员可能不便于直接接触其系统和相关资料。可以在审计人员的监督下,由被审计单位技术人员将其数据转换为标准格式数据或审计人员指定格式的数据,交给审计人员。

在数据采集的实际应用中,很多情况下采用文本文件作为约定的格式。这主要是因为大多数数据库管理系统都能导出导入文本文件,文本文件应用范围广泛。审计人员在电子数据审计的实践中,经常会通过文本文件导入数据,所以掌握文本文件的导入是十分必要的。

3）通过 ODBC 接口采集

通过 ODBC 接口采集数据是指审计人员通过 ODBC 数据访问接口直接访问被审计单位信息系统中的数据,并把数据转换成审计所需的格式。

4）通过备份/恢复的方式采集

通过备份/恢复的方式采集是指审计人员首先把被审计单位数据库系统中的数据备份出来(或者让被审计单位把该单位数据库系统中的数据备份出来),然后把该备份数据在自己的数据库系统中恢复成数据库格式的数据,在自己的数据库系统中对采集到的被审计单位的数据进行审计分析。

5）通过专用模板采集

一些审计软件针对不同的被审计信息系统设计了相应的"专用采集模板",审计人员在进行审计数据采集时,通过选择相应的模板,可以自动实现数据的采集,这种方式称为通过专用模板采集。这种方式的优点是使用简单,自动化程度高,对审计人员的技术水平要求不高;缺点是审计软件必须为被审计单位的每一类应用软件(包括该软件的不同版本)设计一个专用采集模板,这使得专用模板采集法的成本相对较高。由于目前被审计单位所使用的应用软件各种各样,很难为每一类应用软件及其各种版本设计相应的模板。审计人员在实际工作中,应根据被审计单位的实际情况,有采集模板时用模板采集法,没有采集模板时再用其他数据采集方法。

国内的审计软件用友审易就采用了这种模板采集方法,以用友审易 V5.8 为例,其模板采集方法的界面如图 2.5 所示。

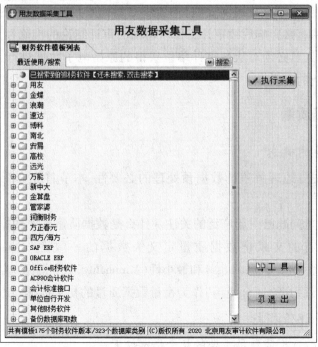

图 2.5 审计软件的模板采集方法界面

上述 5 种数据采集方法的优缺点分析见表 2.1。

表 2.1　5 种常用数据采集方法的优缺点分析

数据采集方法	影响使用的因素				
	动态还是静态	对被审计信息系统的影响	专业知识需求	对被审计单位的依赖性	灵活程度
直接复制	静态	影响小	不需要	不依赖	一般
通过中间文件采集	静态	影响小	不需要	依赖	一般
通过 ODBC 接口采集(从被审计单位信息系统中采集)	动态	影响大	需要	不依赖	高
通过备份/恢复的方法采集	静态	影响小	需要	如果请被审计备份,则依赖	一般
通过专用模板采集(从备份数据中采集)	静态	影响小	不需要	不依赖	低

2.3　审计数据预处理

审计数据预处理是电子数据审计中的重要一环。一方面,由于采集到的被审计数据往往会有许多数据质量问题,比如,有些数据属性的值不确定,在采集数据时,无法得到该数据属性的值,从而造成数据不完整,不能满足后面审计数据分析的需要;另一方面,这些问题的存在将直接影响后续审计工作所得出的审计结论的准确性。因此,完成审计数据采集后,审计人员必须对从被审计单位获得的原始电子数据进行预处理,使其满足后面审计数据分析的需要。

2.3.1　数据质量

1) 数据质量的概念

为了使读者更好地理解审计数据预处理的必要性,本节首先介绍数据质量的相关概念。

目前,数据质量问题已引起广泛的关注。什么是数据质量呢? 数据质量问题并不仅仅指数据错误。有的文献把数据质量定义为数据的一致性(Consistency)、正确性(Correctness)、完整性(Completeness)和最小性(Minimality)4 个指标在信息系统中得到满足的程度,有的文献则把"适合使用"作为衡量数据质量的初步标准。

2) 数据质量评价指标

一般来说,评价数据质量最主要的几个指标如下。

（1）准确性

准确性（Accuracy）是指数据源中实际数据值与假定正确数据值的一致程度。

（2）完整性

完整性（Completeness）是指数据源中需要数值的字段中无值缺失的程度。

（3）一致性

一致性（Consistency）是指数据源中数据对一组约束的满足程度。

（4）唯一性

唯一性（Uniqueness）是指数据源中数据记录以及编码是否唯一。

（5）适时性

适时性（Timeliness）是指在所要求的或指定的时间提供一个或多个数据项的程度。

（6）有效性

有效性（Validity）是指维护的数据足够严格以满足分类准则的接受要求。

3）可能存在的数据质量问题

当建立一个信息系统时，即使进行了良好的设计和规划，也不能保证在所有情况下信息系统中数据的质量都能满足用户的要求。用户录入错误、单位合并以及单位环境随着时间的推移而改变，这些都会影响所存放数据的质量。信息系统中可能存在的数据质量问题有很多，总结起来主要有以下几种。

（1）重复的数据

重复的数据是指在一个数据源中存在表示现实世界同一个实体的重复信息，或在多个数据源中存在表示现实世界同一个实体的重复信息。

（2）不完整的数据

由于录入错误等原因，字段值或记录未被记入数据库，造成信息系统数据源中应该有的字段或记录缺失。

（3）不正确的数据

由于录入错误、数据源中的数据未及时更新，或不正确的计算等，数据源中数据过时，或者一些数据与现实实体中字段的值不相符。

（4）无法理解的数据值

无法理解的数据值是指由于某些原因，数据源中的一些数据难以解释或无法解释，如伪值、多用途域、古怪的格式、密码数据等。

（5）不一致的数据

数据不一致包括多种问题，例如，从不同数据源获得的数据很容易不一致；同一数据源的数据也会因位置、单位以及时间不同产生不一致。

在以上这些问题中，前 3 种问题在数据源中出现得最多。

2.3.2 审计数据质量问题的处理

1) 重复的数据

为了保证审计数据分析结果的准确性,需要审计人员对这些重复的数据进行确认,找出造成数据重复的原因,并对重复的数据进行处理。

2) 不完整数据

空值并不等同于"0",因而在进行数据分析时,不能参加查询、筛选、汇总等数据分析,它在审计数据分析过程中会被遗漏,所以必须对征收表中的空值进行处理。

3) 不正确的数据

为方便后面的审计数据分析,需要审计人员对这些值进行确认,并对错误的数据值进行处理。

4) 不一致的数据

为方便后面的审计数据分析,需要转化成统一的格式。

2.3.3 审计数据预处理的意义

由以上分析可知,正是由于采集到的被审计数据中存在上述数据质量问题,因此需要对采集到的电子数据进行预处理,为后续的审计数据分析打下基础。概括起来,进行审计数据预处理的意义如下。

1) 为下一步的审计数据分析做准备

采集到的被审计数据不一定能完全满足审计数据分析的需要,因此,应对有质量问题的被审计数据进行预处理,从而为后续的审计数据分析做好准备。

2) 帮助发现隐含的审计线索

通过对被审计数据进行数据预处理,可以有效地发现被审计数据中不符合数据质量要求的数据。但是,审计人员不能简单地把有质量问题的数据删掉,因为这些存在质量问题的数据中可能隐藏着审计线索。需要做的是对发现的审计数据质量问题进行分析,找出造成质量问题的原因,发现隐藏的审计线索。

3) 降低审计风险

由于有质量问题的被审计数据会影响审计数据分析结果的正确性,造成一定的审计风险,因此,通过对有质量问题的审计数据进行审计数据预处理,可以降低审计风险。

4) 更改命名方式,便于数据分析

通过名称转换这一审计数据预处理操作,可以把采集到的数据表以及字段名称转换成直观的名称,便于审计人员的审计数据分析。

2.4　审计数据分析

　　前面介绍了审计数据采集和审计数据预处理,审计数据采集和审计数据预处理是为审计数据分析做准备。通过审计数据分析,发现审计线索,获得审计证据,形成审计结论,才是审计的最终目的。因此,审计的过程实质上就是不断收集、鉴定和综合运用审计证据的过程。要实现审计目标,必须收集和评价审计证据。选择审计证据对做好审计工作有举足轻重的作用。

　　综上所述,审计数据分析是通过对采集到的电子数据进行分析,获取审计证据。因此,如何对采集到的数据进行分析是审计人员面临的重要问题。

　　在信息化环境下,审计的对象是电子数据,因此,审计证据的获取多是通过采用信息技术对被审计数据的分析来完成的。一般来说,常用的审计数据分析方法主要包括数据查询、审计抽样、统计分析、数值分析等,其中,数据查询的应用最为普遍。通过采用这些方法对被审计数据进行分析,可以发现审计线索,获得审计证据。本节介绍这些信息化环境下常用的审计数据分析方法。

2.4.1　数据查询

　　数据查询是目前电子数据审计中最常用的审计数据分析方法。数据查询是指审计人员针对实际的被审计单位,根据自己的经验,按照一定的审计分析模型,在通用软件(如 Microsoft Access,SQL Server,Oracle 等)和审计软件中采用 SQL 语句来分析采集到的电子数据,或采用一些审计软件通过运行各种各样的查询命令以某些预定义的格式来检测被审计单位的电子数据。这种方法既提高了审计的正确性与准确性,又将审计人员从冗长乏味的计算工作中解放出来,告别以前手工翻账的作业模式。另外,运用 SQL 语句的强大查询功能,通过构建一些复杂的 SQL 语句,可以完成模糊查询以及多表之间的交叉查询等功能,从而完成复杂的审计数据分析。

　　目前,除了借助通用软件应用数据查询这种方法之外,多数审计软件都提供这种审计数据分析方法,如现场审计实施系统、用友审易等。

2.4.2　审计抽样

　　审计抽样是指审计人员在实施审计程序时,从审计对象总体中选取一定数量的样本进行测试,并根据样本测试结果推断总体特征的一种方法。它是随着经济的发展、被审计单位规模的扩大以及内部控制的不断健全与完善而逐渐广泛应用的审计方法。

　　根据决策依据方法的不同,审计抽样可以分为两大类:统计抽样和非统计抽样。统计抽样是在审计抽样过程中,应用概率论和数理统计的模型与方法来确定样本量、选择抽样方法、对样本结果进行评估并推断总体特征的一种审计抽样方法。非统计抽样也称判断抽样,由审计人员根据专业判断来确定样本量、选取样本和对样本结果进行评估。

因此,审计人员可能不知不觉地将个人的"偏见"体现在样本的选取中,从而使样本不能客观地反映总体的真实情况。但另一方面,也可以有效地利用审计人员的经验和直觉,更有效地发现和揭露问题或异常。因此,非统计抽样只要设计得当,也可以达到与统计抽样一样的效果。

在审计中应用统计抽样和非统计抽样一般包括以下4个步骤:

①根据具体审计目标确定审计对象总体。

②确定样本量。

③选取样本并审查。

④评价抽样结果。

目前,很多审计软件中都开发了审计抽样模块,如现场审计实施系统、用友审易等,这使得以前烦琐的数学计算、随机数生成等工作可以轻松实现,并且可以保证抽样工作的准确性和合法性。审计人员只要按照抽样向导的提示输入相应的参数即可,从而为审计人员规避审计风险、提高审计工作质量起到了很大的作用。后面将以用友审易为例,来介绍审计抽样方法。

2.4.3 统计分析

在电子数据审计中,统计分析的目的是探索被审计数据内在的数量规律性,以发现异常现象,快速寻找审计突破口。一般来说,常用的统计分析方法包括一般统计、分层分析和分类分析等。在不同的审计软件中,统计分析方法的叫法略有不同。常用的统计分析方法如下:

①一般统计常用于具体分析之前,以对数据有一个大致的了解,它能够快速地发现异常现象,为后续的分析工作确定目标。一般统计对数值字段提供下列统计信息:全部字段以及正值字段、负值字段和零值字段的个数,某类数据的平均值、绝对值以及最大或最小的若干个值等。

②分层分析是通过数据分布来发现异常的一种常用方法。其原理一般为:首先,选取一个数值类型的字段作为分层字段;然后,根据其值域将这一字段划分为若干个相等或不等的区间,通过观察对应的其他字段在分层字段的各个区间上的分布情况来确定需要重点考察的范围。

③分类分析是通过数据分布来发现异常的另一种常用方法。其原理一般为:首先,选择某一字段作为分类字段;然后,通过观察其他对应字段在分类字段各个取值点上的分布情况来确定需要重点考察的对象。分类分析的思路类似于"分类汇总",它是一种简单而常用的数据分析手段。与分层分析不同的是,分类分析中用作分类的某一字段不一定是数值型的,可以是其他类型的数据,而分层分析中用作分层的某一字段则一定是数值型数据。

对于统计分析,很多审计软件都具有这一功能,如现场审计实施系统、用友审易等审计软件。统计分析一般和其他审计数据分析方法配合使用。后面将以电子数据审计模拟实验室软件和 IDEA 为例,来介绍统计分析方法。

2.4.4　数值分析

数值分析是根据被审计数据记录中某一字段具体的数据值的分布情况、出现频率等指标,对该字段进行分析,从而发现审计线索的一种审计数据分析方法。这种方法是从"微观"的角度对电子数据进行分析的,审计人员在使用时不用考虑具体的审计对象和具体的业务。在完成数值分析之后,针对分析出的可疑数据,再结合具体的业务进行审计判断,从而发现审计线索,获得审计证据。相对于其他方法,这种审计数据分析方法易于发现被审计数据中的隐藏信息。常用的数值分析方法主要有重号分析、断号分析和基于 Benford 定律的数值分析方法,一些方法目前已应用于 IDEA、电子数据审计模拟实验室软件等审计软件中。

1）重号分析

重号分析用来查找被审计数据某个(或某些)字段中重复的数据。例如,检查一个数据表中是否存在相同的发票被重复多次记账。

2）断号分析

断号分析主要是分析被审计数据中的某字段在数据记录中是否连续。

3）基于 Benford 定律的数值分析方法

(1) Benford 定律原理

1881 年,美国天文学家西蒙·纽康(Simon Newcomb)在其发表的一篇论文中描述了一种奇异的数字分布规律:在图书馆的对数表手册中,包含较小数字的页码明显比那些包含较大数字的页码磨损严重,而且磨损的程度随数字增大递减。通过这个现象,他推断研究人员在查阅对数表时,查阅以数字"1"开头的数字的机会比以"2"开头的数字多,以"2"开头的比以"3"开头的多,并以此类推。在这个推断的基础上,他得出以下结论:以"1"开头的数字比以其他数字开头的多。1938 年,通用电气公司的一位科学家弗兰克·本福德(Frank Benford)同样注意到他的对数表手册的特殊磨损现象,通过进一步研究,他得出了和纽康同样的结论:人们处理以较小数字开头的数值的频率较大。为了证明他的假设,本福德收集了 20 229 类不同的数据集合,这些数据来源千差万别,例如河流的面积、不同元素的原子质量、杂志和报纸中出现的数字。通过分析,这些数字呈现同样的特点:首位出现较小数字的可能性比出现较大数字的可能性要大。后来,人们以他的名字命名了这条定律,这就是 Benford 定律(Benford's Law)。概括来说,Benford 定律是指数字及数字序列在一个数据集中遵循一个可预测的规律。美国国家标准和技术学院(National Institute of Standards and Technology,NIST)给出了 Benford 定律的定义。

【定义】:Benford 定律。

在不同种类的统计数据中,首位数字是数字 d 的概率为 $\lg(1+1/d)$。其中,数据的首位数字是指左边的第一位非零数字。例如数据 5 678,5.678,0.567 8 的首位数字均为 5。

根据 Benford 定律,首位数字出现的标准概率分布曲线如图 2.6 所示。同理,根据 Benford 定律,也可以计算出数据各位上数字出现的概率。

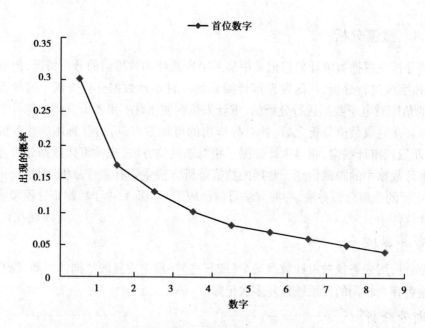

图 2.6　首位数字出现的标准概率分布曲线图

根据以上分析可以看出,如果被分析的审计数据不符合 Benford 定律的标准概率分布曲线,则表明在被分析的审计数据中可能含有异常数据。

（2）Benford 定律适用的条件

由以上分析可以看出,Benford 定律提供了一种审计数据分析方法,通过采用 Benford 定律对被审计数据进行分析,可以识别出其中可能的错误、潜在的欺诈或其他不规则事物,从而发现审计线索。然而,Benford 定律并不是适用于所有被审计数据。Nigrini（1997）对 Benford 定律的适用条件进行了研究,他认为 Benford 定律适用的 3 个经验条件如下:

①被审计数据具备一定规模,能够代表所有样本。一般而言,应用 Benford 定律进行分析的数据集规模越大,分析结果越精确。它特别适用于我国大数据环境下的电子数据审计。

②被审计数据没有人工设定的最大值和最小值范围。例如,一般单位的固定资产台账数据就可能不符合 Benford 分布规律,因为按照财务制度,只有在一定金额之上的固定资产才被登录台账。

③目标数据受人为因素的影响较小。例如,用 Benford 定律对会计数据中的价格数据进行分析就可能不合适,因为价格受人为因素的影响较大。

2.5　审计数据验证

2.5.1　审计数据验证的重要性

在开展电子数据审计的过程中,审计人员必须不断进行审计数据验证,以保证审计数据采集的真实性和完整性,以及审计数据预处理和审计数据分析的正确性。审计数据验证不仅是确保电子数据真实、正确的重要手段,也是提高审计数据采集、审计数据预处理和审计数据分析质量,降低审计风险的重要保证。其重要性主要体现在以下几个方面。

1) 确认所采集数据的真实性、正确性和完整性

通过审计数据验证,可以确认被审计单位提供的以及审计人员采集的原始电子数据的真实性、正确性和完整性,验证电子数据对被审计单位实际经济业务活动的真实反映程度,保证审计数据采集工作准确、有效地进行,同时对采集到的被审计数据进行确认,排除遗漏和失误。

2) 确认审计数据采集过程中数据的完整性

在电子数据从一台计算机迁移到另一台计算机,或从一个信息系统迁移到另一个信息系统的过程中,由于种种原因,可能导致采集的数据发生遗漏。因此,审计人员完成审计数据采集后,都必须对被审计数据进行充分的验证,确认数据的完整性。

3) 减少审计数据采集、审计数据预处理和审计数据分析过程中的人为失误

审计人员在进行审计数据采集、预处理和分析时,如果编写的程序存在逻辑错误,或对数据的操作不规范,或选择的方法不正确等,都可能产生部分数据遗漏或丢失等问题,导致审计结果错误。因此,审计人员每完成一步数据操作,都必须对被操作的电子数据进行审计数据验证,确保数据的正确性。

比如,对审计数据预处理过程进行验证可以考虑以下两个方面:

(1) 确认审计数据预处理的目标实现

为了确认审计数据预处理的目标得以实现,必须针对转换前存在的数据质量问题和转换要求逐一进行核对。

(2) 确认审计数据预处理工作没有损害数据的完整性和正确性

要确认审计数据预处理工作没有损害数据的完整性和正确性,就必须确认审计数据预处理过程中没有带来新的错误。

2.5.2　审计数据验证的方法

一般来说,审计数据验证的方法主要有以下几种。

1) 利用数据库的完整性约束来进行验证

数据的完整性是指数据库中的数据在逻辑上的一致性和准确性。利用数据库的完整性约束可以实现部分数据验证功能。一般来说,数据完整性包括以下内容。

(1) 域完整性

域完整性又称列完整性,指定一个数据集对某一个列是否有效并确定是否允许为空值。

(2) 实体完整性

实体完整性,又称行完整性,要求表中的每一个行有唯一的标识符(关键字)。

(3) 参照完整性

参照完整性又称引用完整性,它可以保证主表中的数据与从表(被参照表)中数据的一致性。

2) 利用数据总量和主要变量的统计指标进行验证

利用数据总量和主要变量的统计指标进行验证是一种常用的方法,内容如下。

(1) 核对总记录数

审计人员在完成审计数据采集之后,首先要将采集到的电子数据的记录数与被审计单位信息系统中反映的记录数核对(有打印纸质凭证的,还要与纸质凭证数进行核对),以验证其完整性。在完成审计数据预处理和审计数据分析之后,也可以根据需要应用这一方法。

(2) 核对主要变量的统计指标

审计人员在完成审计数据采集、审计数据预处理和审计数据分析之后,可以通过核对主要变量的统计指标(例如核对总金额)等方法来验证数据的完整性。

3) 利用业务规则进行验证

业务规则是一个系统正常处理业务活动所必须满足的一系列约束的集合。这些约束有来自系统外部的,例如国家政策和法律法规;有来自系统内部的,例如借贷记账法要求的借贷平衡,账务处理系统中各种账户之间的勾稽关系;有些约束还作为系统的控制手段,例如凭证号的连续性约束。利用这些约束可以对采集到的数据实施一定程度的验证。常用的方法如下。

(1) 检查借贷是否平衡

检查借贷是否平衡是审计人员常用的一种简单有效的审计数据验证方法,它与核对总金额法相辅相成。

(2) 凭证号断号和重号验证

在会计信息系统中,凭证号是典型的顺序码,凭证号每月按凭证类型连续编制,不同的凭证使用不同的凭证号,凭证号中间不能有断号、空号或重号出现。因此,分析凭证表中凭证号是否连续是验证审计人员所用数据与被审计单位会计数据的一致性的一种重要核对方法。审计人员可以根据实际情况,通过编写 SQL 语句来进行凭证号断号、重号的验证工作,也可以借助一些审计软件的断号、重号分析功能来完成凭证号断号、重号的验证工作。

(3)勾稽关系

在业务和会计数据中,存在许多勾稽关系。这些勾稽关系是进行审计数据验证的重要依据。例如,在审计人员采集到的被审计单位固定资产数据表中,关于固定资产价值方面的数据一般都包括资产原值、累计折旧、资产净值字段内容,而且这3个字段之间存在的勾稽关系如下:

$$资产原值-累计折旧=资产净值$$

因此,审计人员在使用被审计单位的固定资产数据表之前,有必要对上述勾稽关系进行验证。例如,可以采用以下 SQL 语句进行验证:

```
SELECT    *
FROM 固定资产表
WHERE (资产原值-累计折旧)<>资产净值;
```

4)利用抽样方法进行验证

审计数据验证的另一类方法就是抽样。当数据量巨大或者前面所述的审计数据验证方法无法使用时,可以考虑利用抽样的方法。利用抽样的方法进行验证一般分为以下两种:

①从被审计单位提供的纸质资料中按照抽样的规则抽取一些样本,在采集到的数据中进行匹配和验证。

②从被审计单位的系统中按照抽样的规则抽取一些样本,在采集到的数据中进行匹配和验证。

本章小结

电子数据审计是计算机审计的一项重要内容。本章根据目前开展电子数据审计的需要,首先分析了电子数据审计的原理,在此基础上,分析了电子数据审计的关键步骤,包括审计数据采集、审计数据预处理、审计数据分析、审计数据验证等。通过本章的学习,读者可以掌握电子数据审计的原理、开展电子数据审计的关键步骤,从而为后面深入学习审计软件打下基础。

【小技巧】

了解常用的电子表格软件及数据库对审计人员开展电子数据审计是非常必要的。例如,各种数据库和电子表格软件都有其固定的后缀名,通过后缀名,审计人员可以初步判断出被审计单位使用的是哪一种数据库或电子表格软件,这对于完成审计数据采集来说是非常重要的。常见数据文件的类型及后缀名见表2.2。

表 2.2　常见数据文件的类型及后缀名

数据文件类型	后缀名
文本文件	.txt
Excel	.xls　.xlsx（2007 以上）
Access	.mdb　.accdb（2007 以上）
Sybase	.db
dBASE 系列	.dbf
Paradox	.db
SQL Server	.mdf（主文件）　.ldf（日志文件）
Oracle	.dmp（备份文件的后缀名）

思考与练习

1.什么是电子数据审计？为什么要开展电子数据审计？

2.什么是审计数据采集？为什么要进行审计数据采集？

3.为什么要对被审计数据进行审计数据预处理？如何对被审计数据进行数据预处理？

4.常用的审计数据分析方法有哪些？如何应用这些方法开展审计数据分析？

5.谈谈本章所介绍的审计数据分析方法的优缺点。

6.除了本章所述的审计数据分析方法,你认为还有哪些技术可用于审计数据分析？

7.审计数据分析方法未来的发展趋势是什么？

8.为什么要进行审计数据验证？

第3章　电子表格软件在审计中的应用

学习目标

通过本章的学习,了解电子表格软件与电子数据审计的关系,掌握使用 Microsoft Excel 审计数据采集方法,掌握使用 Microsoft Excel 审计数据分析方法。

3.1　电子表格软件简介

电子表格(Spreadsheet)又称电子数据表,简单地讲,电子表格软件就是一种模拟纸上计算表格的计算机软件,这种软件会显示由一系列行与列构成的电子单元格,单元格内可以存放数值、计算式或文本。由于电子表格能够方便地重新计算整个表格,因此对电子数据审计具有较高的应用价值。常用的电子表格软件有 Microsoft Excel、金山 WPS Office 等。考虑到目前 Microsoft Excel 在审计中应用较为广泛,本章以 Microsoft Excel 为例,介绍基于电子表格软件的审计应用。

3.1.1　Excel 概述

Excel 是微软办公套装软件的一个重要组成部分,它可以进行各种数据的处理、统计分析和辅助决策操作,广泛地应用于管理、统计、财经、财务、金融等众多领域。

3.1.2　Excel 的主要版本发展历程

为了便于审计人员了解 Excel,将 Microsoft Excel 的主要版本发展历程总结为表3.1。

表 3.1　Excel 的主要版本

年　份	版　本
1987	Excel 2 for Windows
1990	Excel 3
1992	Excel 4

续表

年　份	版　本
1993	Excel 5
1995	Excel 95,亦称 7
1997	Excel 97,亦称 8
1999	Excel 2000,亦称 9
2001	Excel XP,亦称 10
2003	Excel 2003,亦称 11
2006	Excel 2007,亦称 12
2010	Excel 2010,亦称 14
2013	Excel 2013,亦称 15
2016	Excel 2016,亦称 16
2019	Excel 2019,亦称 17

3.1.3　Excel 2010 与电子数据审计相关的功能

以 Excel 2010 为例,其与电子数据审计相关的功能如下。

1) 获取外部数据

Excel 2010 的获取外部数据功能如图 3.1 所示,该功能可用于完成审计数据采集。

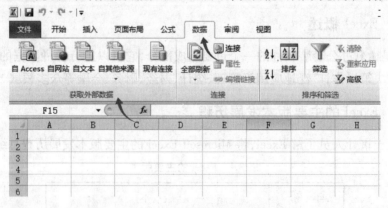

图 3.1　Excel 2010 的获取外部数据功能

2) 数据分析

Excel 2010 的排序和筛选、数据工具(如数据有效性等)、分析等功能可以对数据进行分析,如图 3.2 所示,这些功能可用于完成审计数据分析。

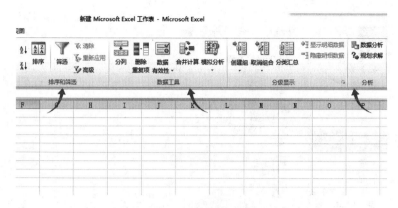

图 3.2　Excel 2010 的数据分析功能

3.2　审计数据采集

为了采用 Excel 开展电子数据审计,需要把待审计的电子数据采集到 Excel 中。本节以 Excel 2010 为例,通过实例介绍如何把常用类型的电子数据采集到 Excel 中。

3.2.1　采集文本文件数据

如果被审计单位提供给审计人员的是文本文件格式的数据,把该类型的数据采集到 Excel 中可采用以下方法。

1)第一种方法:直接打开文本文件

该方法的操作过程为:

①打开 Excel。

②单击"Office 按钮",选择"打开"选项,如图 3.3 所示,按照提示步骤,选择需要采集的文本文件数据,即可完成数据采集工作。

2)第二种方法:通过 Excel 的数据导入功能完成该方法的操作过程

①打开 Excel。

②单击菜单"数据",然后单击"自文本",如图 3.4 所示,按照提示步骤,选择需要采集的文本文件数据,即可完成数据采集工作。

【例 3.1】把文本文件数据采集到 Excel 中。

现有某零售企业商品数据"商品.txt",请将该数据采集到名为"商品"的 Excel 文件中,要求不导入订购量和再订购量。

把商品数据采集到 Excel 文件中的操作过程如下。

图 3.3　直接打开文本文件

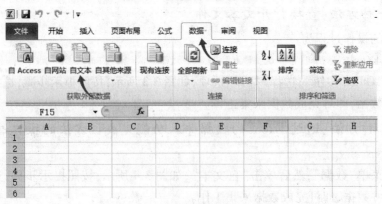

图 3.4　Excel 的数据导入功能

①单击"Office 按钮",选择"打开",如图 3.5 所示,则出现如图 3.6 所示的界面。

②在图 3.6 中选择需要采集的商品数据,单击"打开"按钮,进入文本导入向导界面,如图 3.7 所示。

③在图 3.7 至图 3.11 中,按照系统提示,进行相应的设置。

④设置完毕后,在图 3.11 中单击"完成"按钮,便可完成数据的采集,如图 3.12 所示。

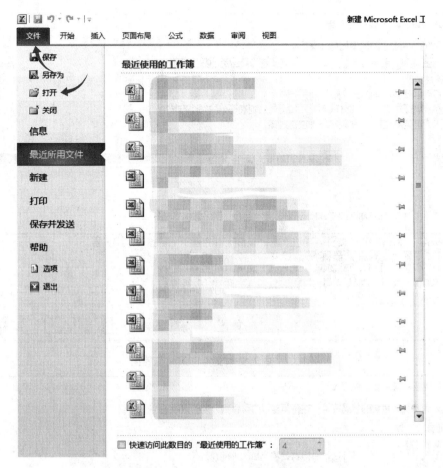

图 3.5　选择第一种数据采集方法

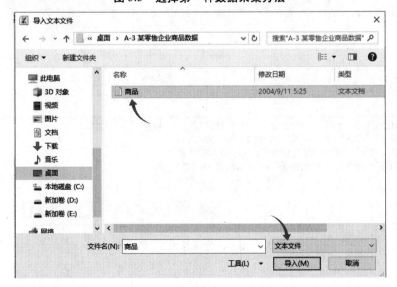

图 3.6　选择需要导入的"商品"数据

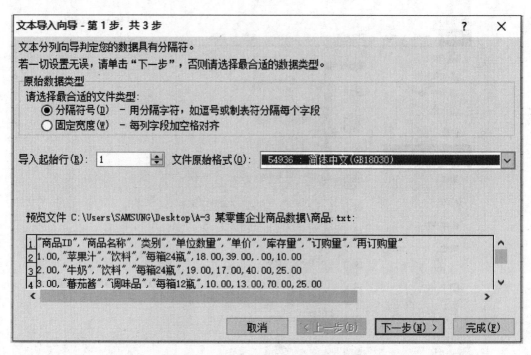

图 3.7　进入文本文件导入向导界面

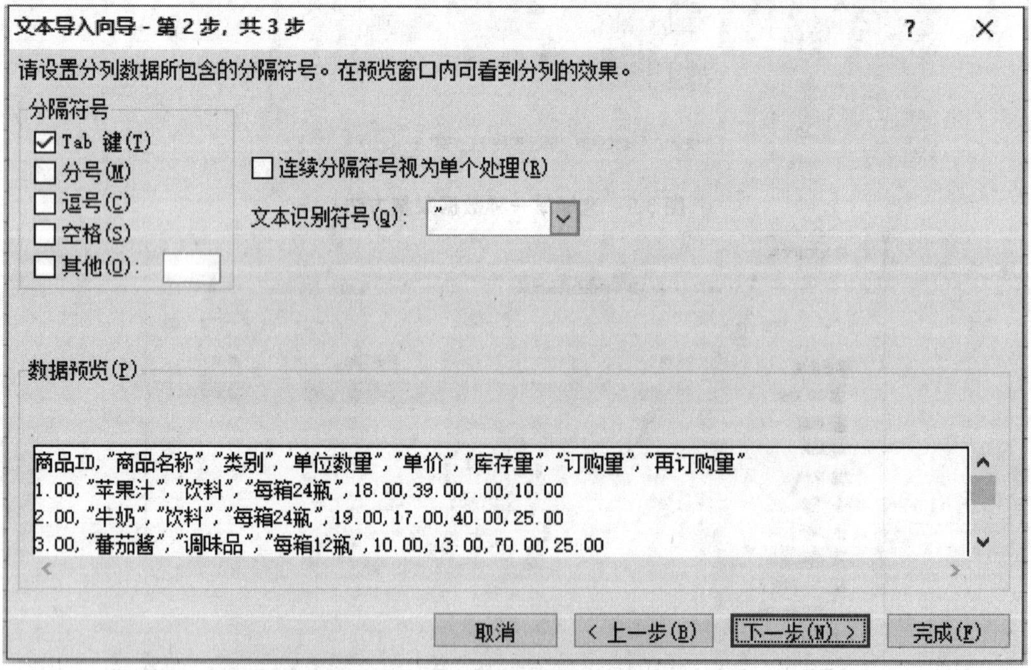

图 3.8　进入"分隔符设置"选项卡

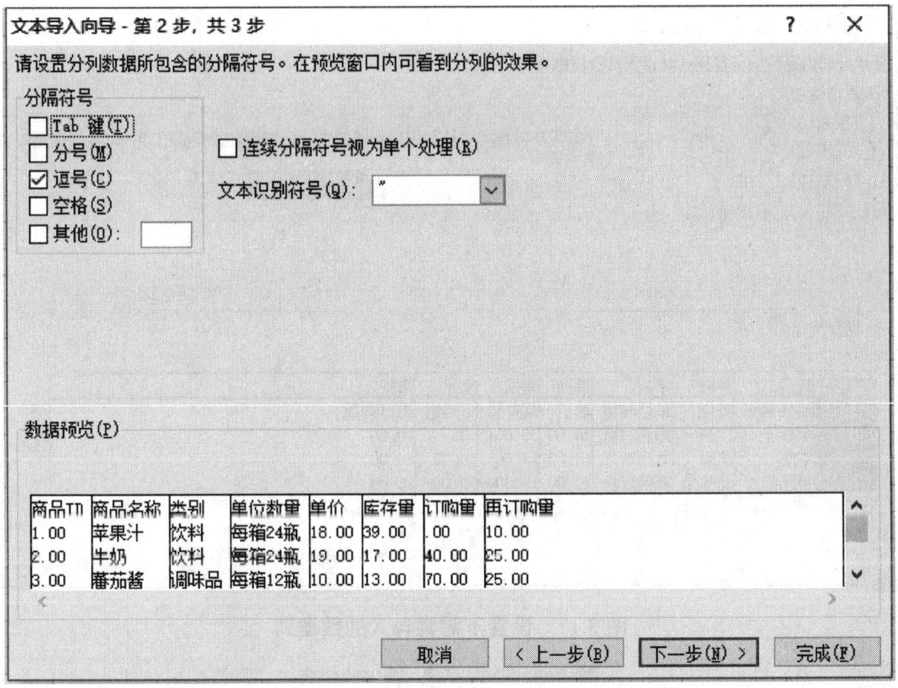

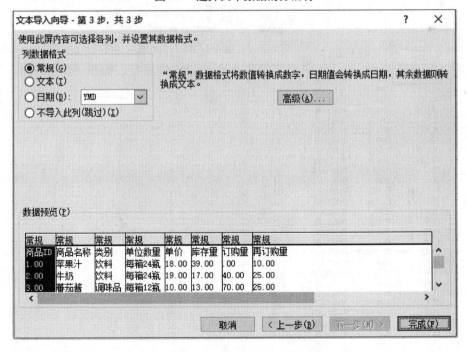

图 3.9　选择文本数据的分隔符

图 3.10　进入列数据格式设置界面

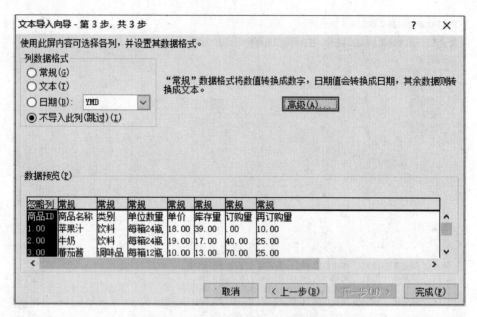

图 3.11　设置不需要导入的数据列

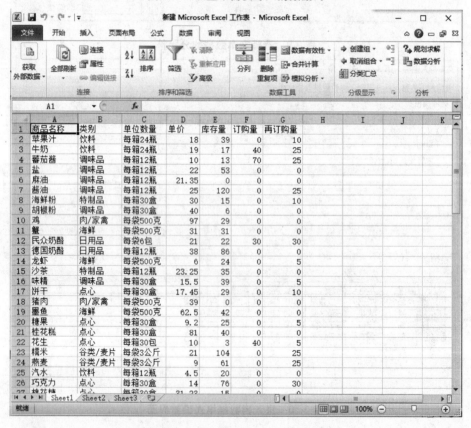

图 3.12　完成文本文件数据的采集

通过以上过程,便可按照要求完成数据的采集。

以上演示基于 Excel 2010 环境,在其他环境下方法类似。

3.2.2　采集 Access 数据库中的数据

在实际的审计工作中,被审计单位多采用数据库来管理本单位的数据,下面以 Excel 2010 为例,介绍如何把 Access 数据库中的数据采集到 Excel 2010 中。

1) 第一种方法:采用获取外部数据功能

该方法的操作过程为:

①打开 Excel。

②单击菜单"数据"→"自 Access"按钮,如图 3.13 所示,按照提示步骤选择需要采集的 Access 格式的数据,即可完成数据采集工作。

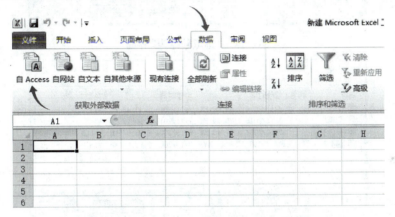

图 3.13　Excel 的 Access 数据库数据采集功能

【例 3.2】把某 Access 数据库中的数据采集到 Excel 中。

现有某税收征收电子数据,现把该 Access 数据库中的数据采集到 Excel 文件中。

把 Access 数据库中的数据采集到 Excel 中的操作过程为:

①如图 3.13 所示,在 Excel 中,单击菜单"数据"→"自 Access"按钮,则弹出"打开"对话框,如图 3.14 所示。

②在图 3.14 中选取要采集的 Access 数据,然后单击"打开"按钮,会弹出"选择表格"对话框,如图 3.15 所示。

③在图 3.15 中选择要采集的数据库中的数据表,结果如图 3.16 所示,然后单击"确定"按钮,出现如图 3.17 所示的界面。

④在图 3.17 中单击"确定"按钮,完成数据采集,结果如图 3.18 所示。

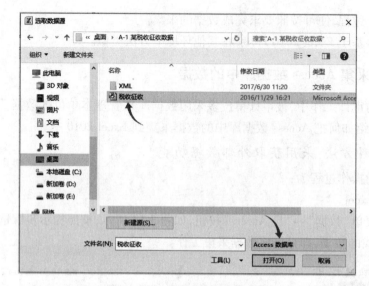

图 3.14 "选取数据源"界面

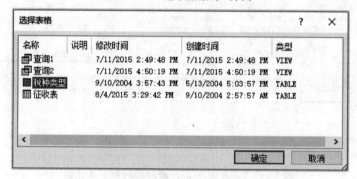

图 3.15 "选取表格"对话框

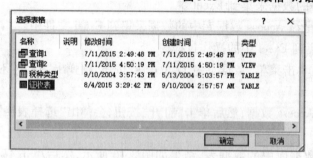

图 3.16 完成数据表选择后的界面

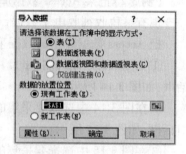

图 3.17 "导入数据"对话框

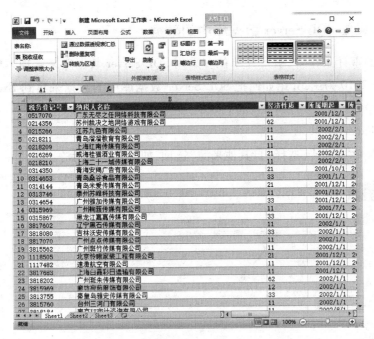

图 3.18　完成数据采集后的 Excel 界面

2) 第二种方法：采用 Office 按钮直接打开

该方法的操作过程为：

①打开 Excel。

②单击 Office 按钮，选择"打开"选项，如图 3.19 所示。按照提示步骤，选择需要采集的 Access 数据库文件数据，即可完成数据采集工作，其操作过程同上。

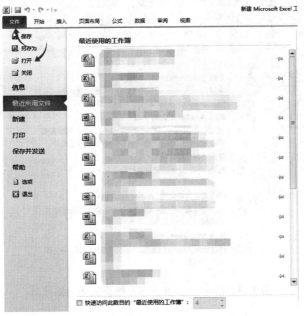

图 3.19　直接打开 Access 数据库数据

3.2.3 采集 SQL Server 数据库中的数据

在实际的审计工作中,被审计单位多采用 SQL Server 数据库来管理本单位的数据,下面以 Excel 2010 为例,介绍如何把 SQL Server 数据库中的数据采集到 Excel 中。该方法的操作过程为:

①打开 Excel。

②单击菜单"数据",选择"自其他来源"选项,如图 3.20 所示。

图 3.20　Excel 的其他来源数据采集功能

③选择"来自 SQL Server",如图 3.21 所示,进入"数据连接向导"对话框,如图 3.22 所示。

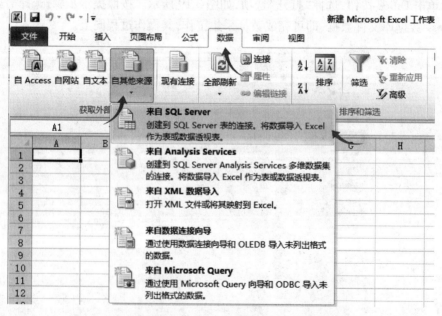

图 3.21　Excel 的 SQL Server 数据采集选择界面

④在图 3.22 中输入所要连接的 SQL Server 数据库服务器名称。注：本实例中创建的数据库服务器名称为"DESKTOP-8AKHJK9"，如图 3.23 所示。其中，"DESKTOP-8AKHJK9"为 SQL Server 数据库所安装的计算机的名称。

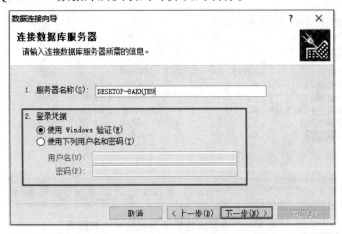

图 3.22 "连接数据服务器"名称设置界面

图 3.23 "数据库服务器"名称信息界面

⑤在图 3.22 中，单击"下一步"按钮，进入"选择数据库和表"界面，选择需要采集的数据库中的数据表，如图 3.24 所示。

⑥在图 3.24 中，单击"下一步"按钮，根据向导提示即可完成数据采集，如图 3.25 所示。

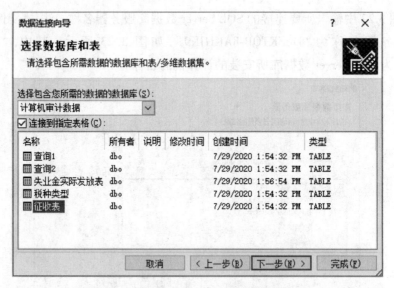

图 3.24　设置好的需要采集的数据表界面

图 3.25　完成数据采集后的 Excel 界面

3.2.4 采集 XML 格式的数据

在实际的审计工作中,不管被审计单位采用什么数据库来管理本单位的数据,一般都可以导出为 XML 数据交给审计单位,审计单位可以把这些数据采集到 Excel 中进行分析。仍以 Excel 2010 为例,介绍如何把 XML 格式的数据采集到 Excel 中。该方法的操作过程如下:

①打开 Excel。

②单击菜单"数据",选择"自其他来源"选项,如图 3.26 所示,然后单击"来自 XML 数据导入"按钮,如图 3.27 所示。

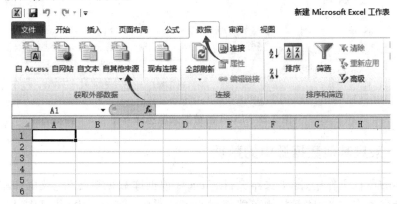

图 3.26　Excel 的其他来源数据采集功能

图 3.27　Excel 的 XML 数据源采集选择界面

③选取数据源,如图 3.28 所示,按照提示步骤,即可完成数据采集工作。

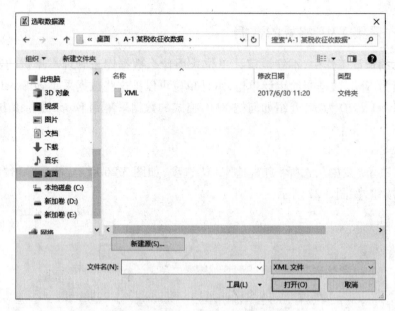

图 3.28 Excel 的数据来源选择界面

3.2.5 采集其他数据源中的数据

在实际的审计工作中,除了文本文件、Access 数据库数据等之外,被审计单位提供的数据可能会多种多样,这些数据也可能通过 ODBC 采集到 Excel 中,其操作过程为:

①打开 Excel。

②单击菜单"数据",选择"自其他来源"选项,然后单击"来自 Microsoft Query"选项,如图 3.29 所示,按照提示步骤,即可通过 ODBC 完成数据采集工作。

图 3.29 Excel 的 ODBC 数据源采集选择界面

3.3 审计数据分析

为了采用 Excel 开展电子数据审计,在完成数据采集之后,需要在 Excel 中对采集到的电子数据进行分析。本节以 Excel 2010 为例,通过实例介绍常用的电子数据分析方法。

【例 3.3】数据查询方法在税收征收数据分析中的应用。

现有某税收征收电子数据,假定所有纳税人税款滞纳天数超过 10 天均属超期滞纳,请对提供的税收征收电子数据进行分析处理,检查征收表中有无"负纳税"数据和"超期滞纳"数据。

假设税收征收数据已被采集到 Excel 中,可靠地查找税收征收数据中"负纳税"数据的方法如下:

1)采用 Excel 的筛选功能

①在 Excel 的"数据"菜单中单击"筛选"按钮,然后再点击"实纳税额"字段的下拉选项,在弹出的"数字筛选"菜单中可以选择筛选条件,如图 3.30 所示。

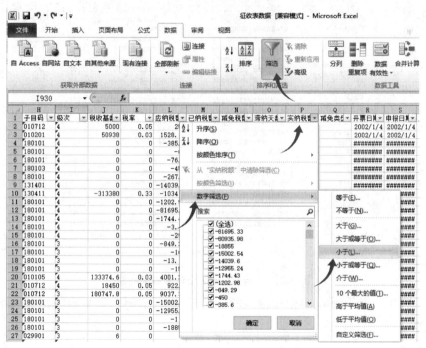

图 3.30 "数字筛选"菜单视图

②在图 3.30 中选择好筛选条件后,进入筛选条件设置界面,如图 3.31 所示。

③设置好筛选条件后,在图 3.31 中单击"确定"按钮,便可得到审计人员所要查找的"负纳税"数据,其查询结果如图 3.32 所示。

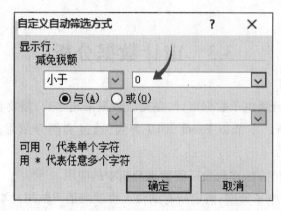

图 3.31 "数字筛选"菜单中的筛选条件设置界面

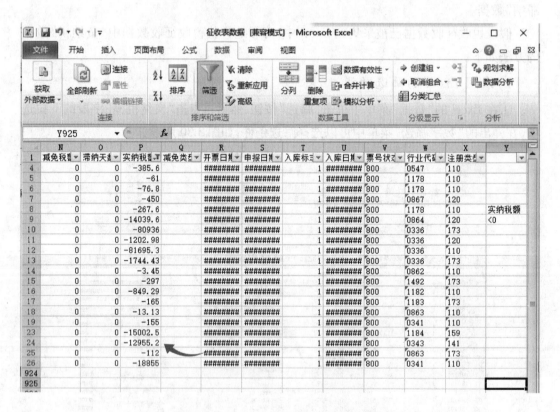

图 3.32 Excel 的负纳税查询结果界面

同理,在图 3.30 所示的界面中输入相应的超期滞纳条件,即可查找出税收征收数据中的"超期滞纳"数据。

2)采用 Excel 的高级筛选功能

①在 Excel 中设置查询条件,如图 3.33 所示。

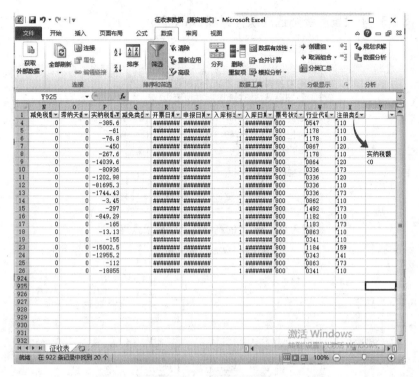

图 3.33　设置查询条件之后的 Excel 表单视图

②在图 3.34 中单击"高级"按钮,其查询结果如图 3.35 所示。

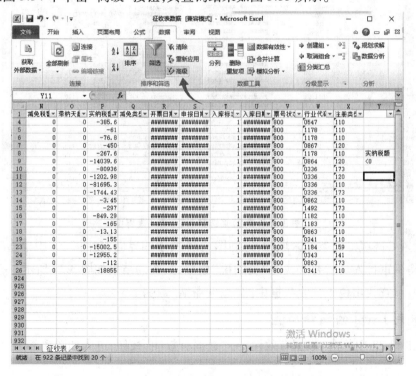

图 3.34　Excel 的高级筛选功能菜单

③在图 3.35 中设置高级筛选的条件区域,如图 3.36 所示。

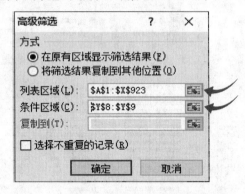

图 3.35 Excel 的高级筛选功能设置界面

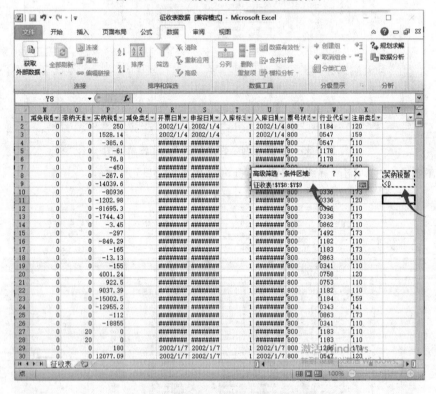

图 3.36 高级筛选条件区域设置界面

④设置好高级筛选条件区域后,返回图 3.35 所示的界面,在图 3.35 中单击"确定"按钮,便可得到审计人员所要查找的"负纳税"数据,其查询结果如图 3.37 所示。

同理,可查找出税收征收数据中的"超期滞纳"数据。

3)采用 Excel 的圈释功能

①在图 3.38 中单击"数据有效性"→"数据有效性"按钮,进入如图 3.39 所示的界面。

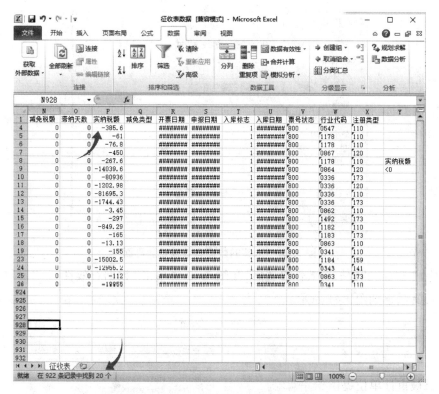

图 3.37　Excel 的负纳税查询结果界面

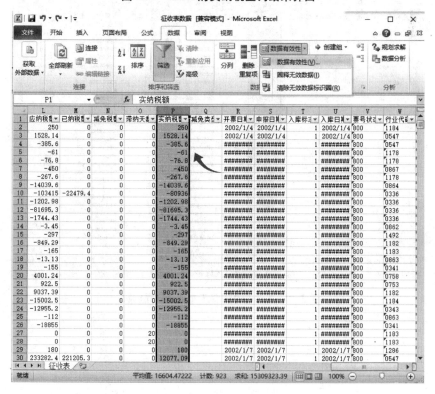

图 3.38　Excel 的数据有效性设置菜单

59

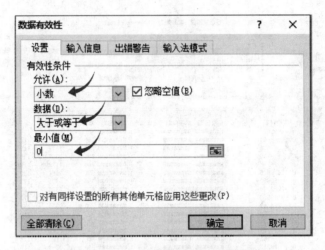

图 3.39 Excel 的数据有效性设置界面

②完成 Excel 的数据有效性设置后,在图 3.40 中单击"数据有效性"→"圈释无效数据"按钮,其结果如图 3.41 所示。

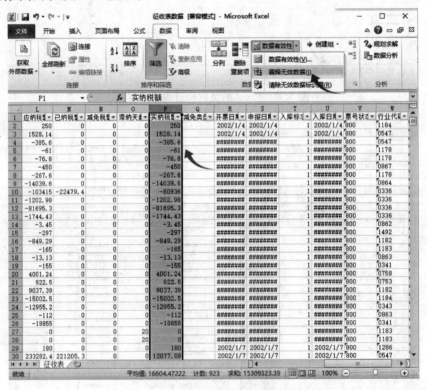

图 3.40 Excel 的圈释无效数据功能菜单

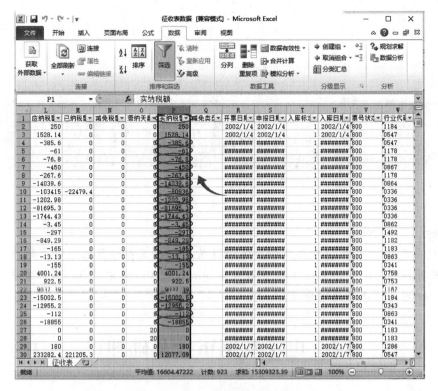

图 3.41　Excel 的无效数据圈释结果界面

本章小结

　　本章根据目前开展电子数据审计的需要,首先分析电子表格软件在电子数据审计中的作用,在此基础上,借助 Microsoft Excel 这种审计人员常用的电子表格软件,分析如何采用电子表格软件开展电子数据审计。通过本章的学习,读者可以掌握如何采用 Microsoft Excel 开展审计应用,从而为今后研究与应用电子表格软件开展审计应用打下基础。

思考与练习

1.电子表格软件对开展电子数据审计有何作用?

2.如何采用 Excel 采集审计数据?

3.如何采用 Excel 分析审计数据?

4.采用 Excel 开展电子数据审计有什么优缺点?

5.如何利用其他电子表格软件开展电子数据审计?

第4章 数据库软件在审计中的应用

学习目标

通过本章的学习,掌握数据库相关概念以及 SQL 语言在计算机审计中的应用,掌握 ODBC 及其在计算机审计中的应用,掌握使用 Microsoft Access 电子数据审计方法,掌握使用 SQL Server 电子数据审计方法。

4.1 电子数据审计基础知识

数据库工具是目前审计人员开展电子数据审计时常用的工具。本章主要介绍如何借助数据库工具开展电子数据审计,并以 Microsoft Access、SQL Server 这些数据库管理方面的主流产品为例,详细分析电子数据审计的应用。

4.1.1 SQL 语言与电子数据审计

按照美国国家标准协会(ANSI)的规定,结构化查询语言(Structured Query Language, SQL)被作为关系型数据库管理系统的标准语言。SQL 语言可以用来执行各种各样的操作。例如,更新数据库中的数据,从数据库中提取数据等。目前,绝大多数流行的关系型数据库管理系统,如 Oracle、Sybase、Microsoft SQL Server、Microsoft Access 等都采用了 SQL 语言标准。

由于在实施电子数据审计过程中常常会用到 SQL 语言,因此,本节简要介绍 SQL 的应用。对于如何应用 SQL 语言开展电子数据审计,将在后面介绍。

1)数据定义

(1)定义基本表

采用 SQL 语言定义基本表的语法如下:

```
CREATE TABLE 表名[表约束]
列名 1 数据类型[默认值 1,列约束 1]
列名 2 数据类型[默认值 2,列约束 2]
…
列名 n 数据类型[默认值 n,列约束 n]
```

(2)删除基本表

采用 SQL 语言删除基本表的语法如下：

```
DROP TABLE 表名
```

(3)修改表

采用 SQL 语言修改表的语法如下：

```
ALTER TABLE 表名
［ADD <新列名> <数据类型>［列级完整性约束条件］］
［DROP <完整性约束条件>］
［ALTER COLUMN <列名> <数据类型>］
```

其中,"表名"是要修改的基本表;ADD 子句用于增加新列和新的完整性约束条件;DROP 子句用于删除指定的完整性约束条件;ALTER COLUMN 子句用于修改原有的列定义,包括修改列名和数据类型。

2)数据操纵

(1)插入数据

插入数据的语句语法如下：

```
INSERT INTO 表名［(列名1,…)］
VALUES(值1,值2,…,值 n)
```

(2)修改数据

对表中已有数据进行修改。语句语法如下：

```
UPDATE 表名
SET 列名1=表达式1,列名2=表达式2,…
WHERE 条件
```

(3)删除数据

删除数据的语句语法如下：

```
DELETE FROM 表名
WHERE 条件
```

(4)表结构的修改

在已存在的表中增加新列,语句语法如下：

```
ALTER TABLE 表名
ADD［新列名 数据类型(长度)］
```

（5）表的删除

将已经存在的表删除，语句语法如下：

```
DROP TABLE 表名
```

3）数据查询

SELECT 语句在审计中应用较为广泛。这里介绍其基本语法及使用。SELECT 语句的基本语法如下：

```
SELECT［ALL | DISTINCT］<目标列表达式>［,<目标列表
达式>］…
FROM <表名或视图名>［,<表名或视图名>］…
[WHERE<条件表达式>]
[GROUP BY <列名 1>［HAVING <条件表达式>]]
[ORDER BY <列名 2>［ASC | DESC]]
```

4.1.2　ODBC 与电子数据审计

数据库产品和技术发展很快，数据访问技术必须始终紧跟数据库产品和技术的快速变化。早期的数据库连接是非常困难的，每个数据库的格式都不一样，开发者必须对他们所开发的每种数据库的底层应用程序编程接口（Application Programming Interface，API）有深刻的了解。因此，能处理各种各样数据库的通用 API 应运而生，即现在的开放数据库互连（Open Database Connectivity，ODBC）。ODBC 是人们创建通用 API 的早期产物，许多数据库遵从了这种标准。借助 ODBC，审计人员可以很灵活方便地采集被审计单位数据库中的电子数据。为了使审计人员更好地理解数据采集的原理，灵活地掌握数据采集的方法，本节对 ODBC 做一个简单的介绍。

1）ODBC 简介

ODBC 是微软公司开放服务结构（Windows Open Services Architecture，WOSA）中有关数据库的一个组成部分，它建立了一组规范，并提供了一组对数据库进行访问的标准 API。ODBC 使用 SQL 作为访问数据的标准，一个应用程序可以通过一组共同的代码访问不同的 SQL 数据库管理系统。因此，ODBC 技术为访问异类的 SQL 数据库提供了一个共同的接口。

2）ODBC 的使用

在使用 ODBC 接口访问数据库时，首先需要创建一个 ODBC 数据源，该数据源直接连接到所要访问的数据库上。创建过程如下：

①在操作系统中,单击"控制面板"按钮,如图 4.1 所示。

图 4.1 "控制面板"窗口

②在图 4.1 中找到"系统和安全",单击"系统和安全"按钮,如图 4.2 所示,找到"管理工具",单击"管理工具"按钮,结果如图 4.3 所示。

图 4.2 "系统和安全"窗口

③在图 4.3 中找到 32 位的 ODBC 数据源管理器("ODBC Data Sources(32-bit)")按钮,单击"ODBC Data Sources(32-bit)"按钮,结果如图 4.4 所示。

图 4.4 中所示的 32 位 ODBC 数据源管理器的各个选项卡的作用分别说明如下:

①用户 DSN 选项卡。用户 DSN 选项卡用于创建用户数据源,通过该选项卡创建的数据源对于计算机来说是本地的,并且只能被创建它的用户使用。

②系统 DSN 选项卡。系统 DSN 选项卡用于创建系统数据源,通过该选项卡创建的

数据源只在本地计算机中,但不专属于用户,此系统或其他具有权限的用户可通过系统DSN来使用该数据源的设置。

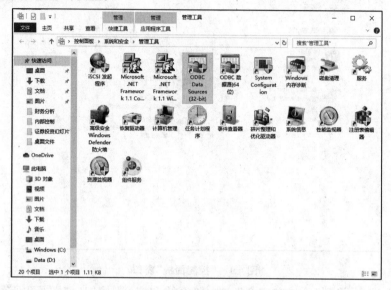

图 4.3 "管理工具"窗口

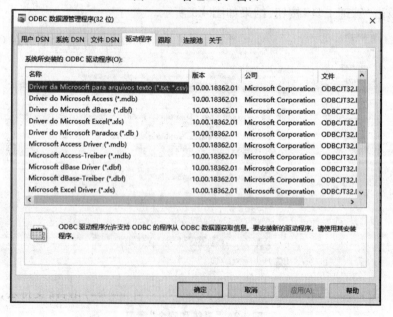

图 4.4 "ODBC Data Sources(32-bit)"窗口

③文件 DSN 选项卡。文件 DSN 选项卡用于创建文件数据源,这些基于文件的数据源可以在安装同样驱动程序的所有用户之间共享,因此,他们都具有对数据库的访问权。这些数据源不必专属于某一用户或本地计算机。

④驱动程序选项卡。驱动程序选项卡用于显示已安装的 ODBC 驱动程序的相关信息。ODBC 驱动程序列表会显示计算机中已经安装的驱动程序的列表。

⑤跟踪选项卡。跟踪选项卡可指定 ODBC 驱动程序管理器跟踪调用 ODBC 函数的方式。驱动程序管理器可使用的跟踪方式有连续跟踪调用、只跟踪唯一的连接、执行动态跟踪或由自定义的跟踪 DLL 来执行跟踪。

⑥连接池选项卡。连接池选项卡可以修改连接重试等待时间,以及使用连接池时所选择的驱动程序的超时时间,也可以启用和禁用记录统计信息数量的"性能监视"。

⑦关于选项卡。关于选项卡用于显示 ODBC 核心组件的有关信息,包括"Driver Manager"、光标库、安装程序 DLL 以及任何其他组成核心组件的文件。

4.2　使用 Access 审计

4.2.1　Access 简介

1)Access 概述

Microsoft Access 是 Microsoft Office 中的一个重要组成部分,它能够和 Office 产品的其他部分如 Word、Exchange 等实现无缝集成,构成办公自动化系统。刚开始时,微软公司是将 Access 单独作为一个产品进行销售的,后来它发现如果将 Access 捆绑在 Office 中一起发售,将带来更加可观的利润,于是第一次将 Access 捆绑到 Office 97 中,使其成为 Office 套件中的一个重要成员。目前,Access 已经成为世界上最流行的桌面数据库管理系统。

(1)技术上具有的优点

目前,Microsoft Access 在电子数据审计中应用较为广泛。从技术角度考虑,Access 有以下优点:

①功能较强。支持查询、报表、窗体、Internet。

②界面友好、操作人性化。数据库的查询、设计等都有方便的图形界面可供使用。

③数据集成管理。不同于 FoxPro,dBASE 等桌面数据库,Access 将所有的数据文件、程序文件都集成在一个数据库文件中,方便管理。

④扩展性好。Access 内置 VBA(Visual Basic for Application)语言,支持宏,用户可以方便地进行扩展。

(2)应用上具有的优点

从应用角度考虑,具有以下优点:

①Access 和 Excel 的应用比较普及。目前一般审计人员的计算机上都具备这些软件,而且经过近年的普及培训,很多审计人员都掌握了这些软件的基本应用操作技能。

②实践应用比较成熟,适合审计人员使用。Access 配合 SQL 语言的查询,能够提供较强大的数据分析功能。

③方便性和灵活性的有机结合。一方面,Access 具备较好的图形化界面,初级用户很容易入门;另一方面,高级用户能够通过 SQL 语言和 VBA 对 Access 功能进行开发、扩展。

④方便审计人员采集各种类型的数据源数据。以 Access 2010 为例,审计人员可以将其他 Office Access 数据库的数据库、Microsoft Excel 电子表格、Office SharePoint Server 站点、开放数据库连接(ODBC)数据源、Microsoft SQL Server 数据库和其他数据源中的数据采集到 Access 数据库中。

当然,Access 也有自身的局限性。首先,Access 能够处理的数据量有限制,在大型项目中可能满足不了要求。另外,Access 的数据分析是基于关系型数据库原理,而不是基于审计需求设计的。因此,对于很多结构化不是很强的分析需求,需要审计人员先对审计问题进行分析,转化为结构化的查询方法。这就要求审计人员具有较强的审计业务能力和软件操作技能。

2)Access 的主要版本发展历程

为了便于审计人员了解 Access,将 Access 的主要版本发展历程总结为表4.1。

表4.1　Access 的主要版本

年　份	版　本	支持的操作系统	Office 包版本
1992	Access 1.1	Windows 3.0	
1993	Access 2.0	Windows 3.1x	Office 4.3 Professional
1995	Access for Windows 95	Windows 95	Office 95 Professional
1997	Access 97	Windows 9x,NT 3.51/4.0	Office 97 Professional 及 Developer
1999	Access 2000	Windows 9x/NT 4.0/2000	Office 2000 Professional, Premium 及 Developer
2001	Access 2002	Windows 98/Me/2000/XP	Office XP Professional 及 Developer
2003	Access 2003	Windows 2000/XP/Vista	Office 2003 Professional 及 Professional Enterprise
2007	Access 2007	Windows XP SP2/Vista, Windows 7/8	Office 2007 Professional, Professional Plus,Ultimate 及 Enterprise
2010	Access 2010	Windows XP SP3/Vista SP1,Windows 7/8	Office 2010 Professional, Professional Academic 及 Professional Plus
2013	Access 2013	Windows 7/8, Windows Server 2012/ Windows Server 2008 R2	Office 2013 Professional 及 Professional Plus
2016	Access 2016	Windows 7/8/10	Office 2016 Professional 及 Professional Plus
2019	Access 2019	Windows 7/8/10	Office 2019 Professional 及 Professional Plus

3）Access 的主要对象

考虑到目前 Access 2010 在审计人员中应用较为普遍,下面以 Access 2010 为例,介绍 Access 的主要对象。在 Access 2010 中选择需要显示的对象,如图 4.5 所示,比如,选择显示"所有 Access 对象",其结果如图 4.6 所示。Access 的主要对象包括"表""查询""窗体""报表""宏"和"模块"等,其中,"表"用来存储数据,"查询"用来查找数据,用户通过"窗体""报表"等获取数据,而"宏"和"模块"则用来实现更多自动和复杂功能。这些对象在数据库中各自负责一定的功能,并且相互协作,构成一个完整的数据库系统。

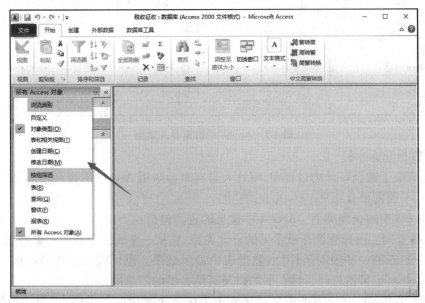

图 4.5　在 Access 中选择需要显示的对象

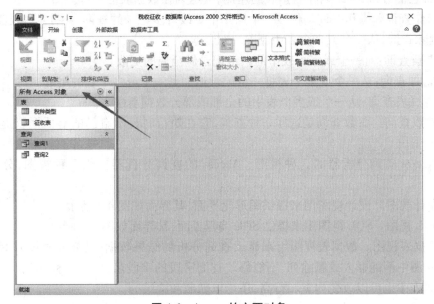

图 4.6　Access 的主要对象

4）Access 与电子数据审计相关的主要功能

Access 2010 与电子数据审计相关的主要功能简要分析如下。

（1）数据导入

Acess 2010 的数据导入如图 4.7 所示，该功能可用于完成审计数据采集。

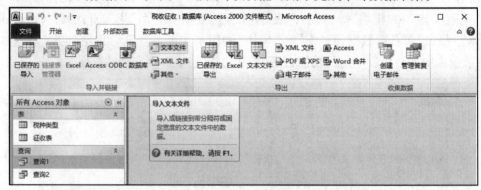

图 4.7　Access 的数据导入功能

（2）数据查询分析

在完成电子数据审计的过程中，审计人员有时会采用 Access 的查询功能来完成审计数据分析，下面简要介绍 Access 的查询功能。

①Access 中的查询类型。Access 中常见的查询包括：

a.选择查询。选择查询是最常见的查询类型，它从一个或多个表中检索数据，并在可以更新记录（带有一些限制条件）的数据表中显示结果。也可以使用选择查询来对记录进行分组，并对记录做总计、计数、平均以及其他类型的汇总的计算。

b.交叉表查询。交叉表查询显示来源于表中某个字段的总结值（合计、计算以及平均），并将它们分组，一组列在数据表的左侧，一组列在数据表的上部。

c.操作查询。操作查询是仅在一个操作中更改许多记录的查询，共有 4 种类型：

i.删除查询：从一个或多个表中删除一组记录。

ii.更新查询：对一个或多个表中的一组记录做全局的更改。

iii.追加查询：从一个或多个表将一组记录追加到一个或多个表的尾部。

iv.生成表查询：从一个或多个表中的全部或部分数据新建表。

d.参数查询。参数查询是这样一种查询，它在执行时显示自己的对话框以提示用户输入信息。

②Access 查询分析器的 3 种视图。Access 的查询分析器提供 3 种视图，分别如下所述。

a.设计视图。设计视图用来提供图形化界面，其界面如图 4.8 所示。

b.SQL 视图。SQL 视图用来提供 SQL 编程界面，其界面如图 4.9 所示。

c.数据表视图。数据表视图用来显示查询分析的结果数据，其界面如图 4.10 所示。数据表视图中不能插入或删除列，不能修改查询字段的字段名，但可以移动列，而且在查询的数据表中也可以改变列宽和行高，还可以隐藏和冻结列。

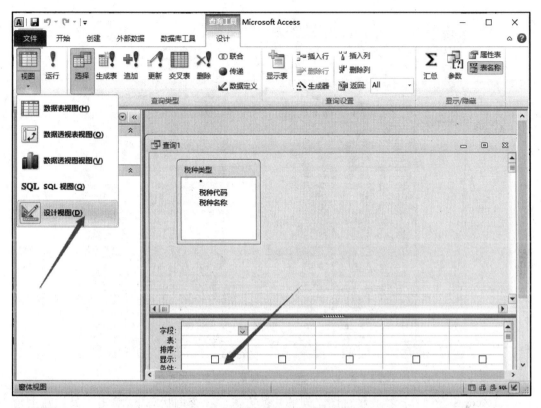

图 4.8　Access 查询分析器的设计视图界面

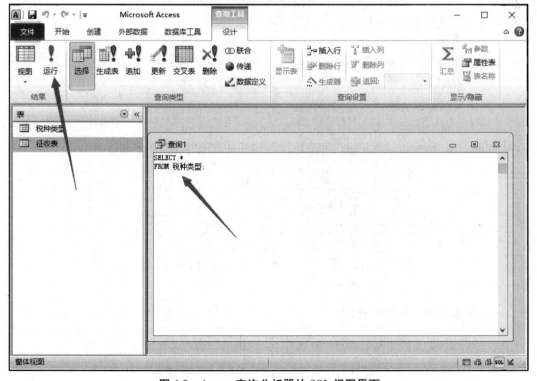

图 4.9　Access 查询分析器的 SQL 视图界面

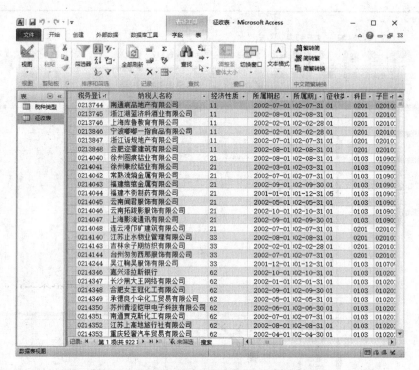

图 4.10　Access 查询分析器的数据表视图界面

③Access 查询分析器 3 种视图之间的切换方法。在查询状态下,单击工具栏左上角的第一个工具按钮,如图 4.11 所示,就可以完成 3 种视图之间的切换。

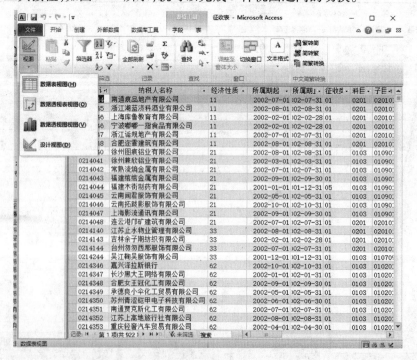

图 4.11　Access 查询分析器 3 种视图之间的切换方法

4.2.2　审计数据采集

在采用 Access 开展电子数据审计的过程中,审计人员需要把被审计单位的电子数据采集到 Access 数据库中。本节以 Access 2010 为例,介绍如何把常用类型的电子数据采集到 Access 中。

1)采集文本文件数据

有时,被审计单位提供给审计人员的是文本文件格式的数据,把该类型的数据采集到 Access 中可采用以下方法。

(1)第一种方法:直接打开文本文件

该方法的操作过程为:

①假设新建一个名为"数据审计练习"的 Access 数据库,并打开该数据库。

②在"数据审计练习"Access 数据库中,单击"文件"按钮,选择"打开",如图 4.12 所示,按照提示步骤,选择需要采集的文本文件数据,即可完成审计数据采集工作。

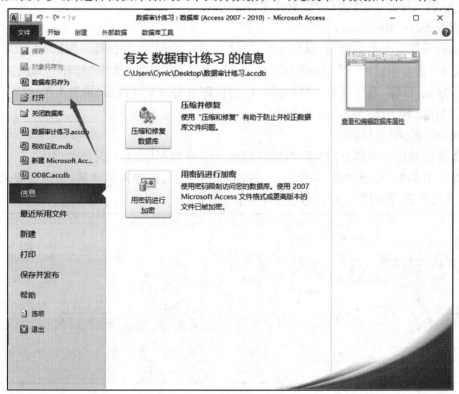

图 4.12　Access 的文件打开功能

(2)第二种方法:导入文本文件

该方法的操作过程为:

①假设新建一个名为"数据审计练习"的 Access 数据库,并打开该数据库。

②单击菜单"外部数据"→"文本文件",如图 4.13 所示,按照提示步骤,选择需要采

集的文本文件数据,即可完成审计数据采集工作。

图 4.13　Access 的文本文件数据导入功能

2)采集 Excel 中的数据

如果被审计单位提供给审计人员的是 Excel 格式的数据,把该类型的数据采集到 Access 中可采用以下方法。

(1)第一种方法:直接打开 Excel 文件

该方法的操作过程为:

①假设新建一个名为"数据审计练习"的 Access 数据库,并打开该数据库。

②在"数据审计练习"Access 数据库中,单击"文件"按钮,选择"打开",如图 4.12 所示,按照提示步骤,选择需要采集的 Excel 文件,即可完成审计数据:采集工作。

(2)第二种方法:导入 Excel 文件

该方法的操作过程为:

①假设新建一个名为"数据审计练习"的 Access 数据库,并打开该数据库。

②单击菜单"外部数据"→"Excel",如图 4.14 所示,按照提示步骤,选择需要采集的 Excel 文件数据,即可完成审计数据采集工作。

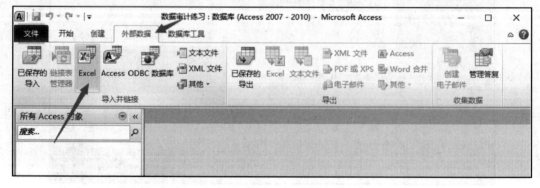

图 4.14　Access 的 Excel 文件数据导入功能

3)采集 Access 中的数据

如果被审计单位提供给审计人员的是 Access 格式的数据,把该类型的数据采集到 Access 中可采用以下方法。

（1）第一种方法：直接打开 Access 数据库文件

该方法的操作过程为：

①假设新建一个名为"数据审计练习"的 Access 数据库，并打开该数据库。

②在"数据审计练习"Access 数据库中，单击"文件"按钮，选择"打开"，如图 4.12 所示，按照提示步骤，选择需要采集的 Access 数据库文件，即可完成审计数据采集工作。

（2）第二种方法：导入 Access 数据库文件

该方法的操作过程为：

①假设新建一个名为"数据审计练习"的 Access 数据库，并打开该数据库。

②单击菜单"外部数据"→"Access"，如图 4.15 所示，按照提示步骤，选择需要采集的 Access 数据库文件，即可完成审计数据采集工作。

图 4.15　Access 的 Access 数据导入功能

（3）第三种方法：通过 ODBC 采集 Access 数据库文件

通过 ODBC 采集 Access 数据库文件有两种方法：

①假设新建一个名为"数据审计练习"的 Access 数据库，并打开该数据库。在"数据审计练习"Access 数据库中，单击"文件"按钮，选择"打开"，如图 4.12 所示，进入"打开"界面，如图 4.16 所示。在"文件类型"中选择"ODBC 数据库"，按照提示步骤，通过设置相应的 ODBC，即可完成审计数据采集工作。本部分内容将在后面章节做详细介绍。

②假设新建一个名为"数据审计练习"的 Access 数据库，并打开该数据库。单击菜单"外部数据"→"ODBC 数据库"，如图 4.17 所示，按照提示步骤，即可完成审计数据采集工作。

4）采集 dBASE 格式的数据

如果被审计单位提供给审计人员的是 dBASE 格式的数据，把该类型的数据采集到 Acess 中可采用以下方法。

（1）第一种方法：直接打开 dBASE 格式数据文件

该方法的操作过程为：

①假设新建一个名为"数据审计练习"的 Access 数据库，并打开该数据库。

②在"数据审计练习"Access 数据库中，单击 Office 按钮，选择"打开"，如图 4.12 所示，按照提示步骤，选择需要采集的 dBASE 文件，即可完成审计数据采集工作。

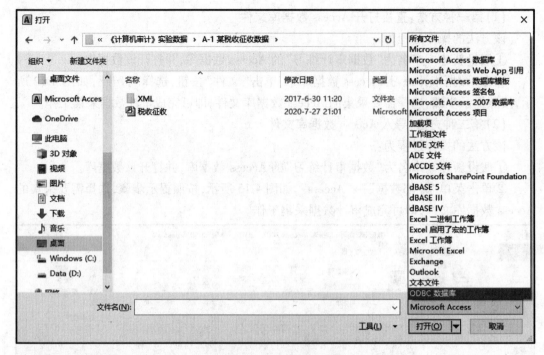

图 4.16 文件类型选择

图 4.17 Access 的 ODBC 数据导入功能

（2）第二种方法：导入 dBASE 格式数据文件

该方法的操作过程为：

①假设新建一个名为"数据审计练习"的 Access 数据库，并打开该数据库。

②单击菜单"外部数据"→"其他"→"dBASE 文件"，如图 4.18 所示，选择需要采集的 dBASE 文件，按照提示步骤，即可完成审计数据采集工作。

5）采集 XML 格式的数据

在实际的审计工作中，不管被审计单位采用什么数据库来管理本单位的数据，一般都可以导出为 XML 格式的数据交给审计单位。仍以 Access 2010 为例，介绍如何把 XML 格式的数据采集到 Access 中。该方法的操作过程为：

①假设新建一个名为"数据审计练习"的 Access 数据库，并打开该数据库。

②单击菜单"外部数据"→"XML 文件"，如图 4.19 所示，选择需要采集的 XML 文件

数据,按照提示步骤,即可完成审计数据采集工作。

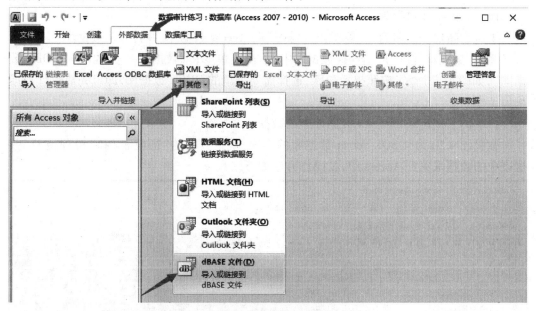

图 4.18　Access 的 dBASE 数据导入功能

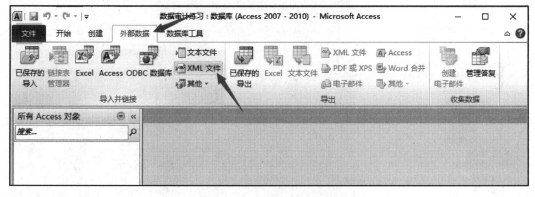

图 4.19　Access 的 XML 文件数据导入功能

6)通过 ODBC 采集数据

如果被审计单位使用的是 SQL Server、Oracle 等数据库系统,在完成电子数据审计的过程中,审计人员有时需要把这类数据库中的数据采集到 Access 中,借助 ODBC 可以完成这些操作,方法如下。

(1)第一种方法:直接打开

该方法的操作过程为:

①假设新建一个名为"计算机审计练习"的 Access 数据库,并打开该数据库。

②在"数据审计练习"Access 数据库中,单击 Office 按钮,选择"打开",如图 4.12 所示。进入"打开"界面,如图 4.16 所示,在"文件类型"中选择"ODBC 数据库",按照提示步骤,通过设置相应的 ODBC,即可完成审计数据采集工作。

(2)第二种方法:通过"外部数据"菜单

该方法的操作过程为:

①假设新建一个名为"计算机审计练习"的 Access 数据库,并打开该数据库。

②在"数据审计练习"Access 数据库中,单击菜单"外部数据"→"其他"→"ODBC 数据库",如图 4.17 所示,按照提示步骤,选择需要采集的 ODBC 数据库,即可完成审计数据采集工作。

【例 4.1】采集 SQL Server 数据库中的数据。

假设图 4.20 为某 SQL Server 数据库的界面,现把其中的"征收表"和"税种类型"数据表中的数据采集到 Access 中,其操作方法如下。

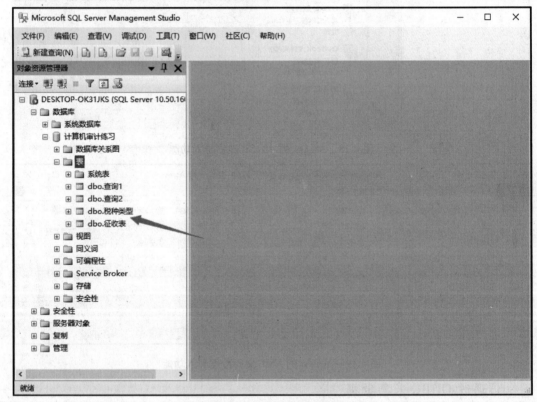

图 4.20　某 SQL Server 数据库的界面

(1)第一种方法:直接采集 SQL Server 数据库中的数据

该方法的操作过程为:

①假设新建一个名为"数据审计练习"的 Access 数据库,并打开该数据库。

②单击菜单"外部数据"→"ODBC 数据库",如图 4.21 所示,按向导提示完成数据采集。

(2)第二种方法:间接采集 SQL Server 数据库中的数据

间接采集 SQL Server 数据库中的数据是指采用 SQL Server 的数据导出功能,把 SQL Server 中的数据导出为所需格式的数据。该方法的操作过程为:

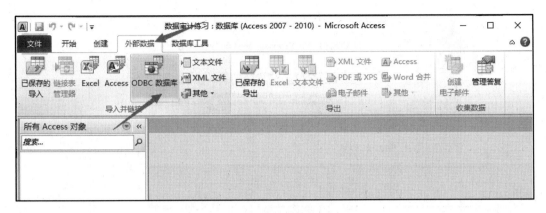

图 4.21　Access 的数据导入功能

①调用 SQL Server 的数据导出功能,如图 4.22 所示,则出现如图 4.23 所示的界面。

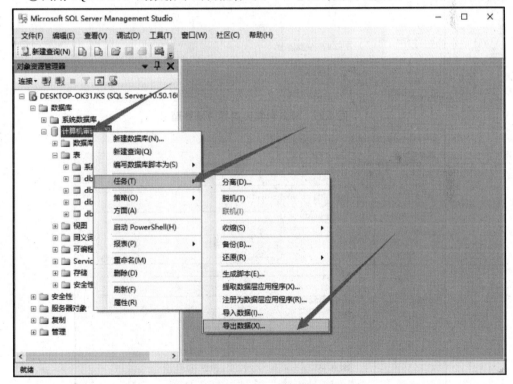

图 4.22　SQL Server 的数据导出功能

②在图 4.23 中单击"下一步"按钮,进入导入和导出向导,如图 4.24 所示。

③在图 4.24 中,选择需要导出的数据源。

④在图 4.25 至图 4.28 中,根据向导的提示设置目标数据库(假设目标数据库名称为"SQL Server 导出数据库"),即需要将此数据导出到何处。

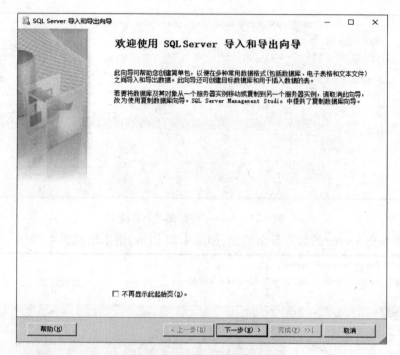

图 4.23　导入和导出向导说明界面

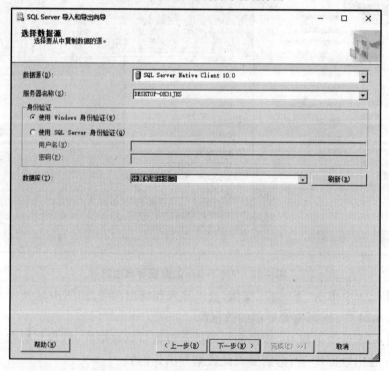

图 4.24　选择需要导出的数据源

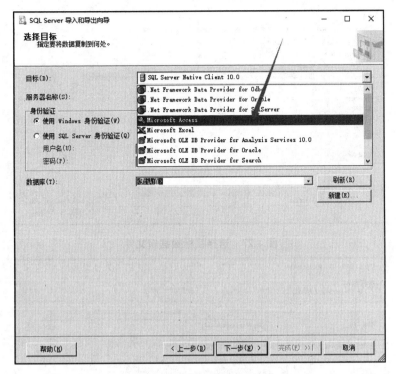

图 4.25 选择目标数据库的类型

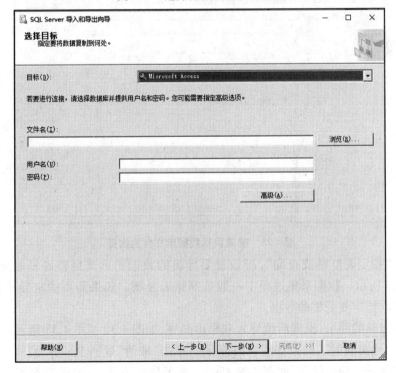

图 4.26 目标数据库类型的设置

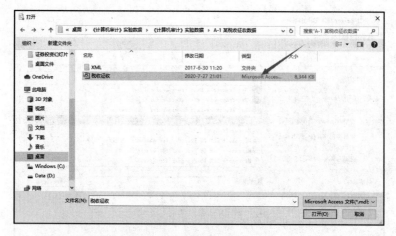

图 4.27　选择目标数据库文件

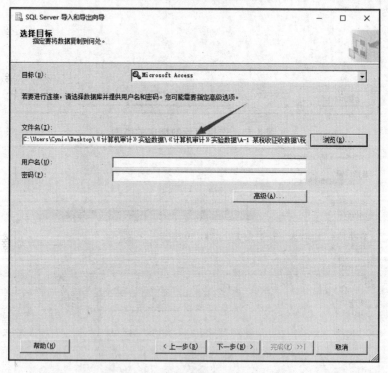

图 4.28　完成目标数据库文件的选择

　　⑤设置"指定表复制或查询",即设置要导出的数据的形式是整表复制还是查询选择,如图 4.29 所示。数据采集过程中一般选择整表复制。如果需要指定导出范围,可以选择利用查询指定要采集的数据。

　　⑥根据向导的提示,设置后续导入和导出向导,如图 4.30 至图 4.33 所示。

　　⑦单击"编辑映射",结果如图 4.31 所示。单击"取消"返回上一界面。

　　⑧完成数据的导出操作,如图 4.34 所示。数据导出成功与否,可以根据"状态"栏的信息进行判断。完成数据导出后的 Access 数据库界面如图 4.35 所示。

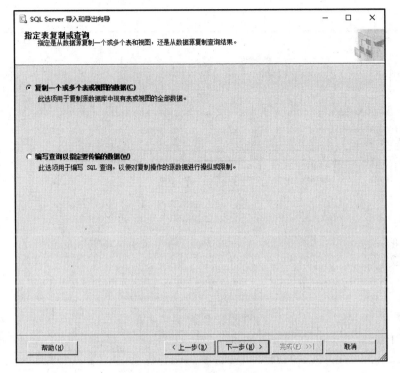

图 4.29　设定数据选择方式

图 4.30　选择源表和源视图

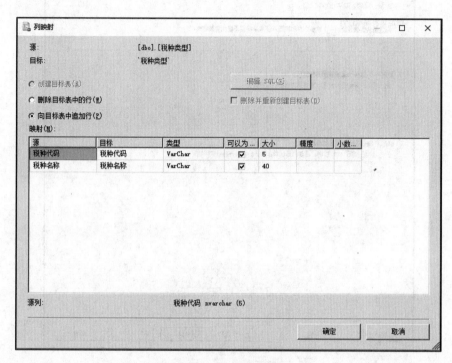

图 4.31　查看列映射

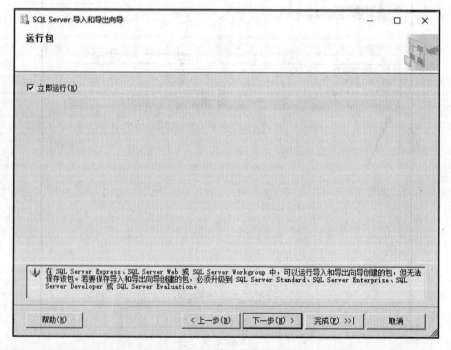

图 4.32　导入和导出向导界面

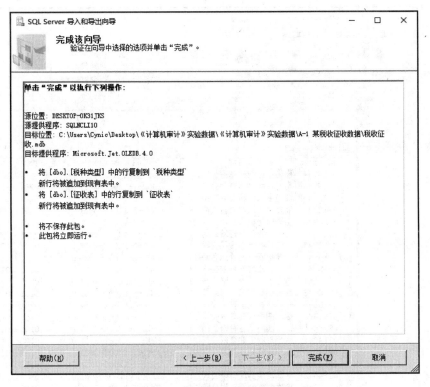

图 4.33　完成导入和导出向导

图 4.34　导入和导出成功

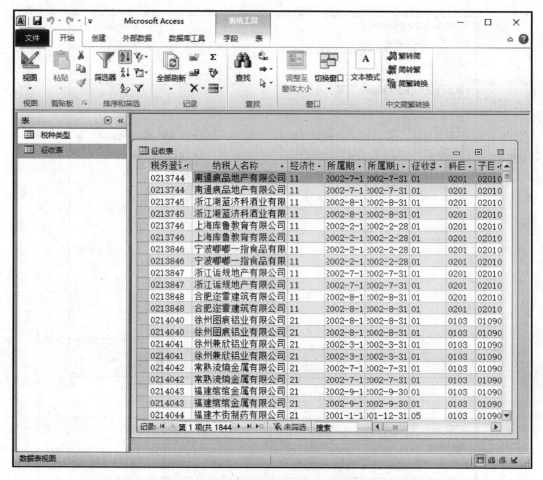

图 4.35　完成数据导出后的 Access 数据库界面

(3) 第三种方法：通过其他软件间接采集 SQL Server 数据库中的数据

该方法是指先通过其他软件如 Excel 2010 把 SQL Server 数据库中的数据采集到 Excel 中，然后再把 Excel 中的数据采集到 Access 中。

4.2.3　审计数据预处理

在采用 Access 开展电子数据审计的过程中，把被审计单位的电子数据采集到 Access 数据库中之后，需要在 Access 数据库中对采集到的电子数据进行预处理。本节以名称转换和空值处理为例，介绍如何采用 Access 来完成审计数据预处理。

1) 名称转换

在多数情况下，采集到的被审计数据的命名并不直观，为了便于审计人员进行数据分析，需要对数据表和字段的名称进行调整。例如，采集到的数据表名称和字段名称有时采用拼音缩写表示，如果将其转换成汉字，则便于审计人员进行审计数据分析。采用 Access 完成数据表和字段名称转换的操作如图 4.36 和图 4.37 所示。

图 4.36　数据表名称转换操作实例

图 4.37　字段名称转换操作实例

2) 空值处理

如前面所述,采集到的被审计数据中经常会出现一些空值。空值是字段的一种特殊状态,在数据库中用一个特殊的值 Null 来表示,意味着该字段不包含任何数据,它不同于零值(0)和空格。由于空值参与任何运算的结果都是空值,会给审计数据分析带来不便,因此,在审计数据预处理阶段,审计人员需要根据实际情况对空值数据进行处理。在实际操作中,审计人员可以采用 Access 来完成空值处理。

【例 4.2】某税收征收数据的空值处理。

现有某税收征收电子数据,假设已完成数据表名称转换和字段名称转换,要求对其进行预处理,把"征收表"中"实纳税额"字段中的空值变成"0"。

通过税收征收电子数据的分析,对"实纳税额"字段进行空值处理的 SQL 语句如下:

```
UPDATE 征收表
SET 实纳税额 = 0
WHERE 实纳税额 Is Null;
```

通过运行以上 SQL 语句,可以很容易地把"征收表"中"实纳税额"字段中的空值变成"0"。

假设税收征收数据已被采集到 Access 中,如图 4.38 所示。

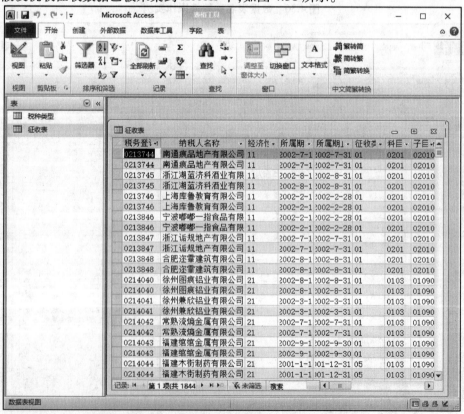

图 4.38　含有税收征收数据的 Access 数据库

完成税收征收数据中"实纳税额"字段空值处理的操作过程为：

①在 Access 中单击"创建"菜单,如图 4.39 所示。

图 4.39　选择新建查询的类型

②在图 4.39 中选择"查询设计",然后单击"确定"按钮,出现如图 4.40 所示的界面。

③在图 4.40 中单击"关闭",出现如图 4.41 所示的界面。

④切换到 SQL 视图,其操作如图 4.42 所示。

⑤在图 4.42 中输入相应的 SQL 语句,如图 4.43 所示。

⑥在图 4.43 中单击"运行"按钮,则"实纳税额"字段中空值处理的结果如图 4.44 所示。

如果审计人员对 SQL 语句使用不熟练,也可以选择"设计视图"选项卡来选择、输入相关参数,完成空值处理,如图 4.45 所示。

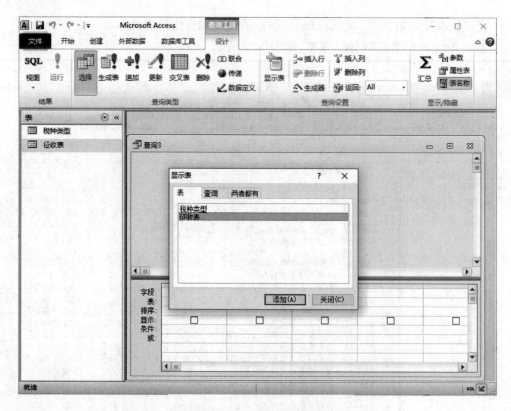

图 4.40　选择查询的对象

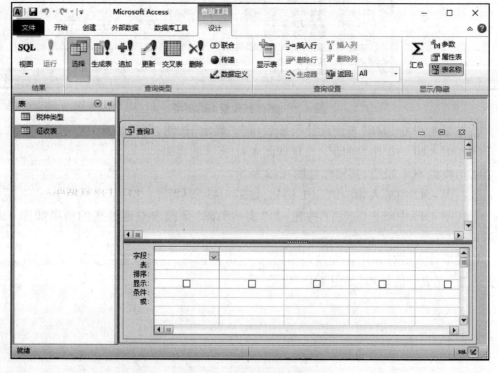

图 4.41　Access 的设计视图

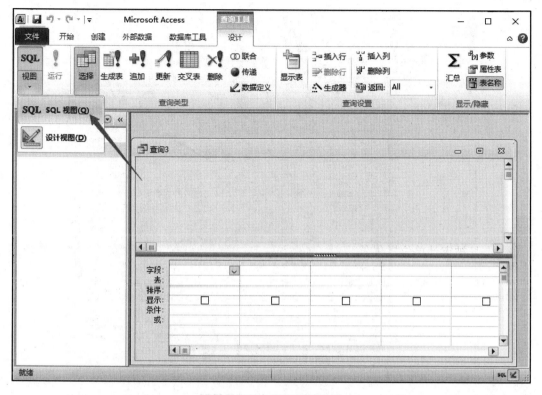

图 4.42　SQL 视图切换菜单

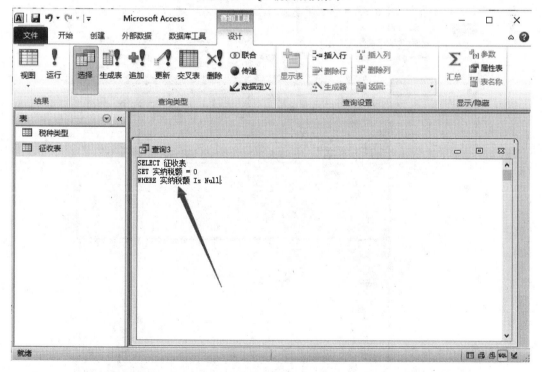

图 4.43　输入 SQL 语句之后的 SQL 视图

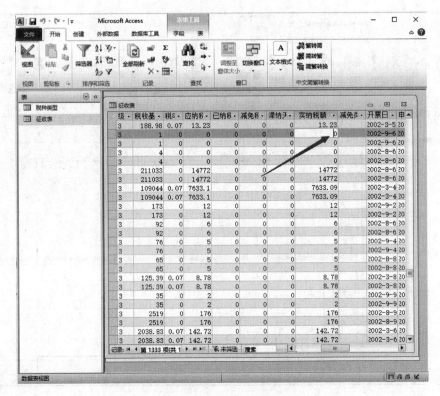

图 4.44 空值处理结果界面

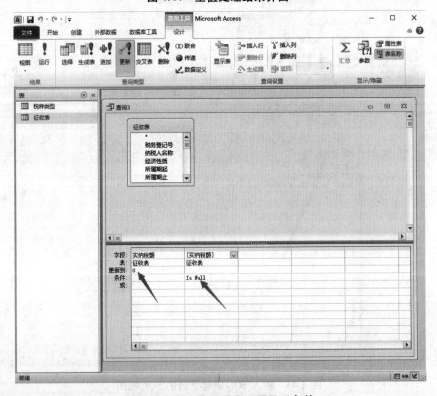

图 4.45 在设计视图中设置处理条件

4.2.4　审计数据分析

本节以实例介绍如何在 Access 数据库中对采集到的电子数据进行分析。

【例 4.3】数据查询方法在税收征收数据分析中的应用。

现有某税收征收电子数据,假定所有纳税人税款滞纳天数超过 10 天均属超期滞纳,请对提供的税收征收电子数据进行分析处理,检查征收表中有无"负纳税"数据和"超期滞纳"数据。

分析:要检查税收征收数据中有无"负纳税"数据和"超期滞纳"数据,只需在某一分析工具中执行相应的查询语句即可。通过对税收征收电子数据的分析,相应的 SQL 语句分别如下:

①检查税收征收数据中有无"负纳税"数据,其 SQL 语句如下:

```
SELECT *
FROM 征收表
WHERE 实纳税额<0;
```

通过运行以上 SQL 语句,可以很容易地查找出税收征收数据中的"负纳税"数据。

②检查税收征收数据中有无"超期滞纳"数据,其 SQL 语句如下:

```
SELECT *
FROM 征收表
WHERE 滞纳天数>10;
```

通过运行以上 SQL 语句,可以很容易地查找出税收征收数据中的"超期滞纳"数据。

假设税收征收数据已被采集到 Access 中,查找出税收征收数据中"负纳税"数据的操作过程为:

①采用前面介绍的方法,切换到 Access 的 SQL 视图,在 SQL 视图中输入相应的 SQL 语句,如图 4.46 所示。

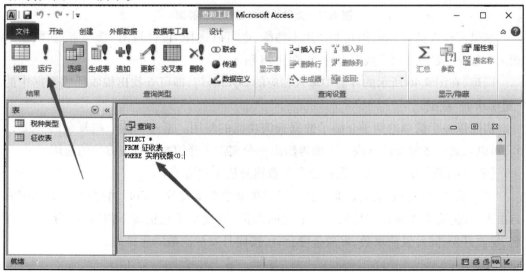

图 4.46　输入 SQL 语句之后的 Access 的 SQL 视图

②在图4.46中单击"运行"按钮便可得到审计人员所要查找的"负纳税"数据,其查询结果如图4.47所示。

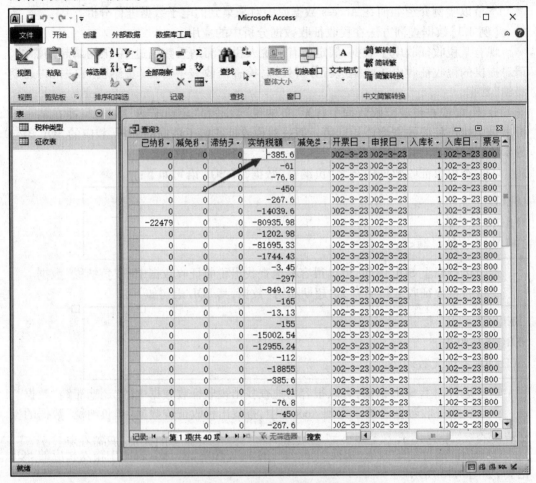

图4.47 负纳税数据查询结果界面

如果审计人员对SQL语句的使用不熟练,也可以选择"设计视图"选项卡选择、输入相关参数,完成"负纳税"数据查询,如图4.48所示。

同理,在图4.46所示的界面中输入相应的SQL语句,即可查找出税收征收数据中的"超期滞纳"数据。

前面以一个简单的例子介绍了数据查询功能的使用。通过构建一些复杂的SQL语句,可以完成一些复杂的查询。下面再给出一个实例来介绍数据查询方法的应用。

【例4.4】数据查询方法在失业金发放数据分析中的应用。

现有某劳动局失业保险数据,文件名为"失业金实际发放表.dbf",数据类型为FoxPro自由表,现需要查找同月重复发放失业金的人员,查找结果包括如下内容:身份证号、姓名、发放月份、同月发放次数、发放金额合计,按同月发放次数降序排列。

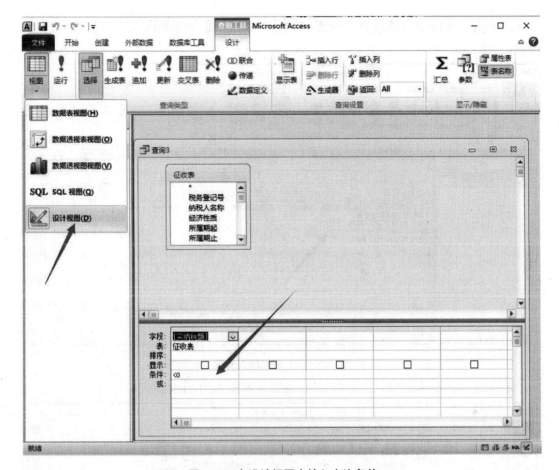

图 4.48　在设计视图中输入查询条件

分析:要检查失业金实际发放表中同月重复发放失业金的人员,只需在某一分析工具中执行相应的查询语句即可。通过对失业金实际发放表的分析,需要构建的 SQL 语句如下:

```
SELECT 身份证号,姓名,发放月份,count( * ) AS 同月发放次数,sum(合计) AS 发放合计
FROM 失业金实际发放表
GROUP BY 身份证号,姓名,发放月份
HAVING count( * )>=2
ORDER BY count( * )DESC;
```

通过运行以上 SQL 语句,可以很容易地查找出失业金实际发放表中同月重复发放失业金的人员。

采用 Access 进行分析的操作过程如下:

①在 Access 中把该数据导入到 Access 数据库中。

|计算机审计|

②单击视图按钮切换到 SQL 视图,在 SQL 视图中输入相应的 SQL 语句,如图 4.49 所示。

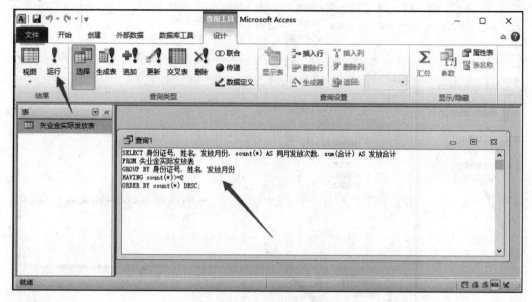

图 4.49　SQL 语句输入界面

③在图 4.49 中单击"运行"按钮,其查询结果如图 4.50 所示。

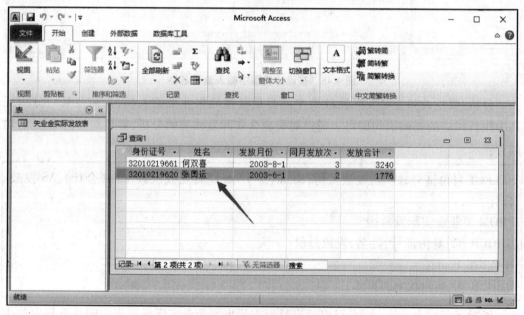

图 4.50　查询结果显示界面

4.3　使用 SQL Server 审计

4.3.1　SQL Server 简介

1) SQL Server 概述

SQL Server 是微软公司推出的关系型数据库管理系统,它最初是由 Microsoft,Sysbase 和 Ashton-Tate 三家公司共同开发的,于 1988 年推出第一个 OS/2 版本,后来微软公司开始为 Windows NT 平台开发新的 SQL Server 版本。SQL Server 可跨越从个人电脑到大型多处理器的服务器等多种平台使用,具有使用方便、可伸缩性好,以及与相关软件集成程度高等优点。

2) SQL Server 的主要版本发展历程

为了便于审计人员了解 SQL Server,将 SQL Server 的主要版本发展历程总结为表 4.2。

表 4.2　SQL Server 的主要版本

年　份	版　本	支持的操作系统	特　点
1988	第一个 OS/2 版本	OS/2	
1992	Windows NT 版本	Windows NT	
1996	SQL Server 6.5	Windows NT	
1998	SQL Server 7.0	Windows NT, Windows 95/98/2000 Professional	该版本在数据存储和数据库引擎方面发生了根本性的变化
2000	SQL Server 2000	Windows Me, Windows 98, Windows NT Workstation 4.0, Windows 2000 Professional, Microsoft Windows NT Server 4.0, Windows 2000 Server	该版本继承了 SQL Server 7.0 版本的优点,同时又增加了许多更先进的功能,包括企业版、标准版、开发版、个人版 4 个版本
2005	SQL Server 2005	Windows XP, Windows Vista, Windows 7, Windows 2003	该版本一个全面的数据库平台,使用集成的商业智能(BI)工具提供企业级的数据管理

续表

年　份	版　本	支持的操作系统	特　点
2008	SQL Server 2008	Windows XP, Windows Vista, Windows 7, Windows 2003, Windows 2008	该版本为当时最优秀、最完善的 SQL Server 数据库。该版本可以存储和管理许多数据类型,包括 XML、E-mail, 时间/日历,文件,文档,地理,等等,同时提供一个丰富的服务集合来与数据交互作用
2012	SQL Server 2012	Windows 7, Windows 8, Windows Server 2008 R2, Windows Server 2008 SP2, Windows Vista SP2	该版本的定位是帮助企业处理每年大量的数据增长,为大数据环境提供支持
2014	SQL Server 2014	Windows 7, Windows 8, Windows Server 2008, Windows Server 2012	微软公司将 SQL Server 2014 定位为混合云平台,它更容易整合 Windows Azure
2016	SQL Server 2016	Windows 8, Windows 10, Windows Server 2008, Windows Server 2012, Windows Server 2016	从本地到云均提供一致的数据平台
2017	SQL Server 2017	Windows 8, Windows 10, Windows Server 2008, Windows Server 2012, Windows Server 2016	增加了一些最新的数据服务和分析功能,包括强大的 AI 功能、对 R 和 Python 的支持
2019	SQL Server 2019	Windows 8, Windows 10, Windows Server 2008, Windows Server 2012, Windows Server 2016, Windows Server 2019	大数据集群、数据虚拟化

3)SQL Server 2008 简介

目前,SQL Server 已成为数据库管理方面的主流产品之一。考虑到目前 SQL Server 2008 在审计人员中应用较为普遍,下面以 SQL Server 2008 为例,结合审计应用来介绍其主要功能。

在 SQL Server 2008 中,SQL Server Management Studio 是一个集成环境,它将早期版本的 SQL Server 中包含的企业管理器、查询分析器和 Analysis Manager 功能整合到单一环境中,用于访问、配置、管理和开发 SQL Server 的所有组件。SQL Server Management Studio 的界面如图 4.51 所示。

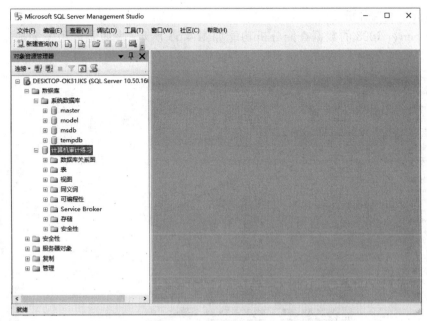

图 4.51　SQL Server 2008 数据库初始管理界面

4）SQL Server 2008 与电子数据审计相关的主要功能

SQL Server 2008 与电子数据审计相关的主要功能如下。

（1）数据导入和导出

SQL Server 2008 的数据导入和导出如图 4.52 所示,该功能可用于完成审计数据采集以及分析结果的导出。

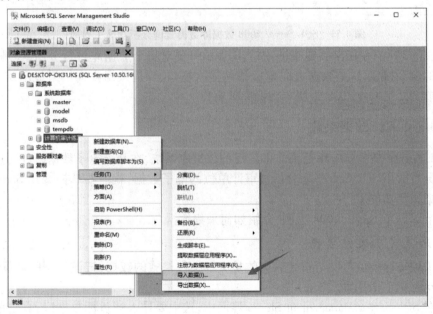

图 4.52　SQL Server 2008 的数据导入和导出功能界面

（2）数据查询分析

SQL Server 2008 的数据查询分析功能如图 4.53 所示，该功能可用于完成审计数据分析。

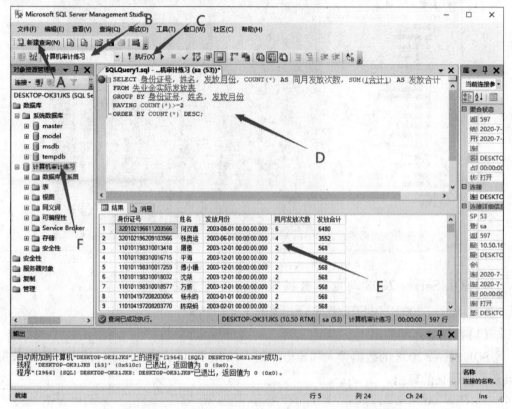

图 4.53　SQL Server 2008 数据库数据查询分析功能主界面

在图 4.53 中，A 用来新建查询窗口，B 表示将要对哪个数据库进行分析，C 是执行数据查询的命令按钮，D 是数据查询 SQL 语句输入窗口，E 是数据查询结果显示窗口，F 是显示当前 SQL Server 2008 中所有数据库的窗口。

4.3.2　审计数据采集

SQL Server 是目前应用范围非常广泛的数据库系统，在开展电子数据审计的过程中，审计人员有时用 SQL Server 来分析被审计单位的电子数据，就需要掌握 SQL Server 数据库的数据采集功能。

本节以 SQL Server 2008 为例，介绍如何采集数据。

1）采集文本文件数据

如果被审计单位提供给审计人员的是文本文件格式的数据，把该类型的数据采集到 SQL Server 中可采用以下方法：

①在 SQL Server Management Studio 界面中，选中要导入的目标数据库，右击鼠标，选择"任务"→"导入数据"，如图 4.54 所示，进入 SQL Server 数据库的导入和导出向导界面，如图 4.55 所示。

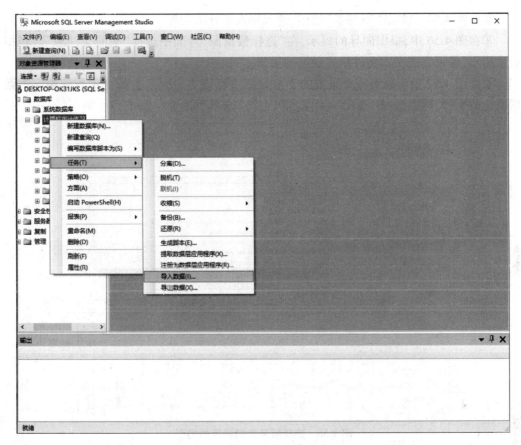

图 4.54　SQL Server 数据采集功能

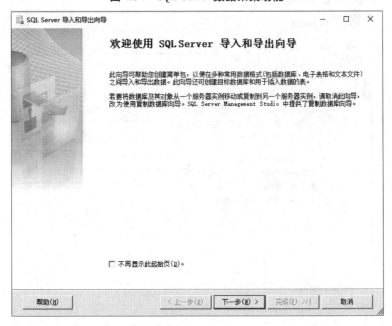

图 4.55　SQL Server 数据库的导入和导出向导说明界面

②在图 4.55 中单击"下一步"按钮,进入导入和导出向导。

③在图 4.56 中,根据向导的提示,在"选择数据源"界面中选择"平面文件源"。根据后续提示,即可完成文本文件格式数据的采集。

④在图 4.57 中可以对所要采集的文本数据进行设置,比如,去掉文本数据中字符数据两边的引号,可以选择"格式"→"文本限定符"选项卡设置。

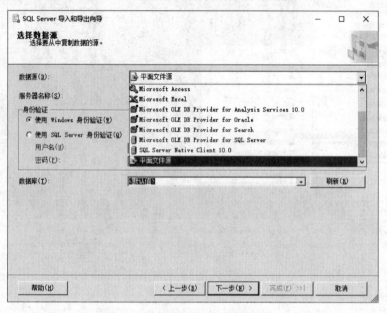

图 4.56　选择所采集数据源的类型

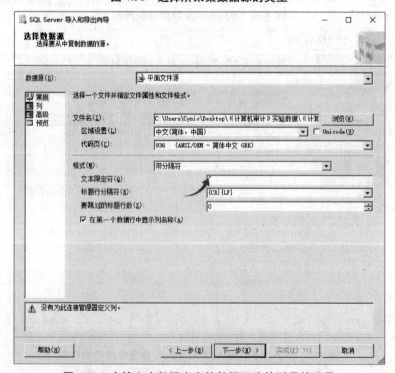

图 4.57　去掉文本数据中字符数据两边的引号的设置

需要指出的是,对于导入后的文本文件数据,可以根据需要在 SQL Server 2008 数据库中进行修改,比如更改字段类型等,然后对更改后的结果进行保存。当系统不允许保存更改结果时,解决方法如下:在 SQL Server 2008 数据库的 Management Studio 中选择"工具"→"选项",如图 4.58 所示,在"选项"界面中选择"设计器"→"表设计器和数据库设计器"选项,取消选中"阻止保存要求重新创建表的更改"复选框即可。

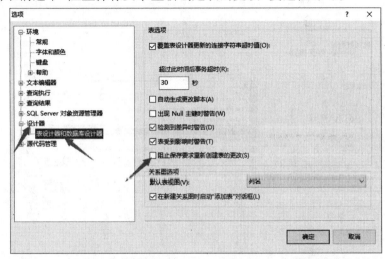

图 4.58　阻止保存要求重新创建表的更改的设置

2) 采集 Excel 格式的数据

如果被审计单位提供给审计人员的是 Excel 格式的数据,把该类型的数据采集到 SQL Server 中可采用以下方法:在如图 4.59 所示的 SQL Server 导入和导出向导的"选择数据源"界面中选择"Microsoft Excel"。根据后续提示,即可完成 Excel 格式数据的采集。

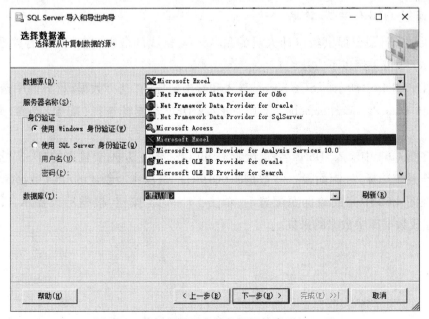

图 4.59　选择所需采集的数据源的类型(Excel)

3)采集 Access 数据库中的数据

如果被审计单位提供给审计人员的是 Access 格式的数据,把该类型的数据采集到 SQL Server 中可采用以下方法:在如图 4.60 所示的 SQL Server 导入和导出向导的"选择数据源"界面中选择"Microsoft Access"选项。根据后续提示,即可完成 Access 格式数据的采集。

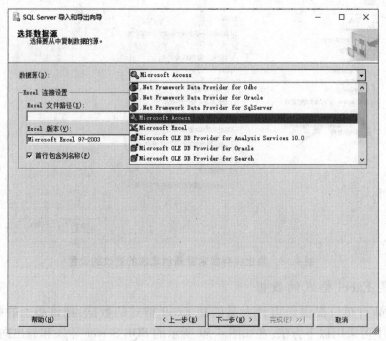

图 4.60　选择所采集数据源的类型(Access)

4)通过 ODBC 采集数据

如果被审计单位提供给审计人员的是 Access 格式的数据,把该类型的数据采集到 SQL Server 中可采用以下方法:

①在如图 4.61 所示的 SQL Server 导入和导出向导的"选择数据源"界面中选择".Net Framework Data Provider for odbc"选项。进入 ODBC 数据源选择(配置)界面,如图4.62 所示。

②在图 4.62 中输入"DSN"名称,配置 ODBC 数据源,其中,要输入的"DSN"名称为用户在操作系统选择"控制面板"→"数据源(ODBC)"选项中所创建的 DSN 数据源。

③在图 4.62 中完成数据源配置后,单击"下一步"按钮,根据后续提示,即可通过 ODBC 完成数据库中数据的采集。

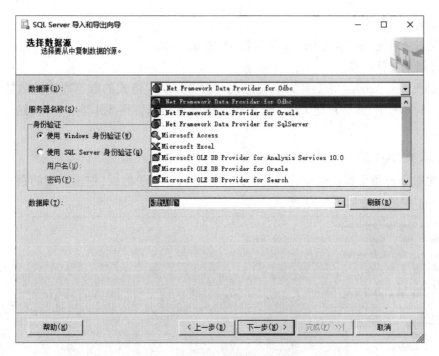

图 4.61　选择所采集数据源的类型

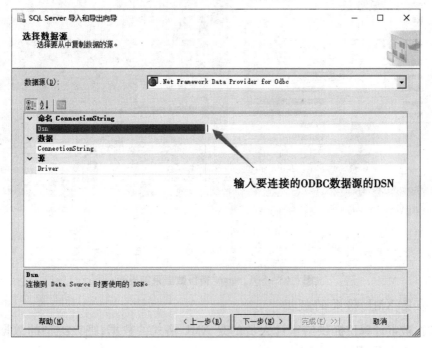

图 4.62　ODBC 数据源选择(配置)界面

5)采集 dBASE 格式的数据库中的数据

如果被审计单位提供给审计人员的是 dBASE 格式的数据库中的数据,把该类型的数据采集到 SQL Server 中可采用以下方法。

(1)通过 ODBC

该方法参照前面"通过 ODBC 采集数据"相关内容。

(2)借助其他工具

借助 Excel,Access 等工具。也就是说,先把 dBASE 格式的数据库中的数据采集到 Excel 或 Access 中,然后再把 Excel 或 Access 中的数据采集到 SQL Server 中,这种方法最为简单。

6)采集 SQL Server 备份数据

如果被审计单位提供给审计人员的是 SQL Server 备份数据,把该类型的数据采集到 SQL Server 中的方法如图 4.63 所示。

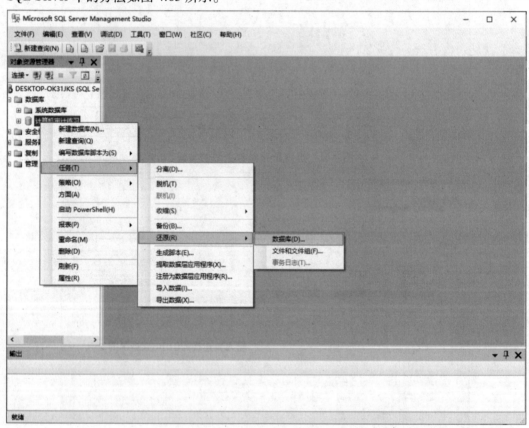

图 4.63　SQL Server **备份数据采集界面**

7)采集 XML 格式的数据

有时,被审计单位提供给审计人员的是 XML 格式的数据,把该类型的数据采集到 SQL Server 中可采用以下方法。

(1)采用 SQL Server 的专用工具

比如,可以采用 SQL Server BIDS(SQL Server Business Intelligence Development Studio)完成 XML 格式数据的采集。

（2）借助其他工具

借助 Excel（2007 以上版本）、Access（2007 以上版本）等工具。也就是说，先把 XML 格式的数据采集到 Excel 或 Access 中，再把 Excel 或 Access 中的数据采集到 SQL Server 中，这种方法最为简单。

【例 4.5】采用 SQL Server 采集 Access 数据库中的数据。

现有某税收征收电子数据，要求在 SQL Server 数据库中新建一个名为"数据审计练习"的数据库，然后把"税收征收"数据库中的"征收表"和"税种类型"数据采集到"数据审计练习"数据库中。

其操作过程为：

①开 SQL Server 数据库，如图 4.64 所示。

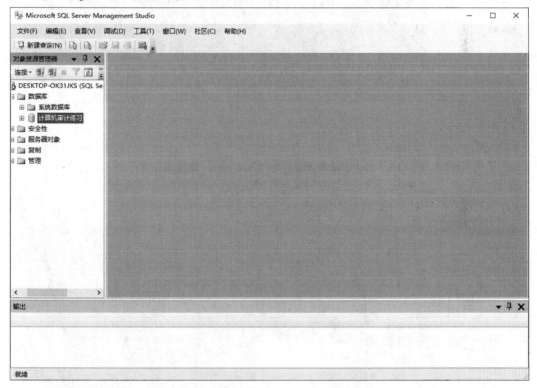

图 4.64　SQL Server **数据库管理界面**

②在图 4.64 中新建一个名为"数据审计练习"的数据库，如图 4.65 所示。

③在图 4.65 中右击鼠标，选择"导入数据"，如图 4.66 所示，进入 SQL Server 数据库的导入和导出向导使用说明界面，如图 4.67 所示。

④在图 4.67 中单击"下一步"按钮，进入导入和导出向导说明界面。

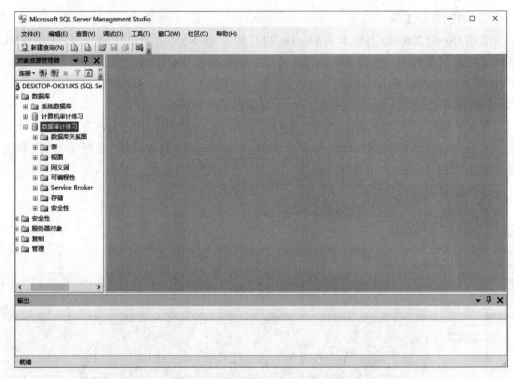

图 4.65　创建数据审计练习后的 SQL Server 数据库管理界面

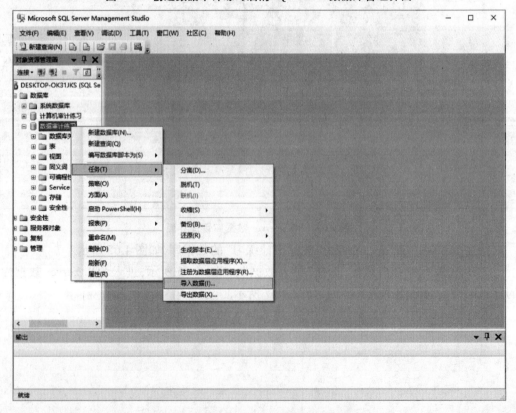

图 4.66　SQL Server 数据采集功能

⑤在图 4.68 至图 4.71 中,根据向导的提示,选择需要采集的 Access 数据库。

⑥在图 4.72 中,设置目标数据库,即设置将此数据导出为何种格式。

⑦设置"指定表复制或查询",即设置要导出的数据的形式是整表复制还是查询选择,如图 4.73 所示。数据采集过程中一般选择整表复制。如果需要指定导出范围,可以选择利用查询指定要采集的数据。

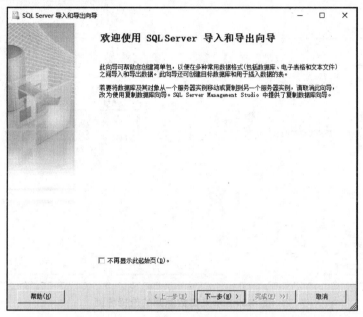

图 4.67　SQL Server 数据库的导入和导出向导说明界面

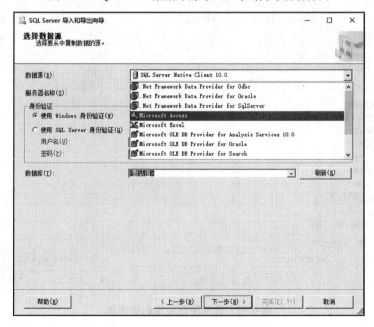

图 4.68　选择所采集数据源的类型

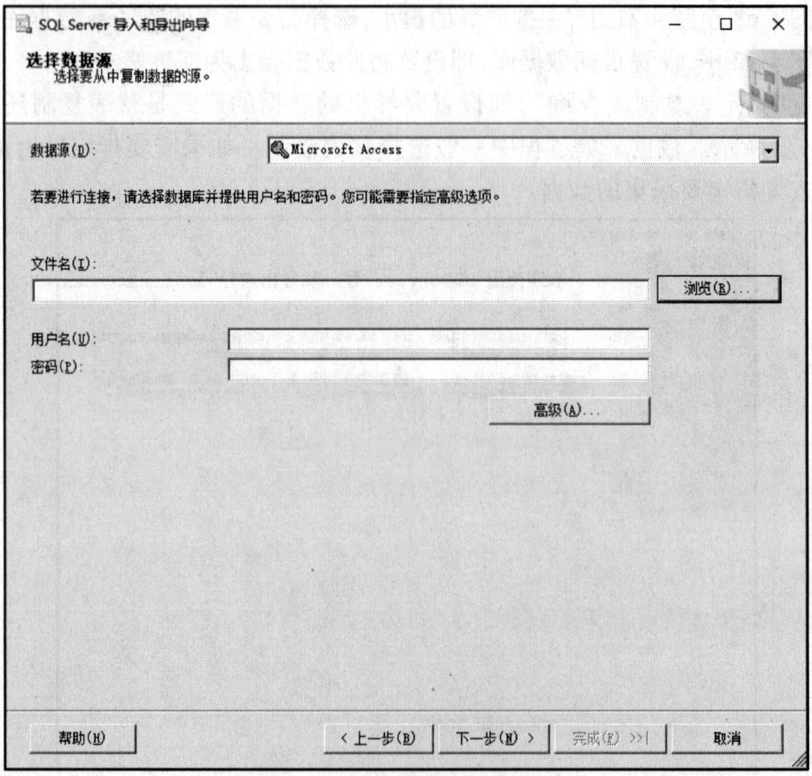

图 4.69 所采集数据源的选择界面

图 4.70 选择所需采集的数据源

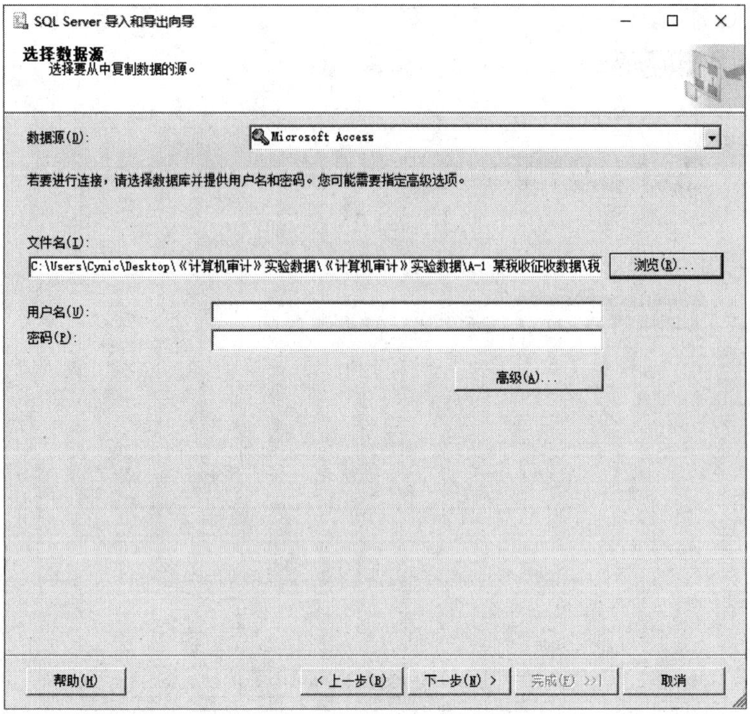

图 4.71　完成所采集数据源的选择

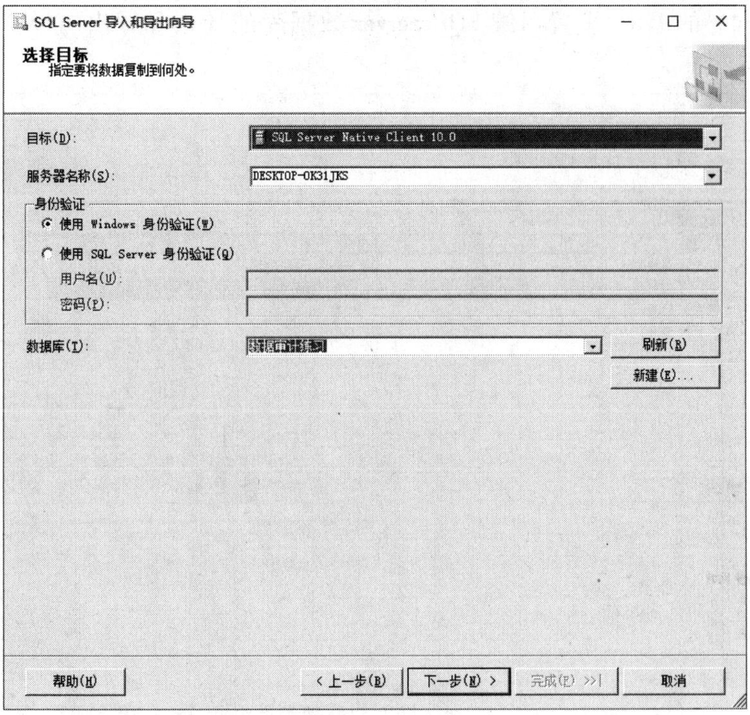

图 4.72　目标数据库的设置界面

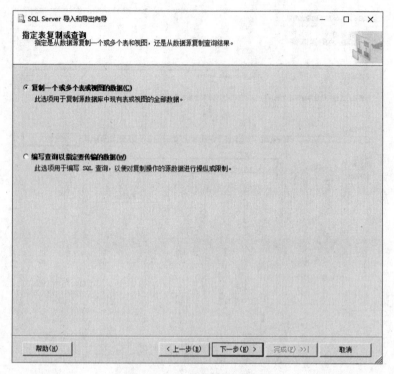

图 4.73　设置数据选择方式

　　⑧根据向导的提示，设置后续 SQL Server 数据库的导入和导出向导，如图 4.74、图 4.75所示。

图 4.74　选择源表和源视图

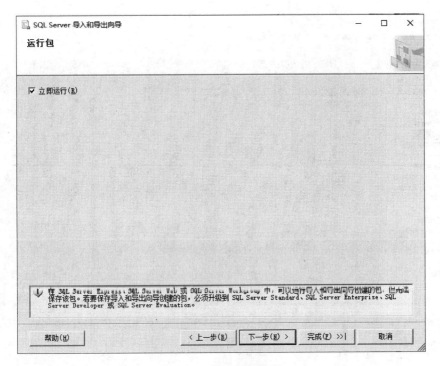

图 4.75　包的设置界面

⑨完成数据的采集操作,如图 4.76 所示。数据采集成功与否,可以根据"状态"栏的信息进行判断。完成数据采集后的 SQL Server 数据库如图 4.77 所示。

图 4.76　完成数据的采集操作

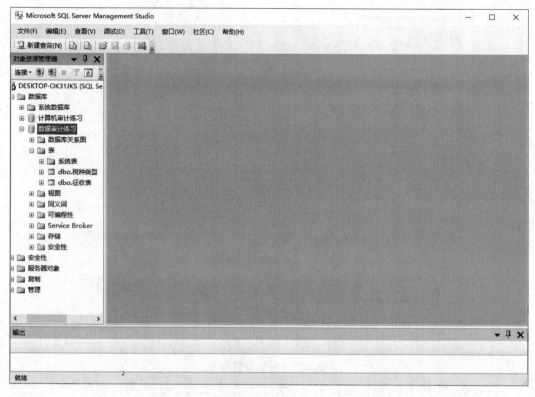

图 4.77　完成数据采集后的 SQL Server 数据库

4.3.3　审计数据预处理

在采用 SQL Server 开展电子数据审计的过程中,把被审计单位的电子数据采集到 SQL Server 数据库中之后,需要在 SQL Server 数据库中对采集到的电子数据进行预处理。本节以名称转换和空值处理为例,介绍如何采用 SQL Server 完成审计数据预处理。

1)名称转换

假设被审计数据已被采集到 SQL Server 中,采用 SQL Server 完成数据表名称转换的操作如图 4.78 所示,采用 SQL Server 完成字段名称转换的操作分别如图 4.79、图 4.80 所示。

2)空值处理

在实际操作中,审计人员可以采用 SQL Server 来完成空值处理。假设某税收征收数据已被采集到 SQL Server 中,在完成数据表和字段名称转换的基础上,单击"新建查询",在查询界面中输入相应的空值处理 SQL 语句,如图 4.81 所示,即可完成税收征收数据中"实纳税额"字段的空值处理。

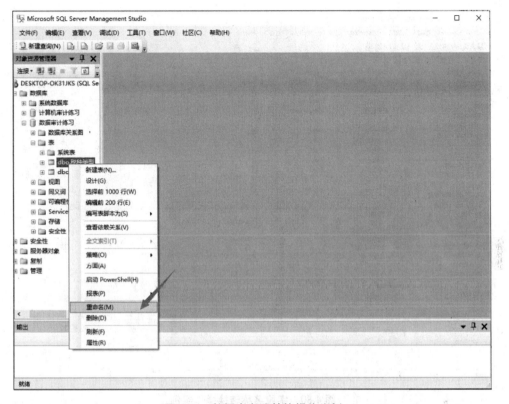

图 4.78　**数据表名称转换操作实例**

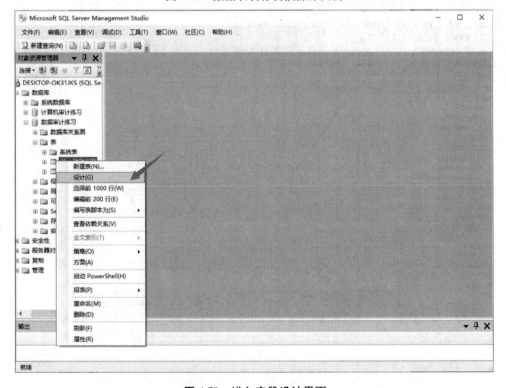

图 4.79　**进入字段设计界面**

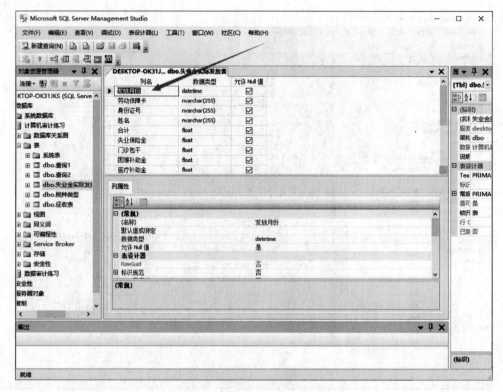

图 4.80　字段名称转换操作实例

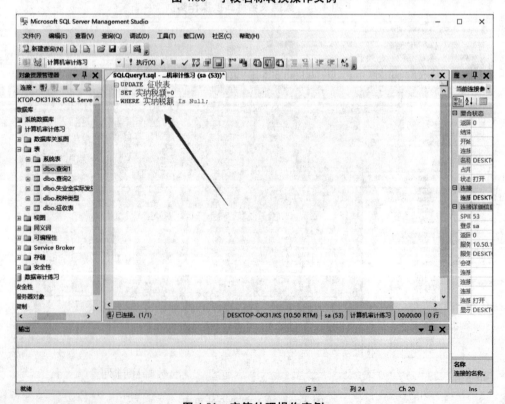

图 4.81　空值处理操作实例

同理,采用 SQL 语句或数据库工具中的其他工具也可以完成其他审计数据预处理工作。

4.3.4　审计数据分析

本节以实例介绍如何在 SQL Server 数据库中对采集到的电子数据进行分析。

【例 4.6】数据查询方法在税收征收数据分析中的应用。

现有某税收征收电子数据,假定所有纳税人税款滞纳天数超过 10 天均属超期滞纳,请对提供的税收征收电子数据进行分析处理,检查征收表中有无“负纳税”数据和“超期滞纳”数据。

分析:要检查税收征收数据中有无“负纳税”数据和“超期滞纳”数据,只需在某一分析工具中执行相应的查询语句即可。通过对税收征收电子数据的分析,相应的 SQL 语句分别如下。

①检查税收征收数据中有无“负纳税”数据,其 SQL 语句如下:

```
SELECT  *
FROM 征收表
WHERE 实纳税额<0;
```

通过运行以上 SQL 语句,可以很容易地查找出税收征收数据中的“负纳税”数据。

②检查税收征收数据中有无“超期滞纳”数据,其 SQL 语句如下:

```
SELECT  *
FROM 征收表
WHERE 滞纳天数> 10;
```

通过运行以上 SQL 语句,可以很容易地查找出税收征收数据中的“超期滞纳”数据。

假设税收征收数据已被采集到 SQL Server 中,查找税收征收数据中“负纳税”数据的操作过程为:

①在 SQL Server 数据库管理工具中,单击“新建查询”,在“查询窗口”中输入相应的 SQL 语句,如图 4.82 所示。

②在图 4.82 中单击“执行”按钮,便可得到审计人员所要查找的“负纳税”数据,其查询结果如图 4.83 所示。

同理,在图 4.82 所示的界面中输入相应的 SQL 语句,即可查找出税收征收数据中的“超期滞纳”数据。

【例 4.7】数据查询方法在失业金发放数据分析中的应用。

现有某劳动局失业保险数据,文件名为“失业金实际发放表.dbf”,数据类型为 FoxPro 自由表,现需要查找同月重复发放失业金的人员,查找结果包括以下内容:身份证号、姓名、发放月份、同月发放次数、发放金额合计,按同月发放次数降序排列。

分析:要查询失业金实际发放表中同月重复发放失业金的人员,只需在某一分析工

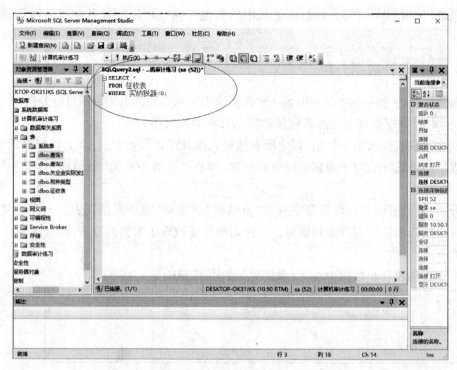

图 4.82　输入 SQL 语句之后的 SQL Server 查询视图

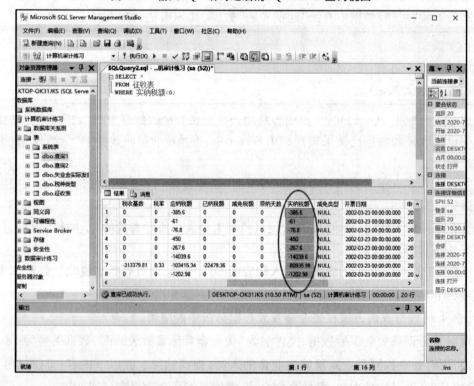

图 4.83　负纳税数据查询结果界面

118

具中执行相应的查询语句即可。通过对失业金实际发放表的分析,需要构建的 SQL 语句如下:

SELECT 身份证号,姓名,发放月份,count(＊)AS 同月发放次数,sum(合计)AS 发放合计
FROM 失业金实际发放表
GROUP BY 身份证号,姓名,发放月份
HAVING count(＊)>=2
ORDER BY count(＊)DESC;

通过运行以上 SQL 语句,可以很容易地查找出失业金实际发放表中同月重复发放失业金的人员。

假设该数据已被采集到 SQL Server 中,查找同月重复发放失业金人员数据的操作过程为:

①在 SQL Server 数据库管理工具中,单击"新建查询",在"查询窗口"中输入相应的 SQL 语句,如图 4.84 所示。

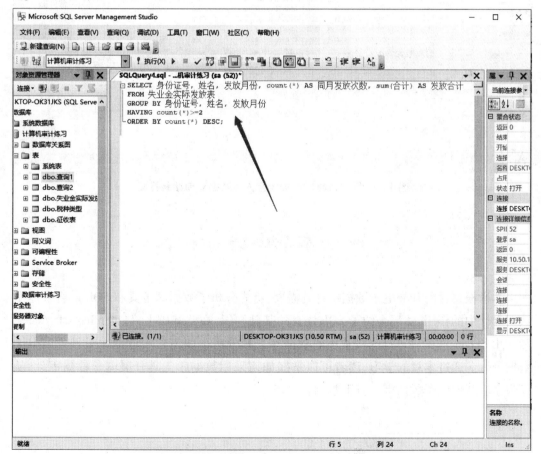

图 4.84　输入 SQL 语句之后的 SQL Server 查询视图

②在图 4.84 中单击"执行"按钮,便可得到审计人员所要查找的同月重复发放失业金人员数据,其查询结果如图 4.85 所示。

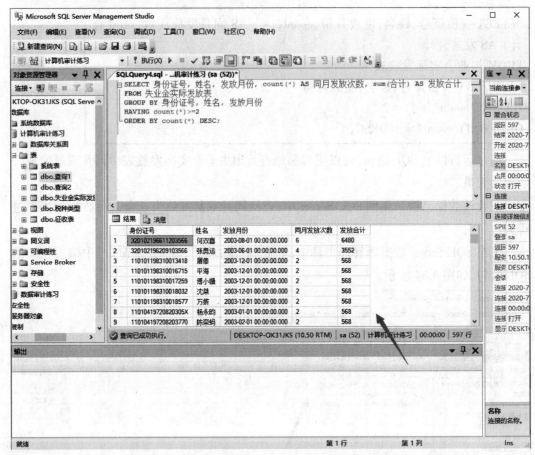

图 4.85 同月重复发放失业金人员数据查询结果界面

本章小结

本章根据目前开展电子数据审计的需要,首先分析了数据库工具和 SQL 语言在电子数据审计中的作用,然后介绍了 SQL 语言的基础知识,在此基础上,借助 Microsoft Access 和 SQL Server 这两种审计人员常用的数据库工具分析了如何采用数据库工具开展电子数据审计。通过本章的学习,读者可以掌握如何采用数据库工具开展电子数据审计,从而为今后开展电子数据审计打下基础。

思考与练习

1.掌握 SQL 语言对开展电子数据审计有何作用？

2.开展电子数据审计为什么要掌握数据访问技术？

3.数据库软件对开展电子数据审计有何作用？

4.如何利用本章介绍的数据库软件开展电子数据审计？

5.如何利用其他数据库软件开展电子数据审计？

第5章　审计软件初始设置

学习目标

近年来,使用审计软件开展审计工作已成为趋势。审计软件运用现代化的审计技术与方法开展审计工作,改变现有的审计作业手段,使审计作业自动化、通用化、标准化、规范化,最终实现与国际接轨。通过本章的学习,理解学习审计软件概念,熟悉系统初始设置的操作,熟悉审计准备与审计项目的操作,掌握审计软件的数据采集方法。

5.1　审计软件概述

软件是为管理和使用计算机而编写的各种程序的总称。审计软件是指用于审查电算化会计信息系统或利用计算机辅助审计而编写的各种计算机程序。审计软件可以使审计人员避免手工抽样的低效率和审计证据不足的问题,也可以解决手工抽样不规范和样本不足的问题,从而大大降低审计风险,减轻劳动强度,提高工作效率。

5.1.1　审计软件分类

审计软件按其应用目的和范围不同,主要分为现场作业软件、法规软件、专用审计软件、审计管理软件等4种类型。其中,审计作业软件是审计工作的主流,是审计工作的主要工具,审计作业软件的发展代表着计算机审计软件的发展水平。

1)现场作业软件

现场作业软件是指审计人员在审计一线进行审计作业时应用的软件,如审易软件、金剑审计软件、现场审计实施系统、审计之星等。现场作业软件主要功能体现在以下几方面。

①能处理会计电子数据。

②能运用审计工具对会计电子数据进行审计分析,包括审计的查账、查询、图表分析等。

③能在工作底稿制作平台制作生成审计工作底稿。

2)法规软件

法规软件主要是为审计人员提供各种咨询服务,在浩瀚如海的各种财经法规中找出审计人员需要的法规条目及内容。其主要功能体现在以下几个方面。

①常规查询,有审计法规条目的查询、发文单位的时间段查询等。

②要有一定的数据量,成熟的软件应有上千万字的法规内容,检索速度要快。

③应具有按内容查询的功能,这也是法规软件能否适用的主要标准,如果没有按内容检索的功能,这个法规软件的适用面将受到很大的限制,例如审计人员要查关于"小金库"的相关规定,法规软件应能快速地将涉及"小金库"规定的法规查找出来,将内容以篇的形式提供给审计人员。

3)专用审计软件

专用审计软件是指完成特殊的审计目的而专门设计的审计软件,如公路费审计程序、工会经费审计程序、材料成本差异审计程序、基建审计软件等。这类软件功能单一,但其针对性强,能较好地利用计算机完成特定的审计任务。

4)审计管理软件

审计管理软件包含审计统计、审计计划、审计管理等方面的内容。其主要功能主要体现在以下几个方面。

(1)全程调控,规范行为

审计管理软件以审计质量控制体系为依据,将质量控制点部署于整个审计项目实施过程中,由系统自动控制或提示的方式予以实现。根据审计实施方案规定的审计事项,进行分解和分配审计任务,明确审计项目进度计划,掌握实际进度并适时评估。

(2)轨迹清晰,责任明确

审计管理软件提供审计日记功能,与审计工作底稿、审计证据相结合,全员、全过程记录审计实施轨迹,清晰反映审计步骤和方法,责任明确。

(3)统一归档,信息共享

审计管理软件对审计项目全部资料进行管理,建立审计项目数据关联,统一打包归档,便于审计成果的利用,实现审计资料共享。

(4)提供平台,方法调用

审计管理软件将内部控制测试、审计抽样、风险评估、计算机辅助审计等先进的审计技术方法编成程序,根据审计事项调用不同的审计技术和方法,灵活多样地实现审计目标。

实际上审计管理软件可以认为是审计作业软件的延伸,审计作业软件完全可以把这些管理功能承担起来,容纳到审计作业软件中,所以说审计软件的代表应是审计作业软件。

5.1.2　审计软件工作原理

1)审计软件工作原理

审计软件遵照审计准则和审计规范,将已有审计技术方法,加以规范化,规范成不同的审计模块和模板,并且将其程序化,运用时审计人员根据现场分析,当场决定审计方案。审计软件一般包括项目管理、审计计划、数据转换、符合性测试、实质性测试、合并会计报表、审计工作底稿制作和管理、审计报告生成等功能。这些功能大体上分为 3 个部分,一是会计数据的处理,二是审计方法的运用,三是工作底稿的制作平台,这三部分有机联系在一起,形成一个有机整体,其基础是会计数据处理。

(1)获取会计电子数据

获取会计电子数据是开展计算机辅助审计的关键,也是审计软件首先要解决的功能之审计软件必须具备能够从会计信息系统中提取会计电子数据并按一定审计要求进行转换的处理能力。

(2)数据转换和处理

数据转换和处理就是将所获得的会计电子数据处理成格式标准的数据,并将所形成的总账数据和被审计单位的总账数据进行核对,为进一步的审计工作奠定数据基础。

(3)符合性测试

按照计划安排,依照审计程序,对审计对象进行符合性测试,主要通过填表或询问方式完成调查表,通过程序进行统计,分析出符合性测试结果。

(4)实质性测试

在做好符合性测试的基础上进行实质性测试。审计程序会自动形成各科目固定格式的审定表,审计人员要做的是进一步套用模板,形成诸如现金盘点、固定资产折旧、应付福利费等计算表。至于特定形式的工作底稿,或原始凭证核查,需运用审计软件的查询、抽样功能等来完成。在这个阶段,审计软件应该尽可能多地提供适用、灵活和贴近实际的审计工具,如查询、查账、图形分析、审计方法库、合并会计报表、汇总审计成果等。

(5)编制审计工作报告

调用审计软件系统中的审计报告模板,根据人机对话信息输入审计报告中的有关内容,审计报告中的主要内容可从汇总工作底稿文件转入审计报告相应栏目中,最后根据需要将审计报告向外输出。

审计软件工作原理如图5.1所示。

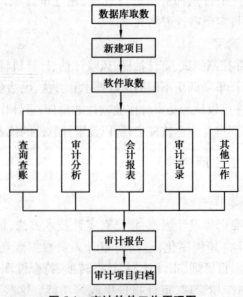

图 5.1 审计软件工作原理图

2) 审计软件工作流程

　　审计软件的作业流程严格按一般审计工作流程进行设计,首先,从被审计单位取得被审计相关年度的财务账套数据,存放到装有审计软件的计算机中;其次,通过审计软件的数据接口,把被审计数据导入审计软件中,软件系统将会按照其预设的统一格式重新生成相应的审计账套(包括总账、分类账、明细账、电子凭证和会计报表);再次,运用审计软件预置的审计工具去开展审计工作,在审计工作过程中,所生成的工作底稿保存并汇总到软件预设的工作底稿中;最后,形成审计报告草稿,审计人员可根据草稿编辑修改以完成正式审计报告,并进行审计项目归档,完成整个审计项目工作。

　　审计软件审计工作流程一般可分为审计准备、审计实施和审计终结等阶段,具体审计工作流程如图 5.2 所示。

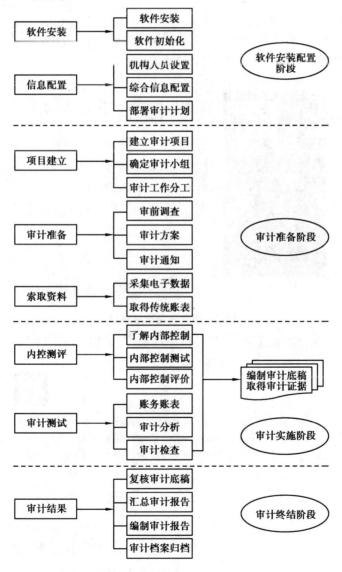

图 5.2　审计软件作业流程图

125

5.2　系统初始设置

5.2.1　软件初始化

软件初始化主要工作是数据库初始化、加装数据驱动程序等。

1)软件安装

审易软件安装过程非常简单,根据向导提示逐步完成,主要包括确认环境、安装数据库、安装软件等。

安装步骤如下:

①找到安装程序"ufsyV58Setup(企业标准版).exe"双击,启动"用友审易-审计作业系统(企业标准版)-V5.8"安装过程,如图5.3所示。

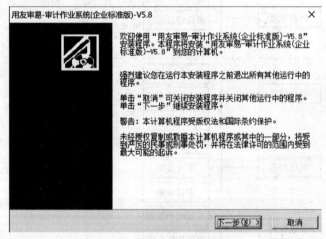

图 5.3　审易安装欢迎对话框

②单击"下一步"按钮,打开"请选择目标目录"对话框,如图5.4所示。

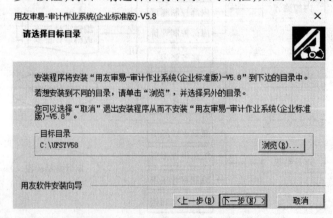

图 5.4　"请选择目标目录"对话框

③选择安装目录后，单击"下一步"按钮，打开"开始安装"对话框，如图5.5所示。

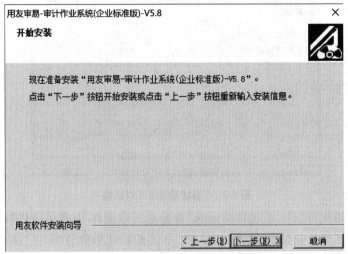

图5.5　"开始安装"对话框

④单击"确定"按钮，系统加载信息，完成软件安装，有是否"安装MSDE"对话框，如图5.6所示。

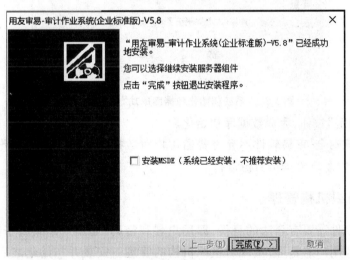

图5.6　是否安装"MSDE"对话框

⑤如果计算机系统未安装SQL Server数据库，则应选择"安装MSDE"复选框；如已安装SQL Server数据库，则直接单击"完成"按钮，完成软件安装。

2）系统初始化

安装完审易软件及数据库后，在启动审计作业系统之前，应先对环境进行初始化。系统初始化的基本过程如下：

①单击"开始"菜单，执行"程序"→"用友审易"→"数据库维护"命令，打开"系统初始化"对话框，如图5.7所示。

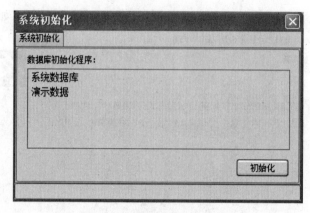

图 5.7　"系统初始化"对话框

②单击"初始化"按钮,系统自动完成"审易系统数据库""演示项目数据""数据转换模板"的初始化工作。初始化完成后,弹出"系统初始化数据库成功"信息提示框,如图5.8所示。

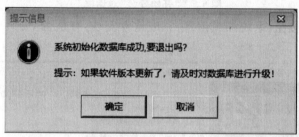

图 5.8　"系统初始化数据库成功"信息提示框

③单击"确定"按钮,完成数据库初始化。

为保障系统安全,审易软件不允许普通用户对数据库进行二次初始化,若要进行二次初始化,则须以系统管理员身份进行。

5.2.2　组织机构管理

登录审易软件需要有合法的身份,即用户名和密码,而用户是隶属于部门的。审易软件通过部门和用户的管理,实现对组织机构的管理。安装并初始化之后,系统管理员首先应创建部门和用户,以方便相关审计人员操作审易软件。

审易软件预置了两个用户名:admin(口令为空)和"1"(口令也是"1"),分别作为默认的系统管理员和普通用户。

【例5.1】以系统预置用户名"1"的身份登录本机安装的审易软件。

操作步骤如下:

①单击"开始"菜单,依次指向"程序"→"用友审计"→"用友审易-审计作业系统V5.8"单击,打开审易软件登录界面,如图5.9 所示。

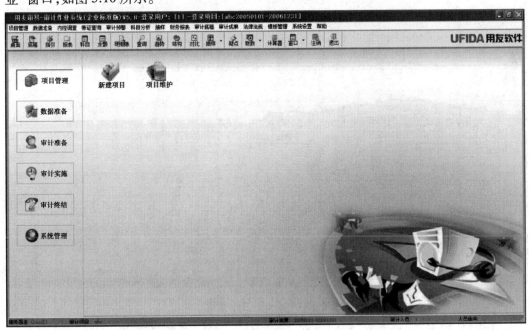

图 5.9 审易软件登录界面

②保持"服务器"名称不变,分别输入或通过下拉列表框选择用户名"1"、口令"1"、项目名"abc"、期间"20050101-20051231"。单击"确定"按钮,即打开审易软件的"审计作业"窗口,如图 5.10 所示。

图 5.10 "审计作业"窗口

1)部门设置

只有定义了部门信息后,才可以为新创建的用户选择该用户所属的部门,当创建审计项目时,可以直接选择该项目所属的部门。

【例5.2】某会计师事务所审计部安装审易软件后,系统管理员为其设置组织机构,相关信息见表5.1。

表5.1 某会计师事务所审计部组织机构

部门名称	备 注	部门名称	备 注
部领导	负责审计部全面工作	审计一室	负责对事务所下级单位审计
综合办	负责审计部日常事务	审计二室	负责对外单位审计

操作步骤如下:

①单击"开始"菜单,依次指向"程序"→"用友审计"→"用友审易-审计作业系统V5.8"单击,打开审易软件登录界面。

②选择用户名admin,单击"确定"按钮。系统验证身份后,打开系统管理员工作界面,如图5.11所示。

图5.11 admin工作界面

③执行"设置"菜单下的"部门设置"命令,打开"部门设置"对话框,如图5.12所示。

④在"部门设置"对话框中,单击"新建"按钮,部门名称输入"部领导"备注输入"负责审计部全面工作",单击"保存"按钮。

⑤重复步骤④,创建其他部门。

⑥单击"部门设置"对话框右上角的"×"按钮,关闭"部门设置"对话框。

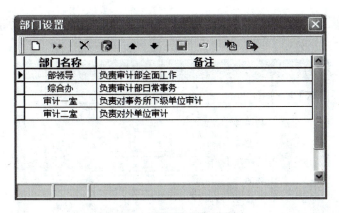

图 5.12　"部门设置"对话框

2）用户管理

用户管理是授权保护机制的需要，为提高计算机审计工作的效率，必须实施审计分工，在审计软件系统中建立用户是实施审计分工的前提。用户的建立必须出系统管理员进行处理。

【例 5.3】为某会计师事务所审计部创建登录用户，相关信息见表 5.2。

表 5.2　某会计师事务所审计部部分人员一览表

用户名	全　名	所属部门	职　务	角　色	主管部门
Songjia	宋佳	部领导	部长	用户	所有部门
Zhaoke	赵珂	综合办	主任	系统管理员	综合办、审计一室、审计二室
Gaojing	高静	审计一室	主任	用户	审计一室
Lixiao	李晓	审计二室	主任	用户	审计二室

操作步骤如下：

①以系统管理员 admin 登录审易软件，在系统管理员的工作界面中，执行"设置"菜单下的"用户管理"命令，打开"用户管理"对话框，如图 5.13 所示。

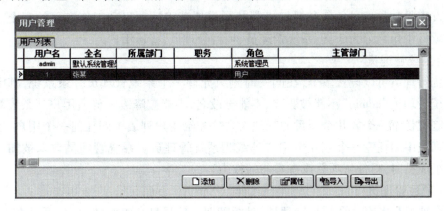

图 5.13　"用户管理"对话框

②在"用户管理"对话框中,单击"添加"按钮,打开"用户属性"对话框,如图 5.14 所示。

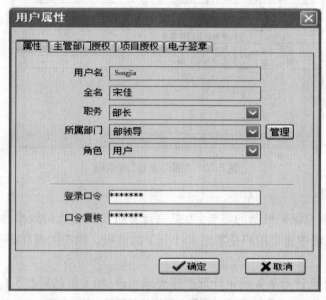

图 5.14 用户设置

③在"用户属性"对话框的"属性"选项卡中,分别输入或通过下拉列表框选择用户名"Songjia"、全名"宋佳"、职务"部长"、所属部门"部领导"、角色"用户"、登录口令"Songjia"、口令复核"Songjia"。

④在"用户属性"对话框中,单击"主管部门授权"选项卡,从"可选部门"列表中选择"所有部门",单击"授权"按钮将其添加到"主管部门"列表中。单击"确定"按钮返回到"用户管理"对话框。

⑤重复步骤②—④,为其他人员创建登录用户。

⑥单击"用户管理"对话框右上角的"×"按钮,关闭"用户管理"窗口。

3)项目授权

用友审易软件通过角色和授权机制共同保护着审计项目和工作底稿的安全。在用友审易软件中角色分为 3 类:系统管理员、项目管理员、普通用户。

(1)系统管理员

系统管理员可以设置多个,在同一时刻只允许一个系统管理员登录系统,其中系统默认系统管理员"admin"不能被删除、不能被改名、不能被降级为普通用户。系统管理员可以强制把任意一个或几个项目的管理权力分配给用户列表中的任何一个用户,也可以把用户列表中的任意一个或几个用户升级为系统管理员。系统管理员在未被加入为审计项目组成员时,对任何项目没有参与的权力。

(2)项目管理员

每个项目只能有一个项目管理员,对所管理的项目具有绝对的权力,可以查阅、删改工作底稿,增删项目组成员,给项目组成员以及项目所属部门负责人设定权限等。项目管理员的产生是普通用户新建项目就自动成为项目管理员,也可以由系统管理员指定人员列表中的任何人成为项目管理员。当需要解除项目管理员对某项目的控制权限,或项目管理员忘记密码时,系统管理员可以执行"设置"菜单下的"用户管理"命令,打开"用户管理"对话框,在"用户管理"对话框中选择用户后,单击"属性"按钮,打开"用户属性"对话框,如图 5.15 所示,选择"项目授权"选项书,将某人授权为指定项目的"项目管理员"身份。授权成功后,此项目的后面会出现个黑色的"对钩"(√)。

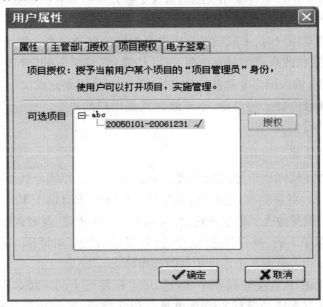

图 5.15　"项目授权"选项卡

(3)普通用户

普通用户可以查看项目名称的列表,但不能进入项目。普通用户在人员列表中,可以被项目管理员加入审计项目组授予相应的权限;也可以被系统管理员授予某些项目的项目管理权限;也可以通过新建项目,成为该项目的项目管理员。

【例 5.4】授予李晓(Lixiao)"abc-20050101-20051231"项目管理员权限。

操作步骤:

①以用户名"admin"登录审易软件,在系统管理员的工作界面中,执行"设置"菜单下的"用户管理"命令,打开"用户管理"对话框。

②在"用户管理"对话框中,选择用户"李晓(Lixiao)"后,单击"属性"按钮,打开"用户属性"对话框。

③在"用户属性"对话框中,单击"项目授权"选项卡,在"可选项目"列表中,选择项目"abc-20050101-20051231",然后单击"授权"按钮,系统弹出"授权成功"信息对话框。

④单击"确定"按钮返回"项目授权"对话框,单击"确定"按钮完成项目"abc-20050101-20051231"管理员设置。

5.2.3 系统设置

系统设置包括操作日志查看、结束任务进程、底稿日记分类设置以及综合参数的设置等内容。

1）修改登录口令

登录口令是保护审计软件应用安全的重要手段之一。审计人员在实施审计作业时，应以自己的用户名登录审计软件，以便分清责任。

系统管理员创建用户时，一般设置与用户名相同的登录口令。审计人员第一次登录审计软件后，首先应修改自己的登录口令。执行"设置"菜单下的"修改口令"命令，打开"修改口令"对话框，输入旧口令和新口令之后，单击"确认"即完成口令的修改。

审计人员只能修改自己的口令，不能修改其他用户的口令。忘记登录口令时，可以请系统管理员重新设置。

2）查看操作日志

操作日志是审计软件运行过程的全部记录。每条记录详细记载了某个审计人员在某个时间（精确到秒）对某个项目所进行的操作。操作日志有助于审计人员在必要的时候查看自己或项目组其他人员的工作记录，随时了解工作进度，及时调整自己的工作。

执行"设置"菜单下的"操作日志"命令，打开"操作日志"对话框。通过下拉列表，可以选择查看某个审计人员或某个审计项目的操作日志。

默认情况下，操作日志按时间顺序显示。单击标题行上的字段名称，可以重新按该字段排序。操作日志支持的鼠标右键菜单项目包括排序、区域求和、分类汇总、相关数据、输出打印、显示方式，复制、发送至底稿、发送至图形、删除、全清等。利用鼠标右键菜单就可以复制、删除操作日志，或将操作日志引用到工作底稿。

3）关闭文档窗口

审计作业离不开工作底稿，经常会打开大量的 Excel 或 Word 文档。执行"设置"菜单下的"清除 Excel 进程"或"清除 Word 进程"命令，可以关闭所有的 Excel 或 Word 文档窗口。关闭前，系统弹出如图 5.16 所示的对话框要求确认。

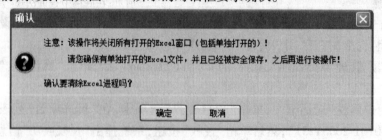

图 5.16　清除 Excel 或 Word 进程

需要注意的是，这种操作虽然省事，但会关闭在审计软件之外打开的 Excel 或 Word 文档窗口，而且是没有保存、强制关闭。因此，在编辑 Excel 或 Word 文档时，应养成及时保存文档的习惯。

4) 综合参数设置

用友审易软件安装并初始化之后,系统管理员应进行系统级的设置或配置,尤其是综合参数的设置。系统管理员和普通用户都可以使用"综合设置"功能,为本系统的运行进行个性化定制,如图 5.17 所示。

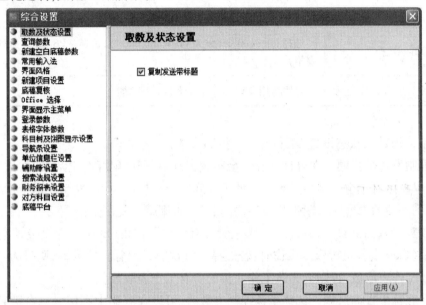

图 5.17　**审易软件综合设置**

可以根据需要,在复选框上打钩或取消打钩,然后单击"应用"按钮,使设置生效而不关闭设置窗口,或单击"确定"按钮使设置生效并关闭设置窗口。

通过"综合设置"功能所能控制的项目及其参数见表 5.3。多数情况下,可以保持系统的默认设置不变。

表 5.3　**审易软件综合设置参数一览表**

序号	项　目	控制参数及其默认值
1	取数及状态设置	复制发送带标题;取数只取当前页;在底稿中查询法规
2	查询参数	查询部分数据:前 50 000 条;查询所有数据;每次显示
3	新建空白底稿参数	新建空白 Excel 底稿时带表头;新建空白 Word 底稿时带表头
4	常用输入法	设置输入法(在需要输入汉字的位置自动切换到所选输入法)
5	界面风格	保留导航功能(子窗口部分充满工作区);隐藏导航功能(子窗口全部充满工作区)
6	新建项目设置	新建项目时,允许导入格式化的项目信息;新建项目时,允许填入项目编号;项目编号允许输入的最大或固定长度;新建项目时,同时自动建立数据转换项目

续表

序号	项　目	控制参数及其默认值
7	底稿复核	启用复核;允许最高复核级别:五级复核;允许撤销复核;撤销复核限制:只允许复核人自己撤销/只允许项目管理员撤销/只允许底稿所有人撤销/允许项目组成员撤销
8	Office 选择	选择 Microsoft Office 系列(Word、Excel);选择 WPS Office 系列(文字、表格)
9	审计管理系统交互	启用与用友审计管理系统的交互功能

其中,"取数及状态设置"项目有 3 个控制参数,含义如下:

①复制发送带标题。在查询、查账、余额表工具中,利用鼠标右键菜单"发送至底稿"功能,可以直接将选定内容发送到打开的工作底稿中。当选择了"复制发送带标题"参数时,发送到底稿的内容就会附带相应字段的名称,否则就只复制数据。

②取数只取当前页。Excel 工作簿一般含有多个工作表(Sheet),当为定义好公式的工作底稿(Excel 表)执行取数操作时,若选择了"取数只取当前页"参数,则只为当前打开的那一个工作表取数,否则会为该工作底稿的所有工作表取数。

③在底稿中查询法规。选择了该控制参数时,可以在底稿中利用鼠标右键菜单针对选中的词语查询相关的法规,否则不允许查询。

下面以"新建项目设置"和"底稿复核设置"参数设置为例说明参数设置的过程与方法。

(1)新建项目设置

在审易软件默认设置的条件下,当新建审计项目时,允许同时自动建立数据转换项目,但不允许导入格式化的项目信息,不允许填入项目编号。系统管理员可以改变这些设置。

【例 5.5】改变系统参数设置,使得新建审计项目时允许填入项目编号。

操作步骤如下:

①以系统管理员(如:admin)身份登录系统,执行"设置"菜单下的"综合设置"命令,打开"综合设置"对话框。

②单击"新建项目设置"项,打开"新建项目设置"对话框,如图 5.18 所示。

③在"新建项目设置"对话框中,选择"新建项目时,允许填入项目编号"复选框,然后再选择"项目编号允许输入的最大长度为"单选钮,通过数字选择框设置长度为"32"。

④单击"应用"或"确定"按钮,对参数设置进行保存。

通过上述设置后,在"项目登记"对话框中就多了"项目编号"文本框,可以为新建的审计项目输入编号。

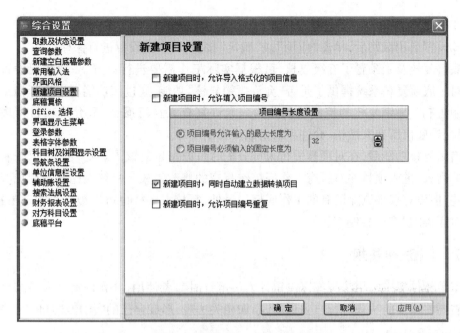

图 5.18　"新建项目设置"对话框

(2)底稿复核设置

审易软件的底稿复核功能在默认情况下是被关闭的,要使用底稿复核功能必须将其启用,该功能的启用必须由系统管理员来处理。启用操作步骤如下:

①以系统管理员(如:admin)身份登录系统。

②执行"设置"菜单下的"综合设置"命令,打开"综合设置"对话框。

③单击"底稿复核"项,打开"底稿复核"对话框,如图 5.19 所示。

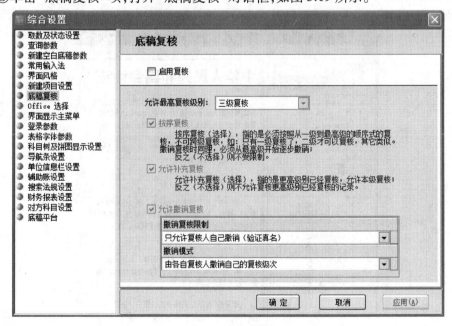

图 5.19　"底稿复核"对话框

④选择"启用复核"复选框,即启用了底稿复核功能。

⑤设置启用级别后,单击"应用"或"确定"按钮,对参数设置进行保存。

底稿复核及别预置了五级复核,可根据实际工作需要进行设置,一般情况设置为二级。对于底稿复核系统提供了是否"允许撤销复核"功能,通过该功能可以选择撤销复核的控制机制。撤销复核的控制机制分为只允许复核人自己撤销、只允许项目管理员撤销、只允许底稿所有人撤销、允许项目组成员撤销4种。

启用复核功能后,在对项目进行人员分配时可以指定复核人。复核人可以查看项目名称的列表,进入项目并对所有工作底稿作相应的修改复核。复核人比普通用户权限要大一些,但没有权限删除已有的工作底稿。另外,复核人同样也可以被项目管理员授权,包括对底稿的"完全控制"等。

5.2.4 法律法规

审易软件提供常用法规库以供审计人员审计时参考使用,并允许审计人员结合审计工作需要将需要的法规进行自主更新,添加相关法规,形成自己的"用户法规库"。

1) 查看法规

用友审易软件提供了会计法规库、审计法规库、税收法规库、其他法规库等对法规进行分类管理。这些法规库是软件预置的,不可更改;而用户自行创建,可以通过"法律法规模板管理"。

①执行"法律法规"菜单下的"会计""审计""税收"法规库。

在常见法规库中,按照会计法规、审计法规、税收法规三大类,收录了与财经、审计等有关的法规制度。其中,审计方面的法规则依据国家审计、内部审计、社会审计分别进行列示,如图 5.20 所示。

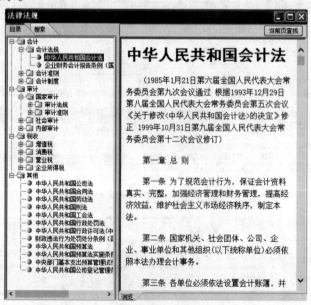

图 5.20　法律法规库

②单击"法律法规"菜单,打开"其他"法规库。

在其他法规库中,可以查看到包括公司法等各种准则和规定等在内的常用法律法规及相关法律条文,如图 5.20 所示。

2) 更新法规

由于财经法规处在不断完善的过程中,软件提供法规更新功能,允许审计人员创建并维护自己专用的法规库。

【例 5.6】创建自己的法规库,加入新颁布的审计法。

操作步骤如下:

①为每个法规单独创建一个 Word 文件,并将其放在一个统一的目录下。

②执行"模板管理"菜单下的"法律法规模板管理"命令,打开"法律法规模板管理"界面。

③选择包含法规文件的目录名,单击"添加下级"按钮,将其添加到"已选目录"列表中,然后单击"确定"按钮,即可以自动完成法规的编译、更新工作,如图 5.21 所示。

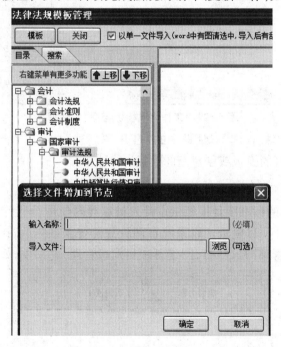

图 5.21　添加用户法规

④编译后的用户法规按照目录名称及其分级结构,列表在"用户法规库"之下。

⑤单击"法律法规"菜单,展开对应目录中,可以查看到该目录下新创建的法规。

5.2.5　模板管理

模板管理主要实现对在审计实施过程中应用的各类工作底稿、审计报告、财务报表等格式的设置与维护工作。

1) 底稿模板制作

审易软件针对不同行业审计的特点,预置了国家审计、财务收支审计、经济责任审计等 26 种审计工作底稿模板,供审计人员进行审计时使用。工作底稿模板是开放的,利用软件提供的模板管理工具,审计人员可以根据本单位和个人审计工作特点,定制专用的工作底稿模板。对工作底稿模板可以进行新建、导入、导出、重命名等处理。以系统管理员身份登录系统后,执行"模板管理"菜单,打开"工作底稿模板管理"对话框,如图 5.22 所示。

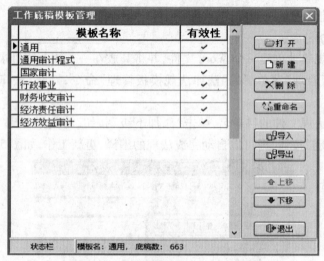

图 5.22 "工作底稿模板管理"对话框

利用"工作底稿模板管理"对话框中的"打开""新建""导入""导出""删除""命名"等按钮,可以维护现有的模板或创建新的模板。

2) 统计项目模板制作

系统预设了常用的标准统计模板供审计人员审计时使用,审计人员可以根据审计需要更新、添加新的统计项目模板。以系统管理员身份登录系统后,执行"模板管理"菜单下的"统计项目模板管理"命令,打开"统计项目模板管理"对话框,如图 5.23 所示。

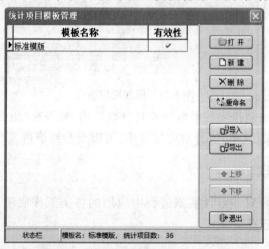

图 5.23 "统计项目模板管理"对话框

3）常用底稿模板管理

除基本的底稿模板外，软件还预置了名称为"带表头的 Excel 空白底稿""带表头的 Word 白底稿"和"审计工作底稿"等常用底稿模板。以系统管理员身份登录系统后。单击"模板管理"菜单下的"常用底稿模板管理"命令，打开"常用底稿模板管理"对话框，如图 5.24 所示。

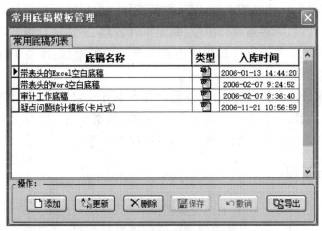

图 5.24　"常用底稿模板管理"对话框

单击"添加"按钮可以添加新的常用底稿模板；单击"更新"按钮可以实现关联文件同步更新。

利用"统计项目模板管理"对话框中的"打开""新建""导入""导出""删除""重命名"等按钮，可以管理现有的模板或创建新的模板。

4）审计报告素材模板管理

通过审计报告素材模板管理，可以实现对审计报告素材模板进行管理，包括增加、删除、导出等操作。以系统管理员身份登录系统后，执行"模板管理"菜单下的"审计报告素材模板管理"命令，打开"审计报告模板管理"对话框，如图 5.25 所示。

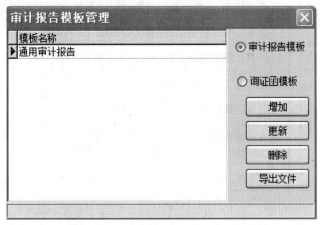

图 5.25　"审计报告模板管理"对话框

5.3 项目管理与审计准备

安装配置好审易软件之后,就可以利用审计软件开展审计工作。在进行具体的审计工作时,首先应完成审计的准备工作,审计准备工作一般包括明确审计对象和任务、配备审计人员、成立审计组、考察被审计单位、制定审计方案、下达审计通知书、进驻被审计单位等。审计准备阶段在整个审计过程中占有非常重要的地位,准备工作越充分,审计实施就越有把握、越顺利。

审计软件在审计准备阶段的应用,主要体现为审计项目管理、审计模板准备、审计数据的采集、转换和预警测试,为进行实质性测试做好数据准备。除此之外,还包括被审计单位信息管理、内控调查、业务数据导入、财务数据上传等。

5.3.1 项目管理

应用审计软件开展审计作业是以审计项目为基础的,登录审计软件时必须选择审计项目。对审计项目进行管理,主要是指创建或修改审计项目,或将同一单位、不同时限的审计项目进行数据合并,打开审计项目,任命审计组成员并为之设定权限,以及对工作底稿进行分工以实现协同审计,提高审计组的整体工作效率。

1)新建项目

审计项目是独立的数据处理单元除了系统管理员不能创建审计项目之外,角色为"用户"的任何审计人员都可以创建审计项目。一般情况下,审计项目的大部分管理工作由审计组长负责。描述一个审计项目的属性见表5.4。

表5.4 审计项目属性一览表

属 性	说 明
项目名称	选择或输入,一般是单位简称加审计类别,如时代集团财务收支审计
审计时限	一般是一个完整的会计期间,如 2005.1.1—2005.12.31;可多年度批量创建
会计制度	选择会计制度实际上就是选择报表模板
工作底稿模板	可选择的工作底稿模板
所属部门	可选择的部门由系统管理员创建
审计类别	输入新的类别,或选择财务收支审计、资产经营责任审计、任期经济责任审计、经济效益审计、建设项目审计、专项审计及调查
被审计单位名称	只能选择,单击"管理"可随时创建新的"被审计单位"信息

其中,"项目名称"和"审计时限"的组合用于区分不同的审计项目。审计项目按"项目名称"分组,同一个"项目名称"下可以有若干个"审计时限",代表不同的项目。

【例 5.7】某会计师事务所审计部对时代集团 2005 年的财务收支进行审计,创建审计项目。

操作步骤如下:

①执行"项目管理"菜单下的"新建项目"命令,打开"项目登记"对话框,如图 5.26 所示。

图 5.26　"项目登记"对话框

②在"项目登记"窗口中,输入项目名称"时代集团";设置审计时限为"2005.01.01""2005.12.31"(不选择"多年度批量创建"复选框);选择工作底稿模板"通用",所属部门"审计二室",审计类别"财务收支审计"。

③单击"管理"按钮,打开"审计类别管理"对话框,如图 5.27 所示。

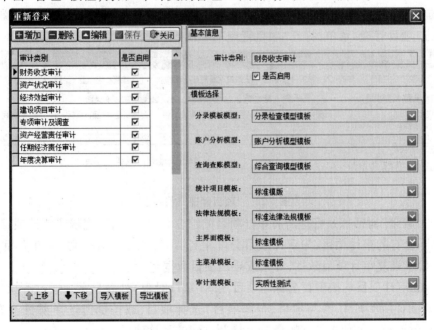

图 5.27　"审计类别"对话框

④单击"添加"按钮,录入被审计单位的基本信息。录入完毕,单击"保存"按钮进行保存,然后单击"关闭"按钮返回"项目登记"对话框。

⑤在"项目登记"对话框中,单击"确定"按钮,即开始创建项目。项目创建成功后即自动打开,在软件主窗口的标题行,可以看到显示的项目名称为"时代集团20050101—20051231"。创建人员自动成为新项目的管理员。

2)打开项目

审计人员要完成审计作业,必须首先打开相应的审计项目。在审易软件中,有多种途径打开审计项目。登录审易软件时,需要选择打开一个现有的审计项目;新建一个项目之后,自动关闭当前项目,打开新创建的项目。

一个审计人员可能同时参加多个审计项目。要在项目之间切换工作,需要专门执行"打开项目"操作。

【例5.8】打开创建的审计项目"时代集团20050101—20051231"。

操作步骤如下:

①执行"项目管理"菜单命令,打开"项目管理",如图5.28所示。

②在"项目管理"中,选择"时代集团"下的审计时限"20050101—20051231"后,单击"打开项目"按钮,即可将选定的审计项目打开。

项目打开后,在"审计作业"主窗口的标题行,可以看到项目全称(如"时代集团20050101—20051231");在状态栏可以看到审计项目名称(如"时代集团"),审计年度(如"20050101—20051231"),以及当前审计人员(如"Lixiao")的角色(如"项目管理员")。

3)管理项目

通过项目管理功能,既可以新建项目,对审计组成员进行任命,对审计组成员的权限进行设定,也可以进行工作底稿的人员分工等,从而提高审计工作组整体的工作效率。

执行"项目管理"菜单,打开"项目管理",如图5.28所示。

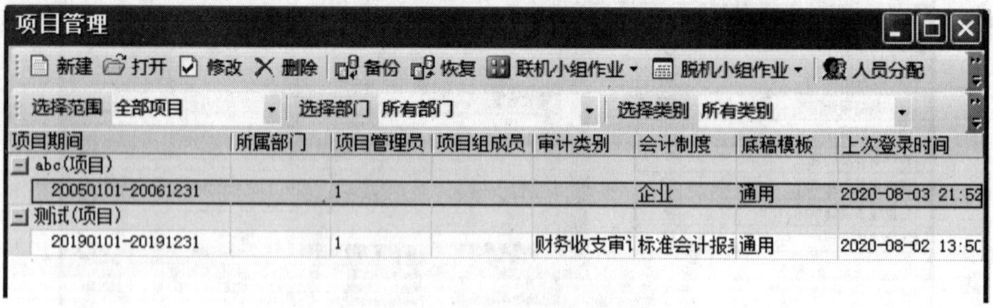

图5.28 "项目管理"对话框

"项目管理"对话框是管理所有审计项目的综合窗口,可以实现新建审计项目,打开、修改、删除已有的审计项目,为审计项目分配审计人员、设定工作权限、对工作底稿进行分工,备份或恢复审计项目数据,导入或导出项目数据包。

所有的审计项目均按项目名称与项目期间(审计时限)列表显示。通过下拉列表框,可以按范围(主管项目、参与项目、全部项目)选择项目,或按部门选择项目。单击"刷新"按钮,可以看到其他人员在服务器上最新创建的审计项目。

审计项目的新建、打开等前已讲述，此处主要阐述一下审计项目的人员分配、工作分工、备份与恢复等项目管理功能。

（1）人员分配

人员分配由项目管理员完成，用于指定该项目组的成员及其操作权限等。

【例 5.9】审计人员李晓（Lixiao）为审计项目"时代集团 20050101—20051231"审计组分配人员。

操作步骤如下：

①以李晓（Lixiao）身份登录系统，执行"项目管理"菜单下的"项目管理"命令，打开"项目管理"对话框，选中"时代集团"下的审计时限"20050101—20051231"后单击"人员分配"按钮，打开"项目人员分配"对话框，如图 5.29 所示。

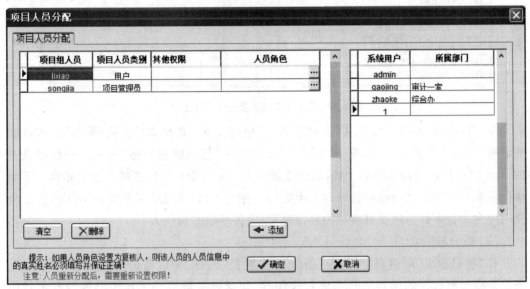

图 5.29　"项目人员分配"对话框

②在"项目人员分配"对话框中，选中宋佳"Songjia"，单击"添加"按钮，将"Songjia"由"系统用户"列表添加到"项目组人员"列表：在宋佳（Songjia）的"人员角色"单元格中单击，从显示的下拉列表框中选择"项目管理员"则李晓（Lixiao）的身份自动变成普通"用户"。

③同样方法添加其他项目组成员。添加完毕后，单击"确定"按钮，关闭"项目人员分配"对话框。

（2）工作分工

工作分工由项目管理员完成，项目组其他成员无权进行工作分工。以项目管理员身份登录系统，在"项目管理"对话框中单击"工作分工"按钮，弹出下拉菜单"按底稿""按事项"，可实现"按底稿"或"按事项"进行工作分工。

软件采用授权机制来保护工作底稿的安全，项目管理员可以为项目组成员分配不同的底稿，并授以相应的操作权限。可分配的工作底稿取决于创建审计项目时或对工作底稿进行初始化时所选择的底稿模板。"时代集团"项目选择的模板是"通用"，在"工作底稿人员分工"对话框中列出了该模板可分配的工作底稿，如图 5.30 所示。

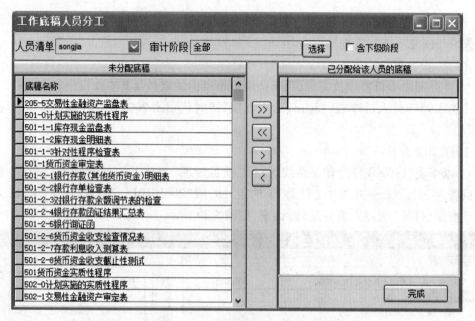

图 5.30 "工作底稿人员分工"对话框

按工作底稿分工时,应先从"人员清单"下拉列表框中选择审计人员,然后从"可选底稿名称"列表中选择底稿,再单击">"按钮将其放入"已选底稿名称"列表。按住键盘上的 Shift 键可以选择连续的多个底稿,按住键盘上的 Ctrl 键可以间断挑选多个底稿。下面举例说明如何利用系统模板按审计事项进行工作分工,以事项为单位实现分工负责。分工时应先设置审计事项及其事项内容,然后指定各事项的责任人。

(3)备份与恢复

在"项目管理"对话框中,单击"备份"或"恢复"按钮,可以备份或恢复审计项目库。备份是指对所选择的项目进行整体打包保存,包括财务数据和工作底稿等所有项目内容。备份出的文件是扩展名为".syd"的格式化文件,如"abc200501200512.syd",该备份文件是经过加密和压缩的,只有在审易软件中恢复时才可使用。备份处理过程如下:

①在"项目管理"对话框中,单击"备份"按钮,打开"项目备份"对话框,如图 5.31 所示。

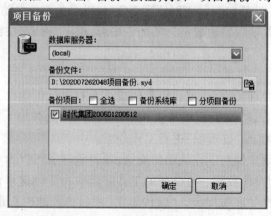

图 5.31 "项目备份"对话框

②在"项目备份"对话框中,单击"浏览"按钮设置项目库保存路径,选定后会出现项目库信息,单击"备份"按钮,即会自动执行对该项目的数据备份。

如果运行审易软件的服务器中没有安装 SQL Server,系统会提示"本地没有安装 SQL Server,该功能不能使用",此时不能执行备份或恢复。

对备份好的项目进行恢复时,系统会自动识别备份文件并获取项目信息,自动检测项目是否已经存在。如果同名同时限项目已经存在,可以重新命名后恢复为另一个项目。如果是较早版本的软件所做的备份文件,将在保持项目数据完整的情况下自动升级项目库为最新版本,以适应最新版本的审易软件。

5.3.2　数据准备

完成审计项目建立后,审计人员需要进行审计前的准备工作,包括编辑被审计单位信息以及最重要的数据采集、数据转换和业务数据导入等。

1)被审计单位信息管理

搜集整理被审计单位的信息是开展审前调查的基础工作之一,审易软件为记载被审计单位的相关信息提供了专门的工具。

创建被审计单位的操作步骤如下:

①执行"数据准备"菜单下的"被审计单位信息"命令,打开"被审计单位信息管理"对话框,如图 5.32 所示。

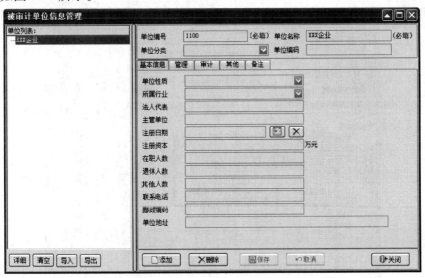

图 5.32　被审计单位信息管理

②在"被审计单位信息管理"对话框中,单击"添加"按钮创建一个新单位,输入单位编号、单位名称。

③在"基本信息""管理""财务""审计""其他"选项卡中,输入该被审计单位的其他相关信息。

④单击"保存"按钮对信息进行保存,单击"关闭"按钮结束设置操作。

2) 数据采集

用友审易软件提供了对 SQL Server、Sybase、Oracle 等数据库管理系统的数据采集工具以及 ODBC 数据导出工具，只要系统安装有相应的数据库驱动程序就可以将数据导出到 Access 数据库，使用简单、方便。

首先，用"数据准备"中的"导出采集工具"功能下载采数工具，选"导出 U 盘"，这样将其下载到可移动的存储介质中。在被审计单位的财务处理的计算机（或是终端或是本机）插入该移动存储介质，并运行数据采集工具，弹出如图 5.33 所示。

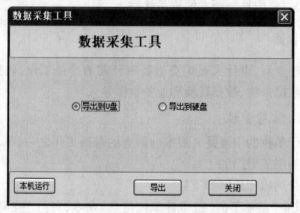

图 5.33　数据采集工具

点击"数据准备"菜单中的"数据采集"菜单项，弹出数据采集界面，如图 5.34 所示。

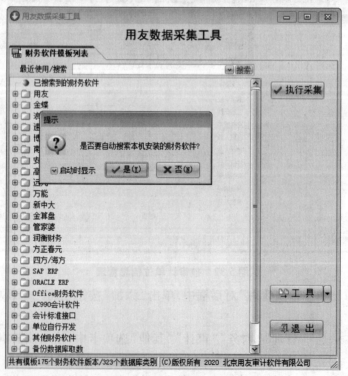

图 5.34　用友数据采集界面

148

3) 自动采集

自动采集,能自动识别计算机安装的常见的财务软件,包括金蝶、用友、新中大、浪潮、金算盘、安易、速达、博科、万能、远光、管家婆等。随着我们软件的不断发展,自动识别采集数据的范围将不断扩大、不断完善(自动采集仅限服务器端)。

自动采集程序操作步骤如下:

①如图 5.34 弹出页面点击"是"按钮,程序将自动扫描当前机器安装的财务软件,如图 5.35 所示。

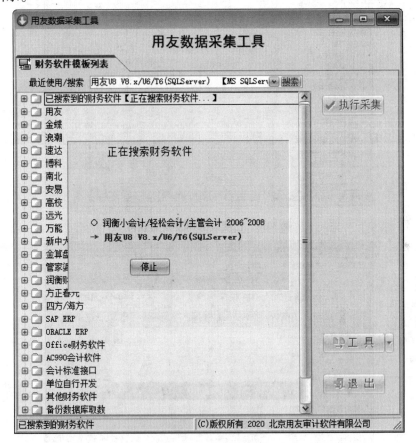

图 5.35　正在搜索财务软件

②扫描结束后,在"已搜索到的财务软件"列表里将列示出自动识别出的财务软件,如图 5.36 所示,采集程序自动识别出本机安装有"用友 U8"财务软件。

③选定已搜索到的用友 U8 SQL Server 财务软件,点击"执行采集",弹出账套列表及年度列表窗口,如图 5.37 所示。

④选定拟采集的账套数据,点击"浏览"选择采集数据存放的目录。点击"开始采集"按钮开始采集数据。

⑤数据采集完成后,即可使用"数据转换"功能,将账套数据导入至相关项目中,"数据转换"功能介绍详见本节中的"数据准备"内容。

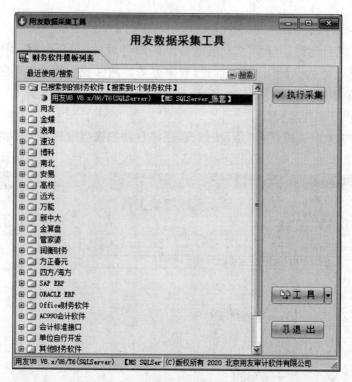

图 5.36　已搜索到用友财务软件

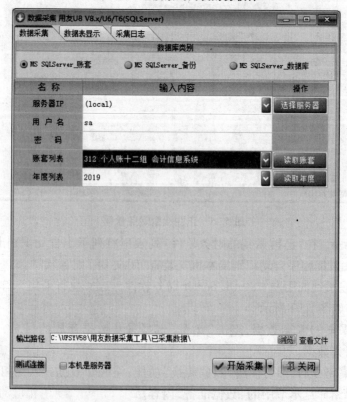

图 5.37　采集用友财务软件数据

4）手动采集

手动采集分为两种方式，一种是已知被审计单位使用什么财务软件，并且只能通过客户端取数，具体操作如下界面：

（1）已知被审计单位使用的财务软件

选择相应的财务软件后，点击"执行采集"弹出对话框，如图5.38所示。

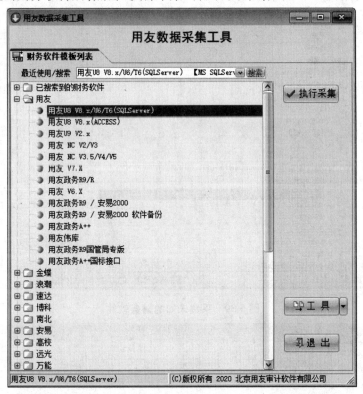

图5.38 采集已知被审计单位使用的财务软件

设置好服务器的IP、用户名、密码后，分别点击"读取账套""读取年度""开始采集"即可。

（2）另一种是对于未知的财务软件进行采集

对于未知的财务软件进行采集必要的条件是要知道该软件使用的是什么数据库。

利用取数工具，将数据采集过来，具体操作如图5.39所示。

首先选择"无模板财务软件"，根据用户所知该软件使用的是什么数据库类型，选择相应的数据库，以SQLSserver为例，如图5.40所示。

这一步的操作与上述的采集类似，需要用户确定服务器的IP地址、用户名和密码。

然后点击读取。选中相应的数据库即可。

最后点击开始采集，这样采集的数据是默认所有数据库表，为用户后续的数据转换制作提供了数据支持。

还有针对被审计单位提供的数据库备份的情况，用户可以使用相应的数据库"备份取数"工具来采集数据，具体操作方法与上述的类似。

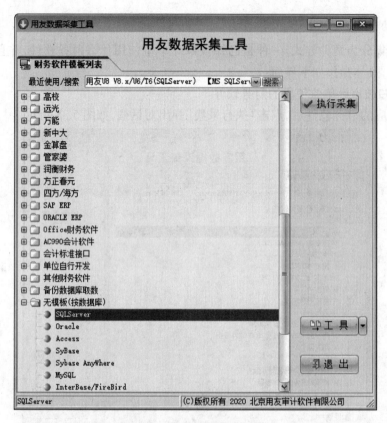

图 5.39　采集未知的财务软件

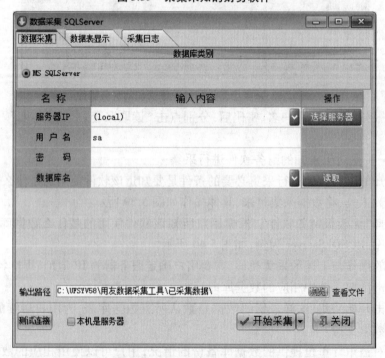

图 5.40　采集选择相应的数据库

5）数据转换

建立好审计项目并完成数据采集工作之后，审计人员应将电子财务数据转换为软件标准的数据格式，以便于实施审计作业。数据转换处理主要包括选择文件、被审单位、转换处理等环节，其业务流程如图 5.41 所示。

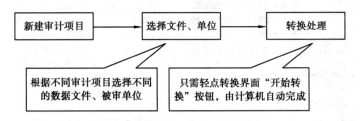

图 5.41　数据转换业务流程

审计项目建立好后，如果数据采集工作已经完成，审计人员需要将数据转换为审易软件的数据格式，以方便审计作业。

①打开项目，如进入"abc2005010120051231"。

②点击主菜单"数据准备"→"数据转换"，弹出窗口，如图 5.42 所示。

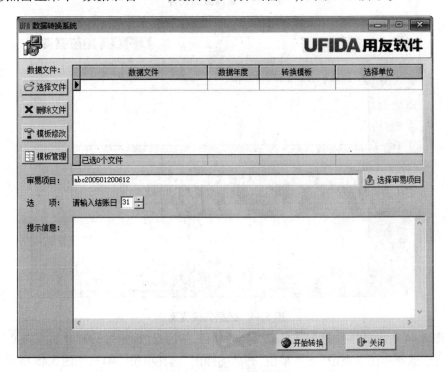

图 5.42　"数据转换"系统

③点击"选择文件"弹出"请选择数据文件"窗口，在此选择采集文件路径，查找采集文件，数据包文件的后缀为".AND"，如图 5.43 所示。

选择文件后，点击"打开"，弹回"数据转换"窗口，如图 5.44 所示。

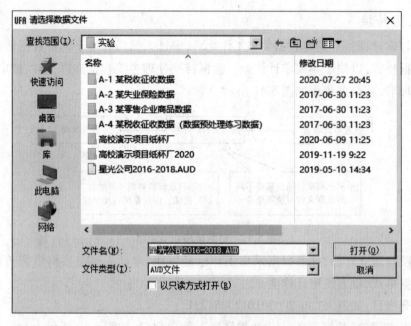

图 5.43　选择数据文件

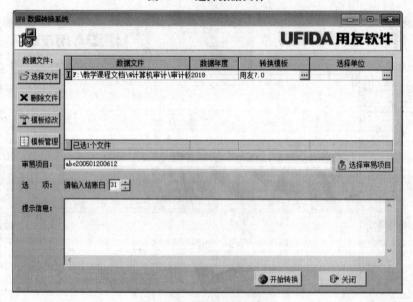

图 5.44　数据转换界面

在图 5.44 所示的下拉框中选择需转换的项目,然后点"确定"。弹回"数据转换"窗口,在此窗口中选择单位。点击"选择单位"列后的弹出"选择单位"窗口,如图 5.45 所示。

图 5.45　选择单位界面

点击"开始转换",系统开始转换数据,转换过程相关信息在"提示信息"栏中显示,如图 5.46 所示。

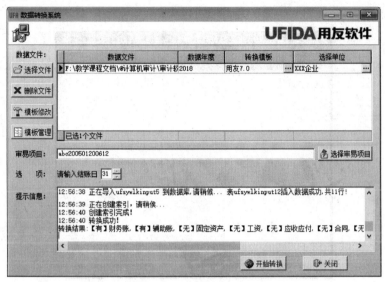

图 5.46　数据转换成功界面

6)业务数据导入

业务数据导入功能用以将相关业务数据直接引入审易软件进行查询。执行"审计准备"菜单下的"业务数据导入"命令,打开"导入数据"对话框,找到相关数据源后,执行导入功能将数据导入系统。

该功能可将业务数据等直接引入系统中进行查询。

选择数据连接方式(Access 或 Excel、SQLServer、ODBC),选择服务器并登录用户名和密码,然后选择要导入的数据表,点击"导入",如图 5.47 所示。

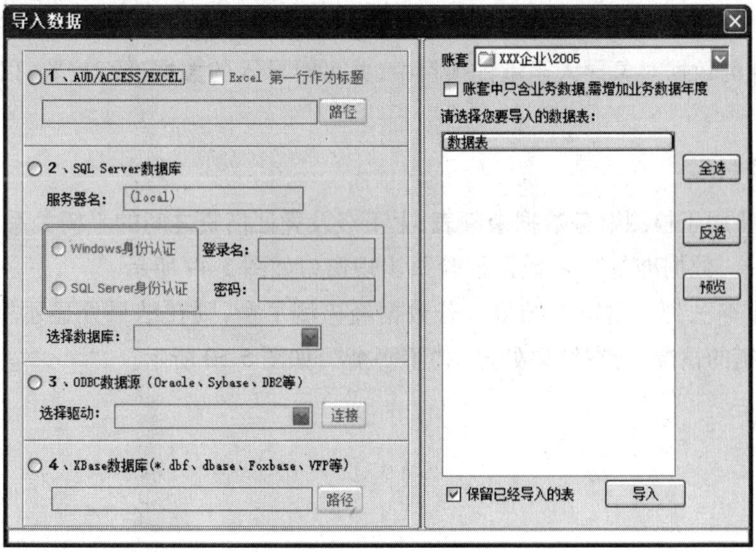

图 5.47　导入数据

　　如果项目中没有导入财务账套式数据,而是仅仅导入业务数据时,需要在此框选一下"账套中只含有业务数据,需增加业务数据年度"。此时会弹出增加单位和年度的界面,如图 5.48 所示。

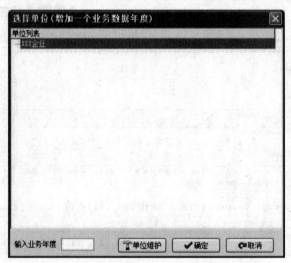

图 5.48　增加单位和年度的界面

　　选中单位并在左下角输入业务年度后确定即可。

　　导入业务数据时,可以选择的数据连接方式包括 Access 或 Excel 数据库、SQL Server 数据库、ODBC 数据源(Oracle、Sybase、DB2 等)以及 xBase 数据库(FoxBase、dBASE、VFP 等)。查询导入的业务数据不需通过会计流功能。

5.3.3　数据检测

　　完成审计准备后,审计人员需要进行审计前的数据校验工作,包括数据平衡检测、凭证断号检测、标准科目对应等。此部分工作可以帮助审计人员在执行具体审计实施工作前,将拟审计的数据对象导入至审计项目中,并可对导入的数据进行校验,以保证数据的真实完整。

　　1) 数据校验

　　数据校验用于检测财务数据余额表、上下级及凭证借贷之间的平衡关系。

　　选择菜单"数据准备"→"数据校验",出现窗口如图 5.49 所示。

　　选择"审查",列示出审查结果。若数据经检测平衡,则在结果处显示"平衡"字样;若出现不平衡的情况,会在结果处显示"不平衡",如图 5.50 所示。

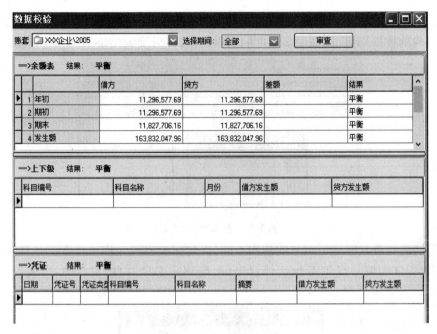

图 5.49　数据校验界面

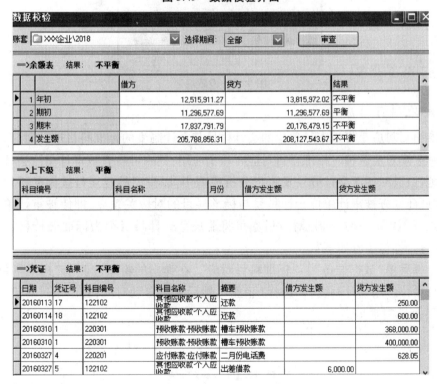

图 5.50　数据校验

2) 凭证断号检测

凭证断号检测功能用于检测导入的会计凭证有无断号现象,以验证采集的数据是否完整,如图 5.51 所示。(红框注释的下拉菜单表示该项目所属的数据,该功能主要是为了方便项目内的数据切换,比如说多年度的数据切换,在后续的模块中都会有该功能。)

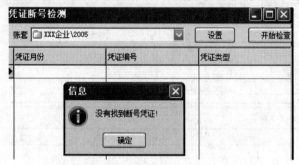

图 5.51　没有断号凭证

因不同的财务软件凭证编号的规则不同,因此在校验时允许审计人员选择或自定义编号规则,凭证的编号规则可包括任意字词,但序号必须存在,其中 & 代表数字,如图5.52所示。

图 5.52　设置规则

3)标准科目对应

标准科目对应是将被审计单位的会计科目与会计制度的标准科目进行对应,分为自动对应和手动对应两种。标准科目对应有两个应用:其一可检查被审计单位会计科目设置的规范性;其二用于会计分录及账户分析模型中,因模型的建立是按标准科目体系建立的,因此建立好被审计单位会计科目与标准科目的对应关系后,即使被审计单位的会计科目设置不规范,通过科目对应后亦可将非规范会计科目视为标准会计科目执行查询、分析等。操作步骤如下:

①选择菜单"数据准备"→"标准科目对应",在弹出的窗口左侧上"标准科目"中选择被审计单位适用会计制度,如选择"企业",然后点击自动对应;若已做过对应,将弹出如图 5.53 所示对话框。

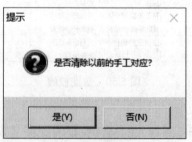

图 5.53　清除对应

②确认重新做对应,点击"是",出现自动对应结果,如图 5.54 所示。

图 5.54　标准科目对应

③自动对应后,被审计单位的部分会计科目可能未能与标准会计科目自动对应上,大部分原因是会计科目命名不规范。如将"预收账款"命名为"预收货款",这时可通过手动对应解决其对应关系。首先将光标定位于右侧窗口拟手动对应的被审计单位会计科目,然后用鼠标点击左侧窗口的标准科目,此科目的手工对应即完成,并将对应的标准科目的名称显示于"手工对应科目"栏内。

5.3.4　内控调查

审易软件的内控调查功能,可以帮助审计人员对被审计单位的经济运行情况进行测试,评估其内部控制是否健全,控制点运行是否正常,是否有大的漏洞存在,以便给审计人员下一步开展实质性审计提供重要的依据。

创建项目后,第一次执行"内控调查"功能时,系统自动弹出"下载模板"对话框,用于下载系统预置的内控调查模板,分为"标准内控调查"和"循环式调查表"两种。

调查表分报表、货币资金、应收应付、存货、固定资产、投资、无形资产、流动负债、实收资本和资本公积、留存收益、销售、成本与费用等几大类表项,分别设计了调查项目。调查评估时,在调查项目右边的"结果"栏目内,用鼠标单击可以为每项调查内容选择评估结果:优、良、中、差。根据调查结果,可以为每个项目打分,系统自动统计出总分,如图5.55 所示。

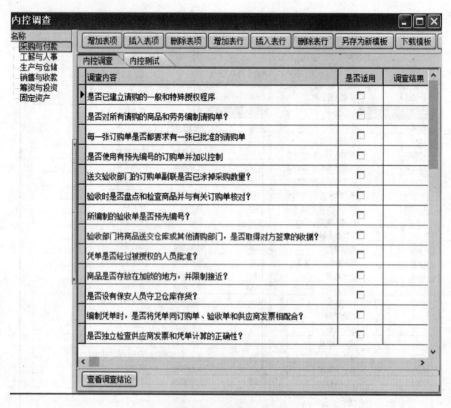

图 5.55　内控调查界面

调查评估结束后,可对当前内控调查结果保存,也可将内控调查结果记录在工作底稿中,或生成评估报告。

内控调查表是开放的,审计人员可以自行增删表项和调查项目,并可将修改过的调查表另存为新模板,供其他项目使用。

循环式内控调查表按照控制环境、会计系统、销售与收款循环、采购与付款循环、生产与存货循环、工薪业务循环、固定资产循环、筹资与投资循环以及计算机系统等经济业务循环设置树状测试点,并可生成总括及详细的评估报告。

本章小结

本章根据目前学习审计软件的需要,首先介绍了审计软件分类和工作原理,然后介绍了软件初始化、组织机构管理、系统设置、法律法规和模板管理,在此基础上,讲解审计人员常用的审计软件如何开展项目管理、数据准备、数据检测和内控调查。通过本章的学习,读者可以掌握如何采用审计软件初始化设置的内容,掌握初始化维护的基本方法,掌握审计项目维护管理的基本内容和方法,从而为今后学习审计软件打下基础。

160

思考与练习

1.什么是审计软件？审计软件主要分为哪几类？

2.简述审计软件的工作原理。

3.在用友审易软件中,角色是如何划分的？其操作权限有何差异?

4.审计系统初始设置的主要工作有哪些?

5.审计准备阶段的主要工作有哪些?

第6章 审计实施与审计终结

学习目标

通过本章的学习,要求学生了解审计实施的内容,掌握审计预警、审计查询、审计检查、审计分析、审计抽样的基本技术方法,了解审计终结的基本内容。

6.1 审计实施

审计实施是对被审计单位内部控制的建立及遵守情况进行控制测试,以及对系统处理功能及处理结果的正确性进行实质性测试,主要包括审计预警、审计查询、审计检查、审计分析、审计抽样等。

6.1.1 审计预警

审计预警功能可以帮助审计人员在进行实质性测试前,审计预警功能设置了3类审计模型:分录检查模型、账户分析模型和综合查询模型。审计模型的意义在于一方面可以复用已有的经验与方法,极大地提高工作效率和工作质量;另一方面,也可进行不断的审计经验积累、复用、共享,提高审计团队的整体水平。审计人员在开始审计时,可以全部或部分调用相应的审计模型执行,对被审计单位的数据进行自动审计预警,并可通过设置将自动审计预警发现的疑点发送至审计疑点库中,使审计人员对财务信息有总体的把握,以便确定审计重点,提高审计效率。

1)分录检查模型

分录检查模型通过定制异常分录对应关系,将不符合会计处理常规的分录存储为模型,并调用执行,起到预警的作用。执行时可选择全部或部分执行,模型支持用户自行定义,并可存储为模板,以供复用。此功能操作如下所述。

①点击"分录模型预警"项,显示界面如图6.1所示。

②"模型设置"页签界面为模型定制设计界面,如图6.1所示。在此可进行模型的增加、删除和修改工作,界面的左方为模型的树形结构,每个末级节点对应一个分录模型,

如点击"收取现金结算收入"后,可显示出此模型的具体定制内容,其主条件为"现金"借方发生,并列条件为"主营业务收入""产品销售收入"及"其他业务收入"贷方发生。

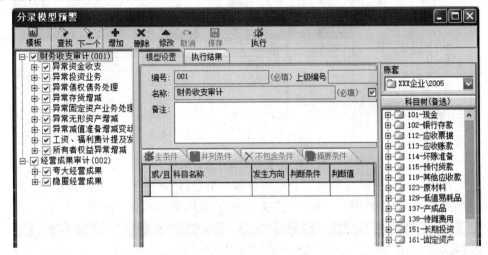

图 6.1 "分录模型预警"界面

③随着对模型的深入使用,用户完全可以根据自己审计目标以及审计经验任意对模型进行新建或修改,以使模型更富有针对性。修改完毕后,用户可点击"模板"按钮,在弹出对话框后,点击"当前模型另存模板"将新建或修改的模型另存为模板,如图 6.2 所示。

图 6.2 "分录检查模型管理"界面

④分录模型模板用户可以存储为若干个,如可按审计目的的不同将模型设置为若干版,同时支持模型的导入、导出。在需要时,用户随时可以从模板中选取出来,并命令其执行,如左侧模型树显示。用户可有选择的执行模型,如用户可只选择"财务收支审计"进行执行,执行后将定制的异常会计分录筛选出来,用户即可逐一查证落实。执行结果如图 6.3 所示。

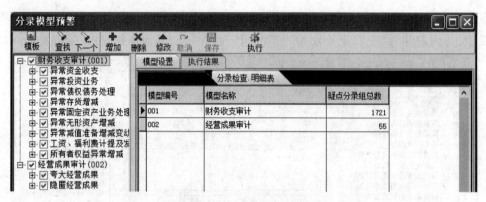

图 6.3 财务收支审计执行结果

⑤用户可点击分录检查明细表中的某个模型条目,将此模型条目详细疑点分录展现出来。如用户点击"收取现金结算收入"模型条目,则明细展示界面如图 6.4 所示。

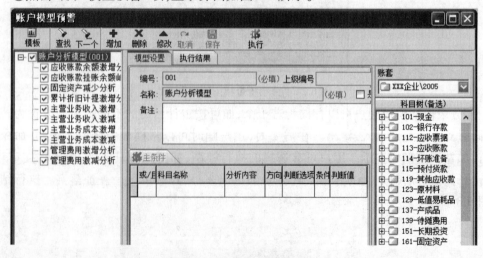

图 6.4 "收取现金结算收入"模型界面

⑥用户可双击每笔凭证,查看该凭证的具体内容,并可将认为是疑点的凭证在勾选"发送至疑点"后将其发送至疑点平台,以供进一步审计落实。

2)账户分析模型

账户分析模型通过定制指定账户的余额、发生额波动比率,将设定条件存储为模型,可将账户余额或发生额波动过大的月份筛选出来,起到预警的作用。其模型的定制和执行操作与"分录模型预警"基本相同,操作如下:

①点击"账户模型预警"项,显示界面如图 6.5 所示。

图 6.5 "账户模型预警"界面

②点击"模型设置"后的界面为模型定制设计界面,如图 6.5 所示,可进行模型的增加、删除和修改工作。界面的左方为模型的树形结构,每个末级节点对应一个账户分析模型;如点击"银行存款余额激增分析"后,可显示出此模型的具体定制内容,其条件定义为"银行存款"借方余额比上月增长 50%。

③用户完全可以对模型进行新建或修改,并可将修改的模型存储为模板,点击"模板"按钮,在弹出对话框后,点击"当前模型另存模板",如图 6.6 所示。

图 6.6 "账户分析模型管理"界面

④账户分析模板可以存储为若干个,需要时,用户随时可以从模板中选取,并命令其执行。如左侧模型树显示,用户可有选择的执行模型;如用户可只选择"应收账款余额激增"进行执行,执行后的结果如图 6.7 所示。

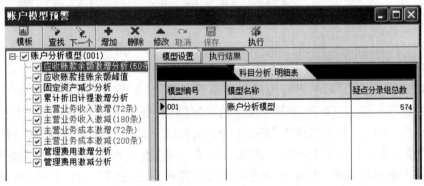

图 6.7 账户分析模板执行结果

⑤用户可点击账户分析明细表的某个模型条目,将此模型条目详细的某账户波动的月份筛选出来,如用户点击"应收账款余额激增分析"模型条目,则明细展示界面如图 6.8 所示。

⑥双击某月份,将穿透查询至该科目的明细账中,以供用户可进一步追查其波动的原因。

会计科目编号	科目名称	月份	期末借方余额	上月数(期末借方余额)	比上月增长倍数
11301	应收账款-应收账款	200502	2,230,366.64	993,572.21	1.24
11301	应收账款-应收账款	200502	2,230,366.64	993,572.21	1.24
11301	应收账款-应收账款	200502	2,230,366.64	993,572.21	1.24
11301	应收账款-应收账款	200502	2,230,366.64	993,572.21	1.24
11301	应收账款-应收账款	200502	2,230,366.64	993,572.21	1.24
11301	应收账款-应收账款	200502	2,230,366.64	993,572.21	1.24
11301	应收账款-应收账款	200502	2,230,366.64	993,572.21	1.24
11301	应收账款-应收账款	200502	2,230,366.64	993,572.21	1.24
11301	应收账款-应收账款	200502	2,230,366.64	993,572.21	1.24
11301	应收账款-应收账款	200502	2,230,366.64	993,572.21	1.24

图 6.8 "应收账款余额激增分析"模型

3) 综合查询模型

综合查询模型可将用户日常运用的综合查询方法存储为模型,执行时,可将符合条件的数据筛选出来,筛选结果常表现为审计重点或疑点,起到预警作用。其模型的定制和执行操作与"分录检查模型预警"基本相同,操作如下:

①点击"综合模型预警"项,显示界面如图 6.9 所示。

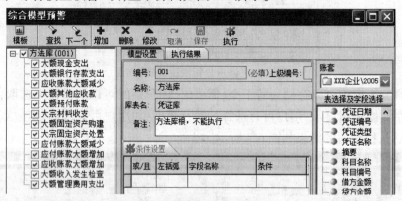

图 6.9 "综合模型预警"界面

②点击"模型设置"后的界面为模型定制设计界面,如图 6.9 所示,可进行模型的增加、删除和修改工作。界面的左方为模型的树形结构,每个末级节点对应一个账户分析模型;如点击"大额材料支出检查"后,可显示出此模型的具体定制内容,其条件设置为"原材料"贷方发生额大于 10 000 元的账目记录。除在此可设定模型外,用户在运用"综合查询"进行数据查询时,也可将查询条件直接发送至当前项目的模型库中,具体详见"综合查询"功能说明。

③用户完全可以对模型进行新建或修改,并可将修改的模型存储为模板,点击"模板"按钮,在弹出对话框后,点击"当前模型另存模板",将模型另存为模板。

④账户分析模板可以存储为若干个,需要时,用户随时可以从模板中选取,并命令其执行。如左侧模型树显示,用户可有选择地执行模型,如用户可只选择"应收账款大额减少"进行执行,执行后的结果如图 6.10 所示。

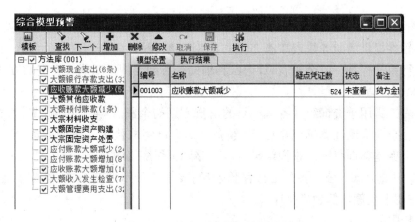

图 6.10 账户分析模板执行结果

⑤用户可点击明细表中的某个模型条目,将此模型条目详细的凭证记录筛选出来,如用户点击"大额材料支出抽查"模型条目,明细展示界面如图 6.11 所示。

图 6.11 "大额材料支出抽查"模型

⑥用户可双击某记录,将穿透查询至该记账凭证的详细记载内容,以供用户可进一步检查。

6.1.2 审计查询

审计查询是审计人员从数据库查询到自己所需要的资料,可通过单条件或多条件组合实现。用友审易软件中提供了丰富的审计查询工具,包括财务账表查询、科目查询、综合查询、PPS 抽样查询等,并将审计查询经验内设为审计方法库,为审计人员开展审计查询提供经验帮助。充分利用软件提供的审计查询工具和审计方法库,可以辅助审计人员查找审计线索,确定审计疑点。

1)财务账表查询

审易软件提供的财务账表审查工具可以对余额表、日记账、多栏账、收入支出表、辅助账等进行审计检查。以余额表、日记账和辅助账查询为例说明账表查询的方法。

(1)余额表查询

余额表工具用于查询统计各级科目的借贷方期初余额、本期发生额、累计发生额、期末余额等。企业实现计算机记账后,余额表事实上已经取代了总账的职能,因此查询余额表实际上就是查询总账。查询结果可以存储到工作底稿中。

【例6.1】查看abc公司各月银行存款余额,要求只显示期初余额、本期发生额、期末余额,并按期末余额从低到高排序。

操作步骤如下:

①执行"账证查询"菜单下的"余额表查询"命令,或单击工具栏上的"余额"按钮,打开"科目余额表"对话框,如图6.12所示。

科目编号	科目名称	月份	年初借方	年初贷方	期初借方	期初贷方	发生额借方	发生额贷方	本年累计借方	本年累计贷方
101	现金	200512	5,004.92		17,182.23		30,000.00	46,763.84	648,660.31	653,236.8
102	银行存款	200512	560,494.80		918,080.69		2,000,162.85	1,830,615.73	17,573,385.39	17,046,252.3
112	应收票据	200512			70,000.00				670,000.00	600,000.0
113	应收账款	200512	1,073,874.30		133,560.03		2,327,319.58	257,789.31	23,780,395.53	22,651,179.5
114	坏账准备	200512		3,221.62		5,682.45				2,460.8
115	预付货款	200512			600,000.00			600,000.00	600,000.00	600,000.0
119	其他应收款	200512	20,175.73		73,046.00		4,500.00		93,645.00	36,274.7
123	原材料	200512	629,608.40			1,259,931.16	259,023.27	872,696.15	8,754,446.89	8,737,797.0
137	产成品	200512	1,068,597.56				962,776.21	962,776.21	10,549,806.79	11,618,404.3
139	待摊费用	200512	2,086.84				30,023.17		30,023.17	2,086.8
161	固定资产	200512	4,110,716.87		4,157,576.87		71,645.40		118,505.40	
165	累计折旧	200512		466,243.97		1,127,158.38		60,487.55		721,401.9
169	在建工程	200512			57,345.40			57,345.40	57,345.40	57,345.4
171	无形资产	200512	760,191.65		608,153.28			13,821.67		165,860.0
181	递延资产	200512	49,143.24		36,571.67			1,142.87		13,714.4
203	应付账款	200512	924,071.34		6,422.33		1,496,248.20	1,365,567.91	7,342,127.36	8,129,096.0
206	预收账款	200512		4,350,633.00		351,058.10		1,774,231.90	15,364,922.71	13,139,579.7
209	其他应付款	200512		497.38		497.38				470,236.5
211	应付工资	200512		108,921.39		183,594.95	164,610.77	169,492.17	809,547.87	889,102.8
221	应交税金	200512		39,372.07		44,404.64	2,715,701.79	2,737,295.06	5,121,216.60	5,147,842.4
229	其他应交款	200512		389.25		444.05	446.04	659.98	11,939.96	12,210.6
合计			11,296,577.69	11,296,577.69	10,119,670.93	10,119,670.93	31,363,180.00	31,363,180.00	163,832,047.96	163,832,047.9

图6.12 "科目余额表"对话框

②在"科目"文本框中输入科目编号"102",以指定银行存款科目;选中"全部"复选框,以显示全年所有月份。

③单击"调整显示"按钮,打开"调整显示"对话框,如图6.13所示。

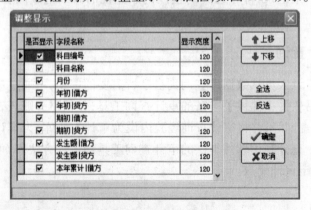

图6.13 "调整显示"对话框

在“调整显示”对话框中,在以下字段名称前打上对钩:月份、期初借方、借方发生额、贷方发生额、期末借方。去掉其他字段(科目编号、科目名称、年初借方、年初贷方、期初贷方、本年借累计、本年贷累计、期末贷方)前的对钩。单击“确定”按钮,返回“科目余额表”对话框。

④单击列表标题行的字段名称“期末借方”或在列中单击右键,在弹出的快捷菜单中执行“排序”→“升序”命令,数据按“期末借方”排序,显示银行存款按“期末余额”的结果,如图 6.14 所示。此时如果单击“刷新”按钮,则会按照月份的顺序正常显示。

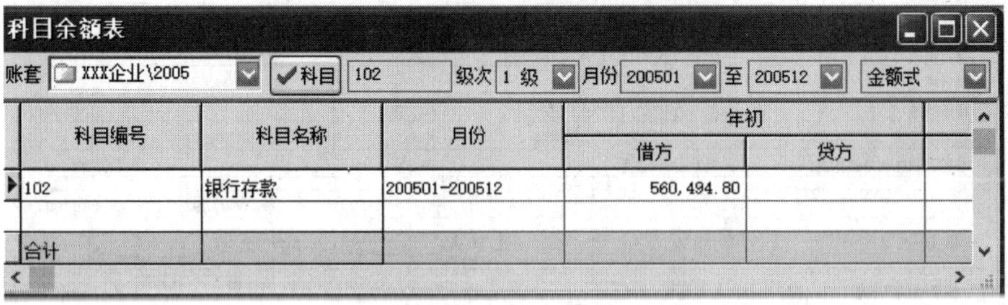

科目编号	科目名称	月份	年初 借方	年初 贷方
102	银行存款	200501-200512	560,494.80	
合计				

图 6.14　科目余额表查询结果

⑤在作为审计疑点的记录上单击右键,在弹出的快捷菜单中执行“发送至底稿”命令,并根据情况对发送至底稿的信息进行保存。

(2)现金日记账

现金日记账是登记现金收支业务的明细序时账,其特征为日清月结,能查询现金的日流量情况。

点击“账证查询”→“现金日记账”,图 6.15 所示现金日记账的窗口。其中,窗口上方的下拉按钮可以选择具体明细科目,如图 6.15 所示。

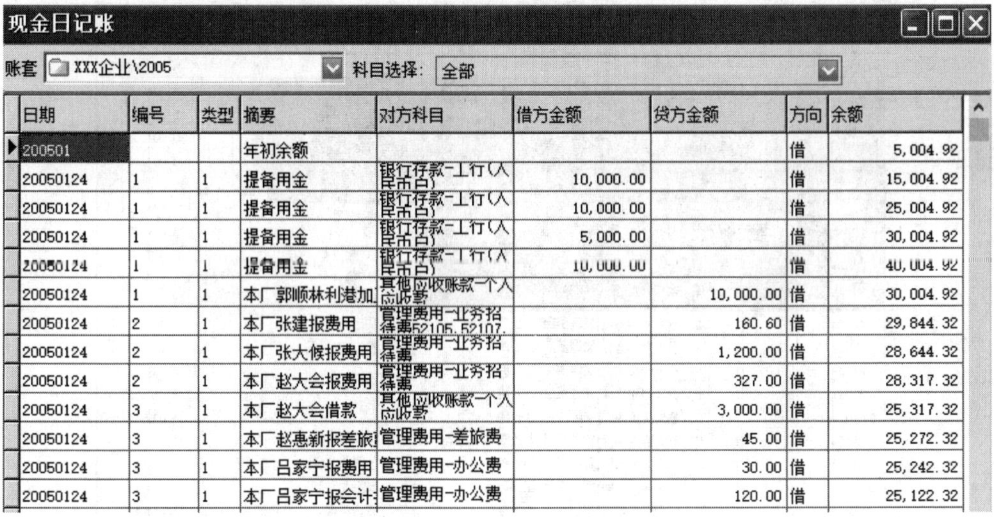

日期	编号	类型	摘要	对方科目	借方金额	贷方金额	方向	余额
200501			年初余额				借	5,004.92
20050124	1	1	提备用金	银行存款-工行(人民币户)	10,000.00		借	15,004.92
20050124	1	1	提备用金	银行存款-工行(人民币户)	10,000.00		借	25,004.92
20050124	1	1	提备用金	银行存款-工行(人民币户)	5,000.00		借	30,004.92
20050124	1	1	提备用金	银行存款-工行(人民币户)	10,000.00		借	40,004.92
20050124	1	1	本厂郭顺林利港加	其他应收账款-个人应收款		10,000.00	借	30,004.92
20050124	2	1	本厂张建报费用	管理费用-业务招待费52105.52107.		160.60	借	29,844.32
20050124	2	1	本厂张大候报费用	管理费用-业务招待费		1,200.00	借	28,644.32
20050124	2	1	本厂赵大会报费用	管理费用-业务招待费		327.00	借	28,317.32
20050124	3	1	本厂赵大会借款	其他应收账款-个人应收款		3,000.00	借	25,317.32
20050124	3	1	本厂赵惠新报差旅	管理费用-差旅费		45.00	借	25,272.32
20050124	3	1	本厂吕家宁报费用	管理费用-办公费		30.00	借	25,242.32
20050124	3	1	本厂吕家宁报会计	管理费用-办公费		120.00	借	25,122.32

图 6.15　现金日记账

双击某一行的任何一处,可以进一步打开该行记录的具体凭证查询窗口,如图 6.16 所示。

图 6.16　凭证查询窗口

可以选定一定的现金日记账范围,右键进行单击,在弹出的快捷菜单中实现更多操作。例如:对选定范围进行排序、区域求和、分类汇总;复制、输出打印;将该选定范围另存到中间库,或是发送到工作底稿、制作成图形(有饼图、线图、柱图)等,如图 6.17 所示。

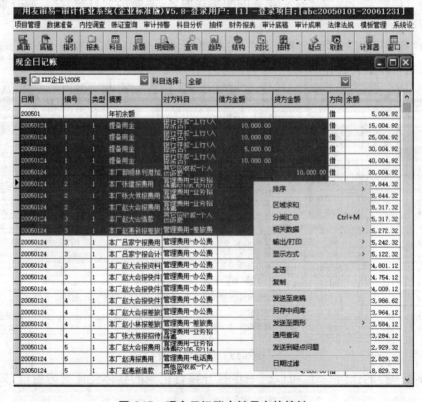

图 6.17　现金日记账右键另存快捷键

除现金日记账的查询功能外，同时设有银行存款日记账、科目日记账查询。其功能类似现金日记账。

点击“结账日重算”可以设置结账日。

(3) 银行日记账

请参见现金日记账的操作说明。银行日记账如图 6.18 所示。

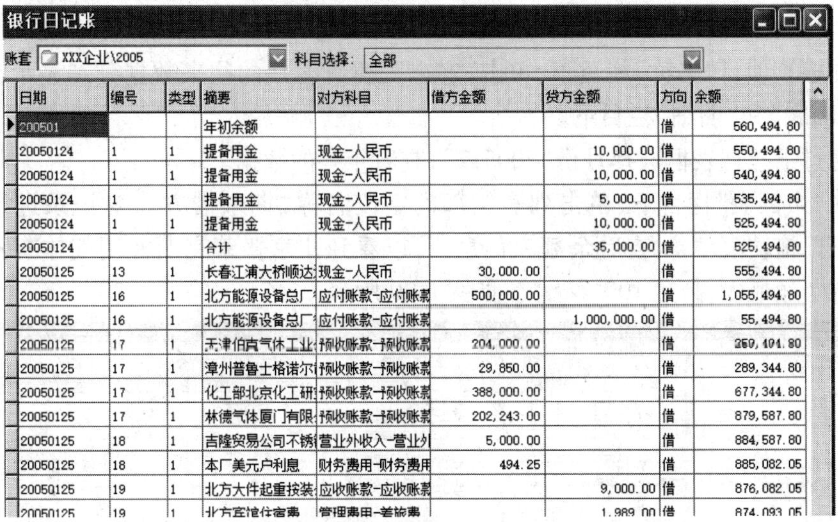
银行日记账

账套 XXX企业\2005　科目选择：全部

日期	编号	类型	摘要	对方科目	借方金额	贷方金额	方向	余额
200501			年初余额				借	560,494.80
20050124	1	1	提备用金	现金-人民币		10,000.00	借	550,494.80
20050124	1	1	提备用金	现金-人民币		10,000.00	借	540,494.80
20050124	1	1	提备用金	现金-人民币		5,000.00	借	535,494.80
20050124	1	1	提备用金	现金-人民币		10,000.00	借	525,494.80
20050124			合计			35,000.00	借	525,494.80
20050125	13	1	长春江浦大桥顺达	现金-人民币	30,000.00		借	555,494.80
20050125	16	1	北方能源设备总厂	应付账款-应付账款	500,000.00		借	1,055,494.80
20050125	16	1	北方能源设备总厂	应付账款-应付账款		1,000,000.00	借	55,494.80
20050125	17	1	天津伯克气体工业	预收账款-预收账款	204,000.00		借	259,494.80
20050125	17	1	漳州普鲁士格诺尔	预收账款-预收账款	29,850.00		借	289,344.80
20050125	17	1	化工部北京化工研	预收账款-预收账款	388,000.00		借	677,344.80
20050125	17	1	林德气体厦门有限	预收账款-预收账款	202,243.00		借	879,587.80
20050125	18	1	吉隆贸易公司不锈	营业外收入-营业外	5,000.00		借	884,587.80
20050125	18	1	本厂美元户利息	财务费用-财务费用	494.25		借	885,082.05
20050125	19	1	北方大件起重按装	应收账款-应收账款		9,000.00	借	876,082.05
20050125	19	1	北方宾馆住宿费	管理费用-差旅费		1,989.00	借	874,093.05

图 6.18　银行日记账

(4) 多栏账

有时用户可能需将会计科目的明细账和一级科目和末级科目在一个窗口中显示，多栏账如图 6.19 所示。这样的账面显示方式形成多个栏次，名为多栏账，具体应用类于明细账，在此不再重述。

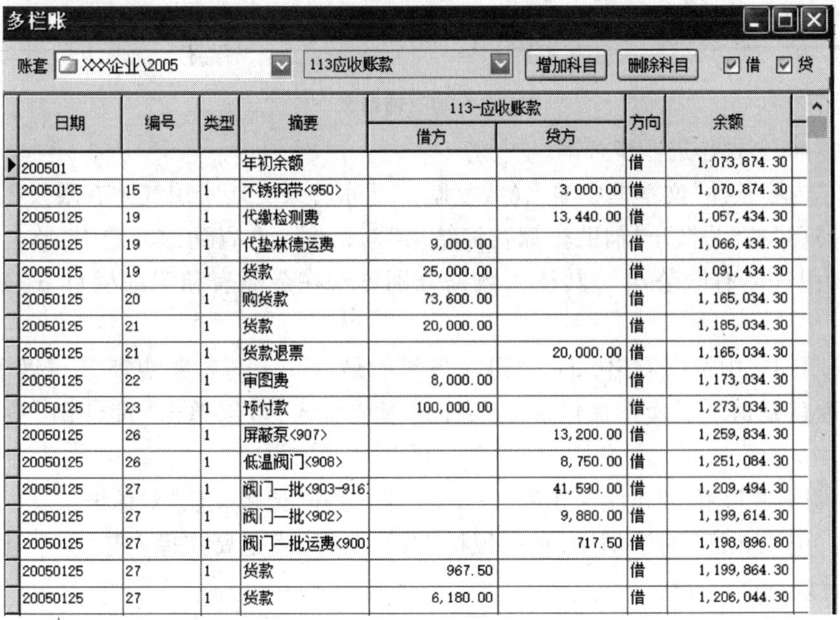
多栏账

账套 XXX企业\2005　113应收账款　增加科目　删除科目　☑借　☑贷

日期	编号	类型	摘要	113-应收账款 借方	113-应收账款 贷方	方向	余额
200501			年初余额			借	1,073,874.30
20050125	15	1	不锈钢带<950>		3,000.00	借	1,070,874.30
20050125	19	1	代缴检测费		13,440.00	借	1,057,434.30
20050125	19	1	代垫林德运费	9,000.00		借	1,066,434.30
20050125	19	1	货款	25,000.00		借	1,091,434.30
20050125	20	1	购货款	73,600.00		借	1,165,034.30
20050125	21	1	货款	20,000.00		借	1,185,034.30
20050125	21	1	货款退票		20,000.00	借	1,165,034.30
20050125	22	1	审图费	8,000.00		借	1,173,034.30
20050125	23	1	预付款	100,000.00		借	1,273,034.30
20050125	26	1	屏蔽泵<907>		13,200.00	借	1,259,834.30
20050125	26	1	低温阀门<908>		8,750.00	借	1,251,084.30
20050125	27	1	阀门一批<903-916		41,590.00	借	1,209,494.30
20050125	27	1	阀门一批<902>		9,880.00	借	1,199,614.30
20050125	27	1	阀门一批运费<900		717.50	借	1,198,896.80
20050125	27	1	货款	967.50		借	1,199,864.30
20050125	27	1	货款	6,180.00		借	1,206,044.30

图 6.19　多栏账

(5) 辅助账

利用辅助账工具可以按客户、供应商、个人、部门、项目等核算类型,快速查找并检查辅助账信息,对有疑点的记录可以给相关单位或个人开具询证函。

【例6.2】利用辅助账工具,查询 abc 公司年末欠款余额最大的客户及其原因。操作步骤如下:

①执行"账证查询"菜单下的"辅助账"→"辅助账项目"命令,打开辅助账对话框。

②在核算项目"名称"栏目下,单击"客户",所有客户的往来数据分别显示在窗口右侧的"余额表"和"明细"栏目下。

③通过下拉列表框选择月份"200512",查看年终的数据。

④在"余额表"栏目下,单击列表头部的字段名称"期末借方",对记录进行降序排序。用鼠标拖动滚动条,查看余额表信息,可以看到北京普莱克斯实用气体有限公司的期末借方余额最大,高达100多万元,如图6.20所示。

图6.20 辅助账

下面对该公司作进一步查询。

⑤在"内容条件"文本框中输入(或复制)"北京普莱克斯实用气体有限公司"。单击"查找并另存"按钮,打开"辅助核算查询结果"对话框。在查到的客户中,单击"北京普莱克斯实用气体有限公司",其往来数据分别显示在余额表和明细栏目下,如图6.21所示。

⑥从明细账中可以看出,abc 公司在当年的最后一天与普莱克斯公司做了一笔交易,其欠款就是这笔买卖形成的。如果怀疑虚增收入,可以单击"询证函"按钮,发函求证。

⑦在明细栏目下,双击结果中的任一行记录,打开"记账凭证"对话框。

⑧在"记账凭证"对话框中,单击鼠标右键,执行"发送疑点库"或"发送至底稿"命令,对审计疑点进行存储。

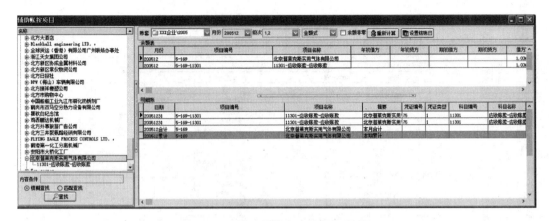

图 6.21 "辅助核算查询结果"对话框

2）科目查询

科目查询使审计人员在审计过程中，可以随时浏览科目的编号、名称、类别、余额方向，以及每个科目的年初借方余额、年初贷方余额、本年借方累计、本年贷方累计、期末借方余额、期末贷方余额等总账信息。

【例 6.3】使用科目查询工具，导出并查看 abc 公司的总账数据。

操作步骤如下：

①单击工具栏上的"科目"按钮，打开"科目查询"对话框，如图 6.22 所示。

科目名称	类别	方向	年初借方	年初贷方	本年借累	本年贷累	期末借方	期末贷方
101-现金		借	5,004.92	0.00	648,660.31	653,236.84	428.39	0.00
102-银行存款		借	560,494.80	0.00	17,573,385.39	17,046,252.38	1,087,627.81	0.00
112-应收票据		借	0.00	0.00	670,000.00	600,000.00	70,000.00	0.00
113-应收账款		借	1,073,874.30	0.00	23,780,395.53	22,651,179.53	2,203,090.30	0.00
114-坏账准备		借	0.00	3,221.62	0.00	2,460.83	0.00	5,682.45
115-预付货款		借	0.00	0.00	600,000.00	600,000.00	0.00	0.00
119-其他应收款		借	20,175.73	0.00	93,645.00	36,274.73	77,546.00	0.00
123-原材料		借	629,606.40	0.00	8,754,446.89	8,737,797.01	646,256.28	0.00
314			11,296,577.69	11,296,577.69	163,832,047.96	163,832,047.96	11,827,706.16	1,827,706.16

全部展开　全部收缩　导出　☑树状　☐无经济业务发生不显示　　　　关闭

图 6.22 "科目查询"对话框

②切换到"高级"选项卡，单击"导出"按钮，在打开的"导出科目库"对话框中，在"打头科目编号"文本框中输入"1,2,3,4,5"，在"科目级次"文本框中输入"1,2,3"，选中"导出数据"复选框，单击"确定"按钮，打开"另存为"对话框。

③在"另存为"对话框中选择保存路径，输入文件名"科目查询.xls"，单击"保存"按钮，即成功导出总账数据。

④用 Excel 程序打开导出的文件（如"科目查询.xls"），可以详细查看总账数据。

3）分类明细账

在信息化环境下，查阅电子账要比翻看手工账方便得多。通过鼠标的点击就可以实现从总账到分类账、到明细账、再到记账凭证的"三级跳"，进行穿透式查账。

单击工具栏上的"明细账"按钮，打开"分类明细账"对话框，如图 6.23 所示。

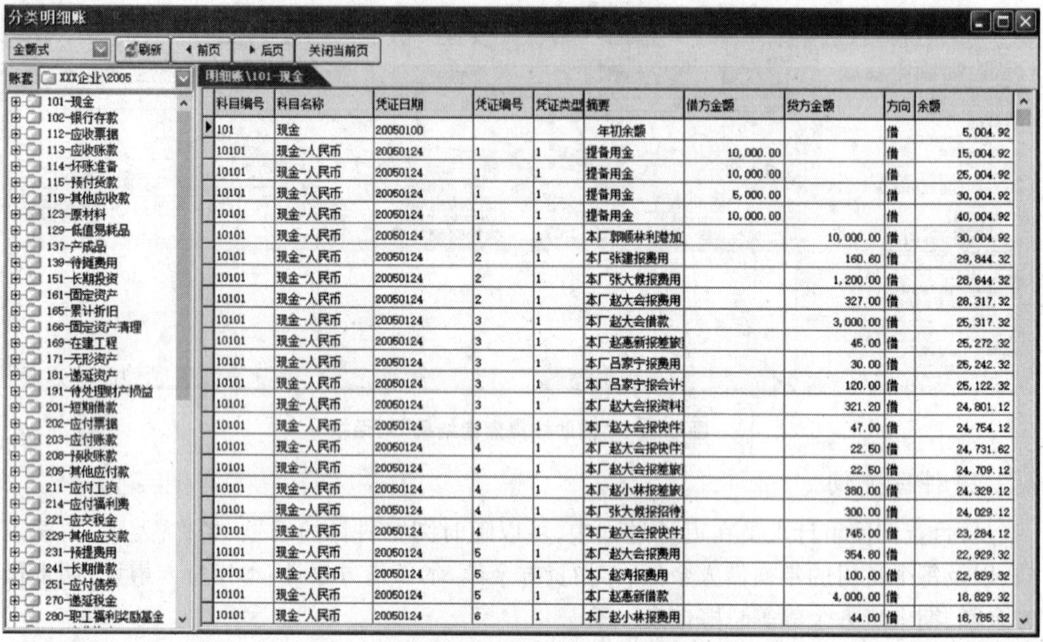

分类明细账

金额式　刷新　前页　后页　关闭当前页

账套 XXX企业\2005　明细账\101-现金

左侧科目列表：
- 101-现金
- 102-银行存款
- 112-应收票据
- 113-应收账款
- 114-坏账准备
- 115-预付货款
- 119-其他应收款
- 123-原材料
- 129-低值易耗品
- 137-产成品
- 139-待摊费用
- 151-长期投资
- 161-固定资产
- 165-累计折旧
- 166-固定资产清理
- 169-在建工程
- 171-无形资产
- 181-递延资产
- 191-待处理财产损益
- 201-短期借款
- 202-应付票据
- 203-预收账款
- 208-其他应付款
- 209-其他应付款
- 211-应付工资
- 214-应付福利费
- 221-应交税金
- 229-其他应交金
- 231-预提费用
- 241-长期借款
- 251-应付债券
- 270-递延税金
- 280-职工福利奖励基金

科目编号	科目名称	凭证日期	凭证编号	凭证类型	摘要	借方金额	贷方金额	方向	余额
101	现金	20050100			年初余额			借	5,004.92
10101	现金-人民币	20050124	1	1	提备用金	10,000.00		借	15,004.92
10101	现金-人民币	20050124	1	1	提备用金	10,000.00		借	25,004.92
10101	现金-人民币	20050124	1	1	提备用金	5,000.00		借	30,004.92
10101	现金-人民币	20050124	1	1	提备用金	10,000.00		借	40,004.92
10101	现金-人民币	20050124	1	1	本厂郭顺林利港加		10,000.00	借	30,004.92
10101	现金-人民币	20050124	2	1	本厂张建报费用		160.60	借	29,844.32
10101	现金-人民币	20050124	2	1	本厂张大娥报费用		1,200.00	借	28,644.32
10101	现金-人民币	20050124	2	1	本厂赵大会报费用		327.00	借	28,317.32
10101	现金-人民币	20050124	3	1	本厂赵大会借款		3,000.00	借	25,317.32
10101	现金-人民币	20050124	3	1	本厂赵惠利报差旅		45.00	借	25,272.32
10101	现金-人民币	20050124	3	1	本厂吕豪宁报费用		30.00	借	25,242.32
10101	现金-人民币	20050124	3	1	本厂吕豪宁报会计		120.00	借	25,122.32
10101	现金-人民币	20050124	3	1	本厂赵大会报资料		321.20	借	24,801.12
10101	现金-人民币	20050124	3	1	本厂赵大会报快件		47.00	借	24,754.12
10101	现金-人民币	20050124	4	1	本厂赵大会报快件		22.50	借	24,731.62
10101	现金-人民币	20050124	4	1	本厂赵大会报差旅		22.50	借	24,709.12
10101	现金-人民币	20050124	4	1	本厂小林报差旅		380.00	借	24,329.12
10101	现金-人民币	20050124	4	1	本厂张大娥报招待		300.00	借	24,029.12
10101	现金-人民币	20050124	4	1	本厂赵大会报快件		745.00	借	23,284.12
10101	现金-人民币	20050124	5	1	本厂赵大会报费用		354.80	借	22,929.32
10101	现金-人民币	20050124	5	1	本厂赵海报费用		100.00	借	22,829.32
10101	现金-人民币	20050124	5	1	本厂赵惠新借款		4,000.00	借	18,829.32
10101	现金-人民币	20050124	6	1	本厂小林报费用		44.00	借	18,785.32

图 6.23　"分类明细账"对话框

在"查账"对话框中，除上下两行操作按钮之外，中间分成左右两个工作区。左侧是"数据库列表区"，用于选择要查看的电子账簿，其内容显示在右侧的"账簿查看区"，用不同的选项卡，列表显示不同账簿的内容。

当选项卡很多时，可以利用"前页""后页""关闭库表"按钮翻看或关闭选项卡。其中"分类账"选项卡在打开"查账"对话框时自动创建，不能关闭。

"级次"下拉列表框用于决定会计科目的显示级别。假设会计科目编码方式为"3-5-7"，如果只想查看总账科目应该选择"级次"为3；如果只想查看总账科目和二级科目，不显示三级科目，则需要选择"级次"为5。打开"查账"对话框时，系统默认显示所有级别的科目。单击"按科目查询"按钮可打开"科目查询"对话框，可以从中选择会计科目；单击"标准格式刷新"按钮，可对分类账及明细账进行标准格式刷新，生成标准账簿。

查账结果可以按字段标题排序，双击疑点分录，可以打开"记账凭证"对话框，通过鼠标右键菜单可以作进一步处理，如发送到工作底稿等。

除可从分类账开始查账之外，还可以从凭证库、中间库等财务数据库开始翻账。在使用余额表、图形分析等工具时，双击数据记录或数据点可以直接调用查账工具。

【例6.4】使用分类明细账工具，在 abc 公司的电子账簿中，找到其他应收款当月发生额比较大的凭证记录和记账凭证。

操作步骤如下：

①单击工具栏上的"明细账"按钮，打开"分类明细账"对话框。

②单击"关闭库表"按钮，关闭所有已打开的选项卡，在"明细账"选项卡中，找到"119-其他应收款"科目，如图 6.24 所示。

图 6.24　明细账

③双击"119-其他应收款"科目所在行,打开"明细账\119-其他应收款"选项卡,如图 6.25 所示。

图 6.25　明细账-其他应收款

④通过查看,找到借方发生额本期合计最大的金额是 28 635.00 元,月份是 2005 年 9 月。在该行双击,打开"明细账\119-其他应收款"选项卡,如图 6.26 所示。

⑤通过查看发现,2005 年 9 月发生一笔个人应收款,"本厂张晖借款"高达 2 000.00 元,凭证编号为"17"。在该行双击,打开"记账凭证"对话框,如图 6.27 所示。

图 6.26 明细账-其他应收款金额

图 6.27 记账凭证

⑥在"记账凭证"对话框中,双击对方科目(现金→人民币),可以直接进入对方科目明细账并定位到相应的记录,进行追踪审查。

4)综合查询

综合查询是审易软件的一个重要审计工具,通过设置组合条件,可以对不同审计项目、不同数据库(凭证库、科目库、年初数、分类账、明细账等)反复进行深度查询,直至抽查凭证,以实现查找审计线索,确定审计疑点。

(1)综合查询界面

单击工具栏上的"查询"按钮,打开"查询"对话框,典型的操作界面如图 6.28 所示。

综合查询窗口分左、中、右 3 个工作区,利用区和区之间的控制条可以收缩或展现工作区。

左侧工作区为"项目列表区",当要对多个审计项目进行查询时可以快速地选择其中一个项目,系统默认针对当前打开的项目进行查询操作。该区顶端的"快捷功能组"按钮有"科目库""余额表""查账"3 个下拉菜单项,分别用于打开"科目表""余额表""查账"对话框以便协助查询工作。

图 6.28　综合查询

中间工作区为"数据库列表区",用于选择被查询的数据库。利用鼠标右键菜单可以根据所选择的项目刷新数据库列表或删除不准备查询的数据库。

右侧工作区为"查询区",是实施审计查询的主体,包含 4 个子区:查询结果区、查询控制区、查询条件区、字段列表区。

"查询结果区"位于"查询"对话框的右上部,用不同的选项卡显示多次查询的列表。当选项卡较多时,可利用鼠标右键菜单翻看或关闭选项卡。其中,最左侧的选项卡显示被查询数据库的原始内容,不能关闭。

"查询控制区"位于"查询"对话框的右中部,用于执行查询或控制查询结果的显示方式,由有关按钮和复选框构成。

"查询条件区"位于"查询"对话框"查询区"的左下角,用于构造查询条件。

"字段列表区"位于"查询"对话框"查询区"的右下角,显示当前数据库的有关字段,双击字段名称可以显示到"查询条件区",以便构造查询条件。

(2)构造查询条件

在"查询"对话框"查询区"的左下角是"查询条件区"用于构造查询条件,如图 6.29 所示。

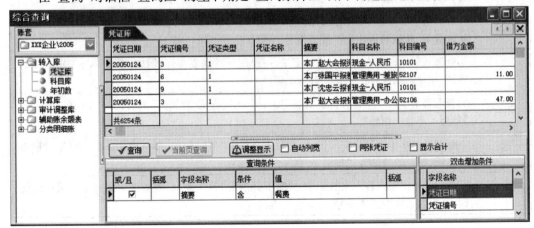

图 6.29　构造查询条件

查询条件采用列表的方式进行构造。每个单项条件占一行,由字段名称、条件(运算符)、值构成。

字段名称从"字段列表区"选择,在字段名称栏目下的方格内单击,展开的下拉菜单中包括当前数据库全部的字段名称,也可以直接选择字段名称。

"值"的内容一般直接输入,也可以利用鼠标右键菜单"科目浏览",在打开的"科目查询"窗口中选择科目编号作为"值",或利用鼠标右键菜单"调入疑点字词",在打开的"调入疑点字词"窗口中选择疑点字词作为"值"。

在"条件"栏目下的方格内单击,展开的下拉菜单中包括审易软件既定的运算符:=、>、>=、<、<=、<>、长度、区间、月份、级次、象、不象、含、不含、空、不空等供选择使用。各种运算符的含义见表6.1。

表6.1　审易软件查询条件运算符

条　件	含　义
=	表示指定字段的内容与值完全相等,例如,要查询产品销售收入总账科目,则相应的查询条件为"科目编号=501"
>、>=、<、<=、<>	分别是大于、大于或等于、小于、小于或等于、不等于,一般用于数值型字段的查询,如借方金额、贷方金额等
长度	用于限定某一字段内容的字符或汉字数,例如,要查询摘要只有两个字的凭证,查询条件为"摘要　长度2";而条件"科目编号　长度　7",则意味着只查询科目编号是7位的记录
区间	用于限定某一字段内容的范围,一般用于数值型字段,下限和上限之间用减号(-)连接,例如,要查询2005年2季度的凭证,相应的条件为"凭证日期区间200504~200507",其含义是:200504<=凭证日期<200507
月份	查询指定月份的记录,例如,要查询12月的凭证,相应的条件为:"凭证日期月份12"
级次	查询指定科目级次的记录,例如,要查询三级明细科目的凭证,相应的条件为:"科目编号 级次 3"
象	查询某字段内容以指定的值开头的记录,例如,要查询损益类科目的凭证,相应的条件为:"科目编号 象 115"
不象	查询某字段内容不以指定的值开头的记录,例如,要查询凭证编号的前两个字符不是"0\"的凭证,相应的条件为:"凭证编号 不象0\"
含	查询某字段内容含有指定值的记录,一般用于对摘要查询,例如,要查询与工资有关的凭证,相应的条件为:"摘要 含 工资"
不含	查询某字段内容不含有指定值的记录,例如,要查询与结转无关的凭证,相应的条件为:"摘要 不含 结转"
空	查询某一字段内容为空的记录,此时不必指定"值",例如,要查询凭证中没有记录摘要的凭证,相应的条件为:"摘要 空"
不空	查询某一字段内容不空的记录,此时不必指定"值",例如,要查询记载有支票号码的凭证,相应的条件为:"支票号 不空"

　　构造复合查询条件时,需要指定各单项条件之间的逻辑运算关系。审易软件为综合查询工具设计了两种逻辑运算符:"逻辑与"和"逻辑或"。在查询条件列表的"且/或"栏目下,当在方格内单击为复选框打上对钩(√)时,意味着本行的单项条件和上一行的单项条件是"逻辑与"的关系;取消对钩(√)时,则是"逻辑或"的关系。

　　单项条件之间按照从前到后的顺序决定优先级,如果要改变优先级则需要加括号。括号以"("开始,以")"结束;括号内的条件,其优先级最高。在查询条件列表的"括弧"栏目下,在方格内单击可以加上或取消括号。

　　【例6.5】使用查询工具查看abc公司与"手机"字段有关的凭证。

　　操作步骤如下:

　　①单击工具栏上的"查询"按钮,打开"查询"对话框。

　　②选择要查询的数据库。在数据库列表区中,展开"转入库",找到并单击"凭证库",在"凭证库"选项卡中列表显示所有的凭证。

　　③构造查询条件。在查询条件列表中单击鼠标右键,在弹出的鼠标右键菜单中选择"全清条件"单击;在字段列表中找到并单击"摘要",使之出现在条件列表中的"字段名称"栏目里;在"条件"栏目下单击,从下拉列表中选择运算符"含";在"值"栏目下直接输入"手机",这样就构造了一项查询条件:"摘要　含　手机"。

　　④执行查询。单击"查询"按钮,所有满足条件的记录显示在"凭证库(1次查询)"选项卡中,如图6.30所示。

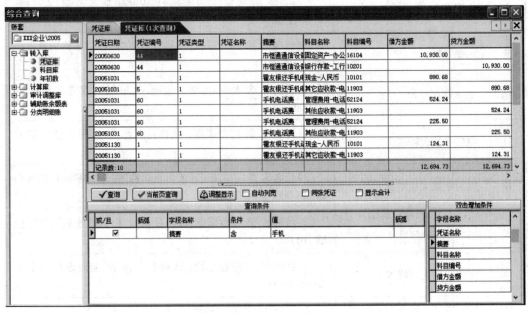

图6.30　与"手机"字段有关的凭证

　　⑤从查询结果可以看出,与手机有关的记账凭证共有4张,计10条记录。除与手机话费有关的凭证外,有1张凭证载明所购手机入了固定资产,金额高达1万余元,可以作为审计疑点进一步查证。

（3）审计方法

所谓审计方法实际上是各种综合查询条件，是审计经验的凝结。审易软件预置的审计方法库中有 21 种审计方法供审计时使用。各审计方法对应的查询条件见表 6.2。

表 6.2　审易软件预置的审计方法库

序号	审计方法	查询条件
1	大于 1 万元的现金收入	科目名称 象 现金;借方金额>10 000
2	银行存款大于 1 万元的支出	科目名称 象 银行存款;贷方金额>10 000
3	银行存款大于 10 万元的支出	科目名称 象 银行存款;贷方金额>100 000
4	大额材料支出抽查	科目名称 含 原材料;贷方金额>= 10 000
5	大额成本费用检查	（科目名称 含 成本;或科目名称 含 费用）;科目名称 不含 利润;借方金额>10 000
6	大额其他应收款	（科目名称 象 其他应收款;或科目名称 象 其他应收款）;借方金额>= 10 000
7	大额收入发生检查	科目名称 含 收入;科目名称 不含 利润;贷方金额>10 000
8	大额现金	科目名称 象 现金;贷方金额>= 10 000;摘要 不含 工资;摘要 不含 交银行
9	大额预付	（科目名称 象 预付账款;或科目名称 象 预付账款）;贷方金额>= 100 000
10	大宗材料收支	（科目名称 含 材料;（借方金额>= 30 000;或贷方金额>= 30 000）
11	应付账款大额减少	（科目名称 象 应付账款;或科目名称 象 应付账款）;借方金额>10 000
12	应付账款大额增加	（科目名称 象 应付账款;或科目名称 象 应付账款）;贷方金额>10 000
13	应收账款大额减少	（科目名称 象 应收账款;或科目名称 象 应收账款）;贷方金额>10 000
14	应收账款大额增加	（科目名称 象 应收账款;或科目名称 象 应收账款）;借方金额>10 000
15	固定资产入账查询	借方金额>= 2 000;摘要 含 购
16	折旧费检查	科目名称 象 累计折旧;贷方金额<>0
17	借方金额 PPS 抽样	借方金额 PPS 风险 = 2.5%,误差 = 1%
18	贷方金额 PPS 抽样	贷方金额 PPS 风险 = 2.5%,误差 = 1%

序号	审计方法	查询条件
19	经营支出PPS	科目名称 象 经营支出;摘要 不含 工资;借方金额 PS 风险=2.5%,误差=1%
20	PPS事业支出	科目名称 象 事业支出;摘要 不含 工资;借方金额 PPS 风险=5%,误差=5%
21	专款PPS	科目名称 象 专项支出;借方金额 PPS 风险=5%,误差=5%

审易软件预置的审计方法库中,部分审计方法的敏感时间、敏感科目、敏感数字、敏感事项见表 6.3。

表 6.3 部分预置审计方法的敏感事件

审计方法	敏感时间	敏感科目	敏感数字	敏感事项
大于1万元的现金收入	全年	现金	10 000	大于1万元的现金收入
银行存款大于1万元的支出	全年	银行存款	10 000	银行存款大于1万元的支出
银行存款大于10万元的支出	全年	银行存款	100 000	银行存款大于10万元的支出
应付账款大额减少	全年	应付账款	10 000	借方金额大于10 000
应付账款大额增加	全年	应付账款	10 000	贷方金额大于10 000
应收账款大额减少	全年	应收账款	10 000	贷方金额大于10 000
应收账款大额增加	全年	应收账款	10 000	借方金额大于10 000
借方金额PPS抽样	全年	所有科目		抽样总比75%
贷方金额PPS抽样	全年	所有科目		抽样总比69%

利用查询条件列表区的鼠标右键菜单"调入审计方法",可以从审计方法库中调用已有的审计方法,并执行查询。

审计方法库是开放的,利用查询条件列表的鼠标右键菜单"存入审计方法库",可以把有重复使用价值的查询条件保存到审计方法库中,以备快速调用。在"存入审计方法库"对话框中,需要定义审计方法的名称,还可以输入该方法对应的敏感时间、敏感科目、敏感数字、敏感事项,从不同的角度体现审计人员的审计经验。

【例6.6】使用查询工具调用审计方法库,检查大额成本与费用。

操作步骤如下:

①单击工具栏上的"查询"按钮,打开"查询"对话框。

②在查询条件列表中单击鼠标右键,在弹出的快捷键菜单中单击"调入审计方法",打开"调入审计方法"对话框,如图 6.31 所示。

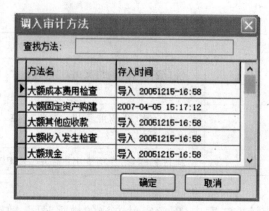

图 6.31　调入审计方法

　　③在"调入审计方法"对话框中选择"大额成本费用检查",然后单击"确定"按钮即调入相应的查询条件。

　　④单击"查询"按钮,科目名称中含有"成本"或"费用",但不含"利润"并且借方金额大于 10 000 的所有记录,显示在"凭证库(1 次查询)"选项卡中,查询结果共有 204 条记录。

　　⑤在查询条件列表中单击鼠标右键,在弹出的快捷菜单中单击"全清条件";重新从审计方法库中调用查询条件构造查询条件,使得"摘要"字段不含"结转""计提"或"本月";单击"当前页查询"按钮,则基于第 1 次查询结果所执行的第 2 次查询结果,显示在"凭证库(2 次查询)"选项卡中,只有 5 076 条记录。单击标题"借方金额",按从大到小的顺序排列查询结果,如图 6.32 所示。

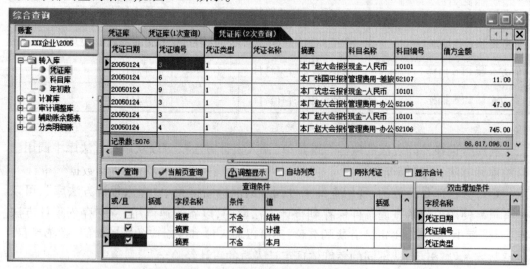

图 6.32　查询结果

　　⑥在查询结果中双击,查看有关凭证,可以看到比较大的一笔生产成本来源于原材料(配件库),达 52 万多元。比较大的一笔费用是外加工费,达 31 万多元。

（4）执行批量查询

审计方法库除了在综合查询中调用之外,还可对其进行维护和利用。单击工具栏上的"方法"按钮,打开"从审计方法库调入审计方法"对话框,如图 6.33 所示。

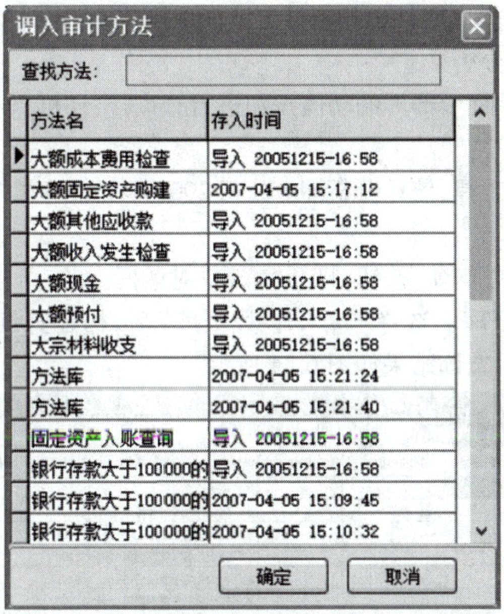

图 6.33　"从审计方法库调入审计方法"对话框

"从审计方法库调入审计方法"对话框分上、中、下 3 个工作区,上部是功能按钮区、中部是"需执行审计方法"区、下部"库存审计方法"区。

"需执行审计方法"和"库存审计方法"两个列表的内容包括审计方法的名称、敏感时间、敏感科目、敏感数字、敏感事项以及该方法存入到方法库的时间。除名称之外,其他内容是否显示由"详细信息"复选框控制。

在"库存审计方法"列表中双击,即选中相应的审计方法,并放入"需执行审计方法"列表中。单击"执行"按钮,则按"需执行审计方法"列表中的当前审计方法进行查询。如果没有选择"单条执行"单选钮,而是选择了"批量执行"单选钮,则"需执行审计方法"列表中的所有审计方法均被执行一遍。每一种方法的查询结果显示在各自的窗口里,窗口的标题中会显示方法的名称、查询时间以及敏感事件。对于没有查询出数据的审计方法,系统会询问"是否显示空白窗口"提示信息。

执行查询之前如果选中了"同张凭证"复选框,则查询结果中不同的凭证之间将用蓝线分隔。

"全选"按钮把"库存审计方法"全部选入到"需执行审计方法"列表中。"全清"按钮删除"需执行审计方法"列表中的所有方法;也可以利用鼠标右键菜单"删除"逐条删除"需执行审计方法"列表中的审计方法。

在"库存审计方法"列表中单击鼠标右键,利用鼠标右键菜单"重命名"可以为审计方法改一个更适合的名称。单击鼠标右键菜单"编辑方法"则打开"审计方法设置"对话框,可以删除审计方法或重新定义查询条件。要增加新的审计方法,必须到"查询"对话框中,使用鼠标右键菜单"存入审计方法库"。

审计方法库的导入和导出功能为审计人员之间共享审计经验提供了方便。"导出"按钮把"库存审计方法"列表中的审计方法存储为独立的 Access 数据库文件(.mdb),"导入"按钮则把 Access 数据库文件中的审计方法读取到"库存审计方法"列表中。

(5)查询结果统计分析

除使用"查询"对话框中部署的功能按钮进行查询外,还可以利用鼠标右键菜单对查询结果进行深入处理。

【例 6.7】使用查询工具,统计分析 abc 公司 2005 年凭证库情况。

操作步骤如下:

①单击工具栏上的"查询"按钮,打开"查询"对话框。

②按年度查询凭证库。选择"转入库-凭证库"后,构造查询条件:"凭证日期　象 2005",单击"查询"显示查询结果如图 6.34 所示。

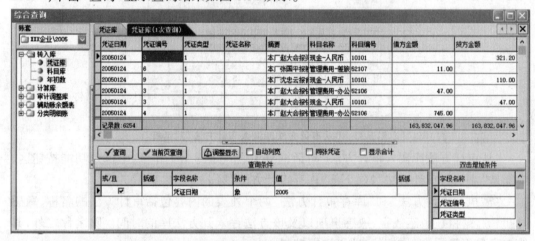

图 6.34　查询结果

③调整显示方式。在"凭证库(1 次查询)"选项卡中,单击鼠标右键菜单"显示方式"→"调整显示",打开"调整显示"对话框。选择并按顺序显示以下字段:凭证日期、凭证编号、科目编号、科目名称、借方金额、贷方金额、摘要,如图 6.35 所示。

图 6.35　"调整显示"对话框

④按借贷方金额进行统计。在"凭证库（1 次查询）"选项卡中，单击鼠标右键菜单"相关数据"→"统计数据"，打开"统计数据"对话框，如图 6.36 所示。

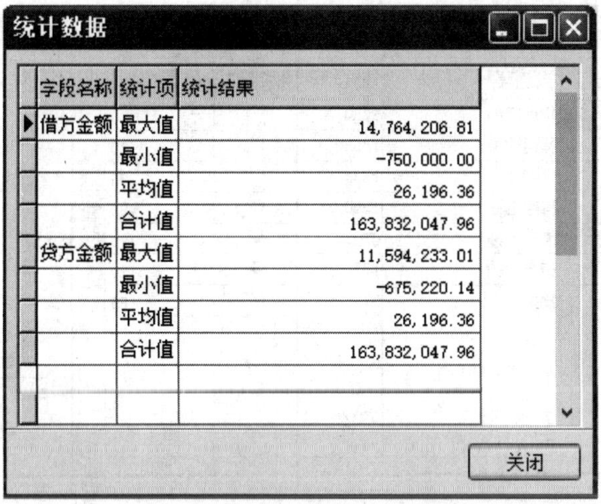

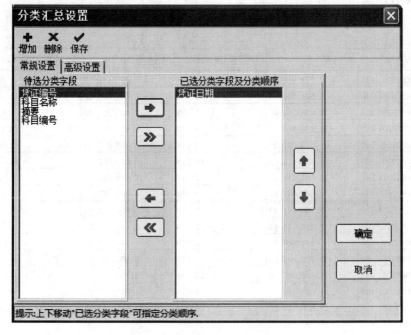

图 6.36 "统计数据"对话框

可以看到借方、贷方发生额的最大值、最小值、平均值、合计值。

⑤进行分类汇总的常规设置。在"凭证库（1 次查询）"选项卡中，单击鼠标右键菜单"分类汇总"，打开"分类汇总设置"对话框，如图 6.37 所示。在"常规设置"选项卡中，只选择"凭证日期"作为分类字段。

图 6.37 分类汇总的常规设置

⑥进行分类汇总的高级设置。在"分类汇总设置"→"高级设置"选项卡中，如图6.38所示选择按"凭证日期"分组，对借方金额和贷方金额进行汇总，删除其他无关的字段。

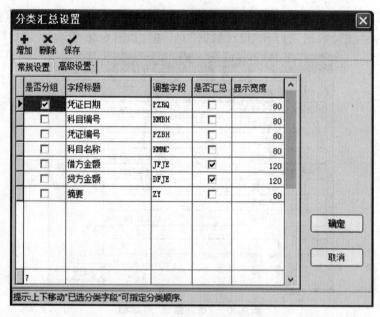

图 6.38　分类汇总的高级设置

⑦按凭证日期进行分类汇总。在"分类汇总设置"对话框中,单击"确定"按钮,显示分类汇总结果,如图 6.39 所示。

凭证日期	频度	借方金额	借方金额(百分比)	贷方金额	贷方金额(百分比)
20050930	480	7,273,416.57	4.44%	7,273,416.57	4.44'
20050331	296	4,594,096.43	2.80%	4,594,096.43	2.80'
20050829	254	2,439,364.40	1.49%	2,439,364.40	1.49'
20050630	653	20,424,169.93	12.47%	20,424,169.93	12.47'
20050124	110	70,098.39	0.04%	70,098.39	0.04'
20050730	526	16,890,022.03	10.31%	16,890,022.03	10.31'
20051031	546	12,634,616.19	7.71%	12,634,616.19	7.71'
20050228	104	4,848,657.18	2.96%	4,848,657.18	2.96'
20050527	512	5,936,281.43	3.62%	5,936,281.43	3.62'
20050225	286	3,494,944.14	2.13%	3,494,944.14	2.13'
20050325	134	444,985.51	0.27%	444,985.51	0.27'
20050531	89	10,906,237.23	6.66%	10,906,237.23	6.66'
20050428	468	5,708,095.84	3.48%	5,708,095.84	3.48'
20051130	466	11,048,045.96	6.74%	11,048,045.96	6.74'
20050125	311	13,595,156.06	8.30%	13,595,156.06	8.30'
20051231	615	31,363,180.00	19.14%	31,363,180.00	19.14'
20050830	154	1,999,093.25	1.22%	1,999,093.25	1.22'
20050831	71	2,183,317.38	1.33%	2,183,317.38	1.33'
20		163,832,047.96	100.00%	163,832,047.96	100.00'

图 6.39　分类汇总结果

⑧按凭证编号进行分类汇总。在"分类汇总"对话框中单击"设置"按钮,再次打开"分类汇总设置"对话框,设置按凭证编号分组,对借方金额和贷方金额汇总。单击"确定"按钮,显示按凭证编号分类汇总的结果。

与"查询"对话框的鼠标右键菜单不同的是,"分类汇总"对话框的鼠标右键菜单中没有"分类汇总"菜单项,但多了一个"查账"菜单项,用于直接打开"查账-明细账"对话框。

⑨对汇总结果进行再统计。在"分类汇总"对话框中,单击鼠标右键菜单"相关数据"→"统计数据",显示汇总结果的统计数据,如图6.40所示。图中除显示最大值、最小值、平均值、合计值之外,还有显示所占借方金额整体的百分比。

字段名称	统计项	统计结果
借方金额	最大值	31, 363, 180.00
	最小值	70, 098.39
	平均值	8, 191, 602.40
	合计值	163, 832, 047.96
借方金额(百分比)	最大值	19.14
	最小值	0.04
	平均值	5.00
	合计值	100.00

图6.40 分类汇总的统计数据

⑩根据结果进行综合分析。从查询结果及其统计数据,结合凭证日期、凭证编号的分类汇总数据可以看出:

2005年abc公司的凭证库中共有6 254条记录,分布在1 239张凭证中,集中在20个记账日期。借、贷方发生额平衡,合计值均为163 832 047.96;每个记账日期发生额的最大值、最小值、平均值及百分比,分别是31 363 180.00(19.14%)、70 098.39(0.04%)、8 191 602.40(5%)。经查,借方发生额最大的记录发生在2005年12月31日编号为"12122"的凭证,这张凭证也是发生额最大的凭证。但这张凭证记载的是关于结转本年利润的会计分录,要想寻找更有价值的审计线索,在查询时应该排除结转类的凭证。

abc公司基本上每月记账,不能有效地反映每天业务发生情况,这给查找审计线索带来困难。

5)查询结果存储

在查询结果显示窗口,单击鼠标右键,弹出快捷下拉菜单,如图6.41所示。

（1）复制

【例6.8】将查询结果复制到工作底稿。

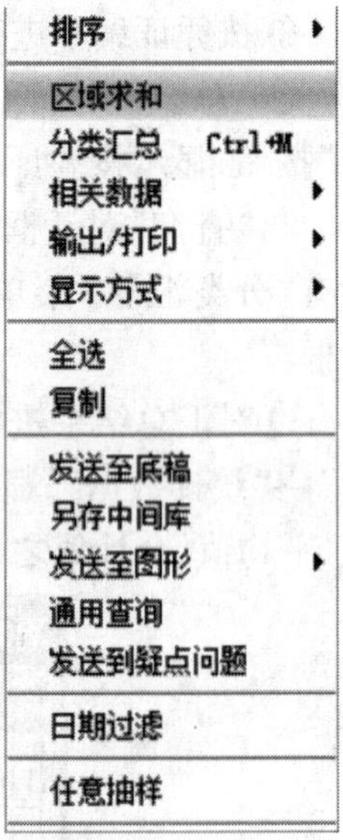

操作步骤如下：

①将需要复制的查询结果选中（根据需要全选或选中几行），选中区域为蓝色。

②将鼠标移到选中的区域，保持选中状态不变的情况下单击鼠标右键，在弹出的快捷菜单中单击"复制"选项。

③将查询结果窗口关闭，打开一张 Excel 工作底稿，在工作底稿中选择起始单元格，单击 Excel 底稿中的"粘贴"按钮，即完成复制处理。

（2）另存中间库

将查询结果以中间数据库的形式存储，方便作进一步的查询检索。

操作步骤如下：

①直接在查询结果区单击鼠标右键（不需做选中操作），在弹出的快捷菜单中单击"另存中间库"选项。

②在弹出的"增加中间结果库"对话框中，单击"确定"按钮，查询结果就存入了中间库。第一次存入时，其中间结果库名默认"第1次中间结果库"，可根据查询的实际情况名称，如现金查询，则可将"第1次中间结果库"改名为"现金支付查询"。

③另存中间结果库，在"查询"对话框的数据库名显示区单击鼠标右键，在弹出的快捷菜单中单击"刷新"选项，刷新后，在数据库名显示区能看到"中间库"，单击前面的加号，就能看到所存储的中间结果库，如现金支付查询。

对中间结果库可以进行进步查询检索。中间库广泛应用于审计实践中，在具体的审计工作中往往形成几十张中间库，随时可形成工作底稿。

（3）另存疑点库

疑点库在审计作业过程中，对审计人员发现的疑点问题进行汇集记录，为工作底稿的编制和审计日记的归档做准备。可以将任何数据库结果指定成疑点库，突出审计重点，操作灵活，为审计人员保存底稿提供方便。另存疑点库功能能够发送选定内容至疑点库，系统自动增加一张工作底稿。

操作步骤如下：

①在查询结果区域单击右键，选择"另存疑点库"选项，在弹出的对话框中输入疑点库名称，单击"确定"按钮，可以将疑点库名称改为比较直观的有意义的名称，如"现金支付疑点"。

②在"查询"对话框左侧区单击右键，选择"全部刷新"选项。

③单击"疑点库"前面的"+"、单击对应的"疑点库"名称，可以查看相关内容。

（4）任意抽样

任意抽样包括等距抽样和不等距抽样，是随机抽样。任意抽样作为查询条件之一，

图6.41　查询窗口快捷菜单

它能够对数据库所有记录按一定条件任意抽取。刷新后,在数据库名显示区能看到任意抽样的结果。

操作步骤如下:

①单击"查询"按钮,在数据显示区域单击右键,选择"任意抽样"选项,出现"审计任意抽样设置"对话框,如图 6.42 所示。

②填写样本数量、间距、起点,单击"执行"按钮则可完成抽样。

③在数据库内容显示区域单击右键,全部刷新。

④单击"审计抽样"前面的"+",单击任意抽样,"审计任意抽样设置"对话框能够看到结果,如图 6.43 所示。

图 6.42　"审计任意抽样设置"对话框

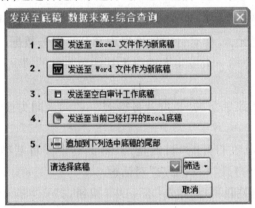

图 6.43　任意抽样结果

(5)发送至底稿

选择需要发送的内容,通过右键菜单选择"发送至底稿"选项,弹出对话框如图 6.44 所示。

图 6.44　"发送至底稿"对话框

以发送到 Excel 文件作为新底稿为例,单击"发送至 Excel 文件作为新底稿"按钮,出现如图 6.45 所示的确认对话框。可以将"底稿名称"改为直观有意义的名称,本例改为"任意抽样"。

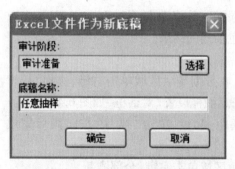

图 6.45　"发送至底稿确认"对话框

选择对应的审计阶段,修改好底稿名称,确定后即可发送(保存)至相应的底稿阶段。完成后,即可在底稿编制平台(如果底稿编制平台之前已经打开,需要刷新)的相应阶段中找到该底稿。

(6)发送至图形

可以将选定的查询结果以图形的形式表示出来,使结果更直观,更容易得出审计结论。具体可以生成饼图、线图、柱图等。

6.1.3　审计检查

软件提供了丰富的审计检查工具,包括重复业务检查、科目检查、凭证检查、电算化内控检查及同科目(不)同金额检查等,利用审计检查工具可以辅助审计人员查找审计线索,确定审计疑点。

1)重复业务检查

(1)同天同类业务

同天同类业务预警是审易软件提供的一个向导型查账工具,可以审查同一类业务在同一天内反复发生的情况,以便有针对性地发现和分析财务数据。

【例6.9】检查abc公司一天发生3次以上其他应收款的情况。

操作步骤如下:

①执行"审计预警"菜单下的"重复业务检查"→"同天同类业务"命令,打开"同天同类业务"对话框。

②单击"选择"按钮,在打开的"科目查询"对话框中设置基准科目为"119-其他应收款"单击"下一步"按钮,打开"科目筛选"对话框。

③默认系统选定的关联科目,单击"下一步"按钮,打开"显示预警结果"对话框。设置"每天次数大于等于"参数为"3",然后单击"执行"按钮,自动显示一天发生3次以上其他应收款的情况,如图6.46所示。

可以看到,2005年共有7天发生了其他应收款业务出现3次以上的情况。10月31日甚至出现了10次。在"发生日期与次数"列表框中,单击日期"20051031",可以抽查当天记载其他应收款业务的3张凭证。

图 6.46　"同天同类业务"对话框

（2）同票据号业务

同票据号业务工具主要是审查凭证中是否出现票据号相同的情况，帮助审计人员迅速检查财务核算内控执行情况。

【例 6.10】检查 abc 公司凭证库中同一支票号出现 2 次以上的情况。

操作步骤如下：

①执行"审计预警"菜单下的"多笔业务预警"→"同支票号"命令，打开"同支票号检查"对话框。

②输入同支票号出现次数大于等于"2"，单击"检查"按钮，系统自动检查出相应情况所涉及的支票号及其发生次数，单击要审查的支票号显示相关的凭证，如图 6.47 所示。

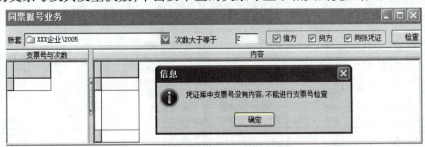

图 6.47　"同票据号业务"对话框

2）科目检查

审易软件提供的审计检查工具可以对余额方向、科目变动、分录、开户行倒账、科目对冲等进行审计检查。

（1）余额方向检查

通过科目的年初余额和期末余额确定科目的实际余额方向，把年末余额中余额方向不一致的科目显示出来。

执行"审计预警"菜单下的"余额方向检查"命令,打开"科目余额方向检查"对话框,如图6.48所示。

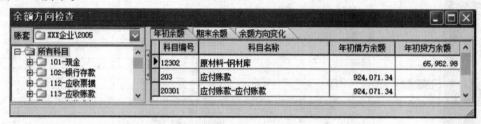

图6.48 "余额方向检查"对话框

从"年初余额"选项卡可以看到相关科目(如银行存款、原材料、产成品、应付账款、应交税金、其他应付款)的期末余额方向及其年初借、贷方余额。

单击"年末余额"选项卡,系统自动检查年末余额的方向,如果没发现异常,系统会显示"未发现年末余额和余额方向不符的记录"的信息提示。否则,系统会在"年末余额"选项卡中列表显示余额方向不符的记录,审计人员可据此进行深入检查。

(2)科目对冲检查

利用科目对冲检查工具,可以按照同边一个对冲、同边多个对冲、双边个对冲、双边多个对冲等情形检查有关科目的对冲情况。

执行"审计检查"菜单下的"对冲科目检查"命令,打开"科目对冲检查"对话框,单击"检查"按钮,显示对冲检查结果,如图6.49所示。

日期	编号	类型	科目编号	科目名称	摘要	借方金额	贷方金额
20050125	18	1	5220101	财务费用-财务费用-利	本厂美元户利息	-494.25	
20050125	18	1	10202	银行存款-工行(美元户	本厂美元户利息	494.25	
20050125	62	1	5220101	财务费用-财务费用-利	结转本月财务费用		-494.25
20050125	62	1	3210106	本年利润-本年产品利	结转本月财务费用	-248.80	
20050125	68	1	12301	原材料-配件库	调整本月材料分配串户		-46,270.95
20050125	68	1	12302	原材料-钢材库	调整本月材料分配串户		-635,470.76
20050125	68	1	12301	原材料-配件库	调整本月材料分配串户	635,470.76	
20050125	68	1	12302	原材料-钢材库	调整本月材料分配串户	46,270.95	
20050225	49	1	10201	银行存款-工行(人民币	调正04,12/45#凭证		-10,000.00
20050225	49	1	20301	应付账款-应付账款	04,12/45#凭证	-10,000.00	
20050225	50	1	20801	预收账款-预收账款	调04,9/2#		-35,000.00
20050225	50	1	20801	预收账款-预收账款	调正04,9/2#		35,000.00
20050225	51	1	10201	银行存款-工行(人民币	调正04.10/30#		-11,057.43
20050225	51	1	20301	应付账款-应付账款	04.10/30#	-11,057.43	
20050228	73	1	23101	预提费用-房屋租金	北方能源设备总厂04		-48,300.00
当前笔数210						-2,362,052.59	-1,909,316.93

图6.49 "科目对冲检查"对话框

从图6.49中可以看出,对冲涉及的记账凭证有210笔。查询的结果可以按字段标题排序。通过鼠标右键菜单,可以对查询结果作进一步处理,如发送到工作底稿等。

执行检查之前,通过单选钮可以选择按借方、按贷方或同时按借贷双方对科目进行对冲检查。如果选中了"同张凭证"复选框,则凭证之间会加一行彩色条以示区分。

3)凭证检查

凭证检查包括凭证查询、金额查询、任意字词查询及贷款利息计算、坏账准备检查、产成品汇总等审计检查工具。

(1)凭证快速查询

凭证快速查询是专门针对凭证库的查询工具,它按照日期、凭证号、类型、摘要等凭证要素实现组合条件进行查询,以发现审计线索或核实疑点问题。

【例6.11】检查 abc 公司 2005 年凭证库中与"手机"有关的凭证。

操作步骤如下:

①执行"账证查询"菜单下的"凭证快速查询"命令,打开"凭证快速查询"对话框。如图6.50所示。

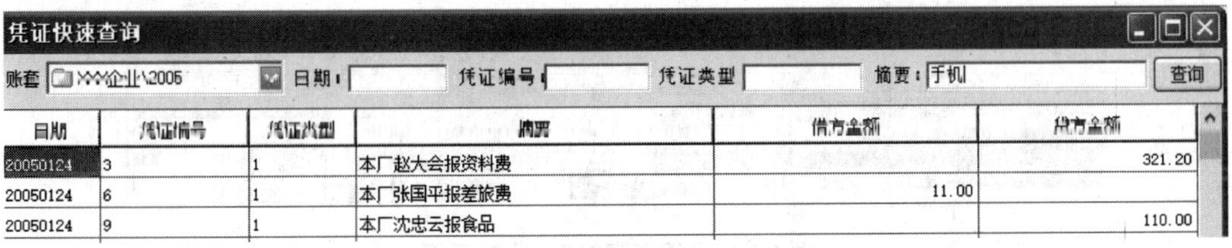

日期	凭证编号	凭证类型	摘要	借方金额	贷方金额
20050124	3	1	本厂赵大会报资料费		321.20
20050124	6	1	本厂张国平报差旅费	11.00	
20050124	9	1	本厂沈忠云报食品		110.00

图6.50 "凭证快速查询"对话框

②在文本框中分别输入日期"2005",摘要"手机",然后单击"查找"按钮,可以查得2005年与手机有关的凭证共有10张,如图6.51所示。其中"144"号凭证是购买手机的,其他是交纳手机话费的。

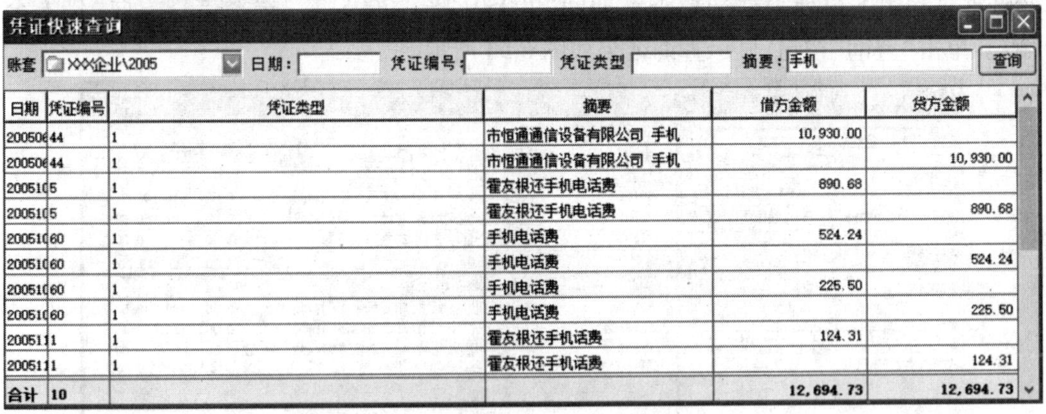

日期	凭证编号	凭证类型	摘要	借方金额	贷方金额
20050644	1		市恒通通信设备有限公司 手机	10,930.00	
20050644	1		市恒通通信设备有限公司 手机		10,930.00
2005105	1		霍友根还手机电话费	890.68	
2005105	1		霍友根还手机电话费		890.68
20051060	1		手机电话费	524.24	
20051060	1		手机电话费		524.24
20051060	1		手机电话费	225.50	
20051060	1		手机电话费		225.50
2005111	1		霍友根还手机话费	124.31	
2005111	1		霍友根还手机话费		124.31
合计	10			12,694.73	12,694.73

图6.51 "凭证快速查询"结果

(2)凭证高级查询

凭证高级查询是专门针对凭证库的查询工具,它按照日期、凭证号、类型、摘要等凭证要素按照多重查询条件进行查询,比快速查询更能发现审计线索或核实疑点问题。

【例6.12】查询 abc 公司 2005 年发生的金额在 50 万元以上的应收账款。

操作步骤如下:

①执行"账证查询"菜单下的"凭证高级查询"命令,打开"凭证高级查询"对话框。如图6.52所示。

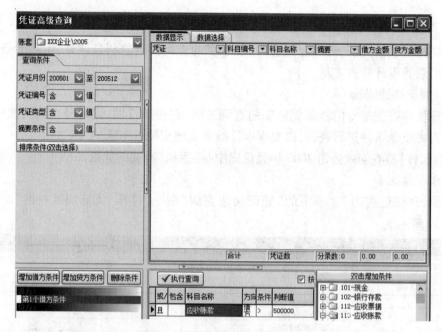

图 6.52　"凭证高级查询"对话框

②取消选择"全部科目"复选框,以便能选择指定的科目。单击"选择科目"按钮,在打开的"科目查询"对话框中双击选中"113-应收账款"科目。

③在"金额查询"对话框中,输入金额大于等于"500 000"(元),不选择"小于等于"复选框。利用下拉列表框选择查询期间"200501"至"200512",选择借贷方向"借方金额"。单击"查询"按钮,显示查询结果如图 6.53 所示。

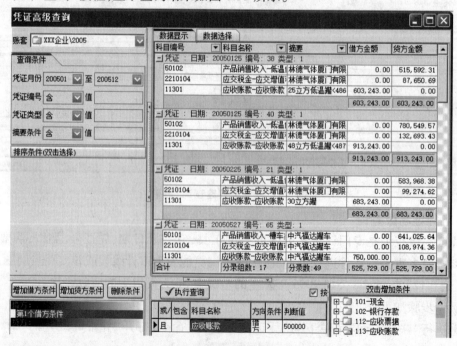

图 6.53　"凭证高级查询"结果

可以看到,abc 公司 2005 年发生的金额在 50 万元以上的应收账款有 17 笔,主要与产品销售有关。

4) 电算化内控检查

电算化内控检查可以帮助审计人员迅速检查财务核算内控执行情况。

① 选择菜单"电算化内控检查"。在窗口中分别选择 5 个选项,即可查看结果。

② 弹出审查结果。如图 6.54 所示。

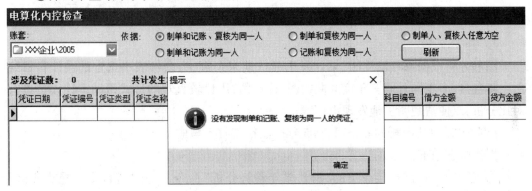

图 6.54   电算化内控检查

5) 同科目(不)同金额检查

同科目同金额是指相同科目在不同期间或同一期间发生相同金额的业务,如图 6.55 所示,该功能可以查看某个业务发生痕迹,也可以用于其他目的审计,如在不在工资科目发放工资等。

科目编号	科目名称	凭证日期	凭证编号	凭证类型	摘要	借方金额	贷方金额
10101	现金-人民币	20050930	78	1	提现金	74,500.00	
10101	现金-人民币	20050930	78	1	发放奖金		74,500.00
10101	现金-人民币	20050125	13	1	长春江浦大桥顺达运输11.5立方乙		30,000.00
10101	现金-人民币	20051130	27	1	提现金	30,000.00	
10101	现金-人民币	20050930	1	1	提现金	25,000.00	
10101	现金-人民币	20050930	1	1	本厂张辉借款		25,000.00
10101	现金-人民币	20051130	3	1	提现金	24,841.40	
10101	现金-人民币	20051130	3	1	发奖金		24,841.40
10101	现金-人民币	20051031	1	1	本公司提差旅费	20,000.00	
10101	现金-人民币	20051031	1	1	提备用金	20,000.00	
10101	现金-人民币	20051031	1	1	本公司提差旅费	20,000.00	
10101	现金-人民币	20050325	1	1	预收15立方灞合同款	20,000.00	
10101	现金-人民币	20050930	2	1	湛江港港区政南化工厂来款	20,000.00	
10101	现金-人民币	20050630	1	1	提备用金	11,000.00	
10101	现金-人民币	20050630	1	1	提备用金	11,000.00	
10101	现金-人民币	20050527	2	1	提现金	10,000.00	
10101	现金-人民币	20050527	3	1	提备用金	10,000.00	
10101	现金-人民币	20050527	3	1	提备用金	10,000.00	
10101	现金-人民币	20050325	1	1	本厂提差旅费	10,000.00	
10101	现金-人民币	20050124	1	1	提备用金	10,000.00	
10101	现金-人民币	20050124	1	1	提备用金	10,000.00	
10101	现金-人民币	20050124	1	1	提备用金	10,000.00	
10101	现金-人民币	20050124	1	1	本厂郭顺林利潜加工费		10,000.00
10101	现金-人民币	20050730	1	1	提备用金	10,000.00	
10101	现金-人民币	20051231	2	1	本厂提备用金	10,000.00	
10101	现金-人民币	20050829	21	1	本厂赵惠新借款		6,000.00
合计	2408					47,525,879.24	43,898,096.20

图 6.55   同科目(不)同金额检查

同科目不同金额是指在同一张凭证反复用相同会计处理分录记录不同的发生额,将这些凭证查出来供审计人员审查其合理性。

6.1.4 审计分析

审计软件根据审计作业的需要,提供了丰富的审计分析工具,如图形分析、对方科目分析、科目对比分析、摘要汇总分析等,利用这些分析工具可以实现对会计科目、报表的有效分析,甚至还可以利用数学模型进行经济效益分析、经济责任评价指标分析等。

1) 图形分析

图形分析根据每月发生额、累计发生额或期末余额,为余额表中选定的会计科目绘制一年各月、多年同月或多年度的曲线图、柱形图,用比较直观的形式帮助审计人员进行对比分析,以便清楚明了地发现审计线索。

【例 6.13】对比分析 abc 公司 2005 年产品销售收入与成本。

操作步骤如下:

①执行"科目分析"菜单下的"科目多年趋势分析"命令,打开"科目多年趋势分析"对话框。在"需出图科目"栏目中单击"全清"删除所有已选取的科目。

②在"科目选取"列表框中依次找到并双击"501-产品销售收入""502-产品销售成本",使之添加到"需出图科目"列表框中。

③在"需出图科目"列表框中分别为已选科目指定数据源(501:贷,502:借)。

④指定数据源类型为:月发生额。

⑤指定图形类型为:曲线,如图 6.56 所示。

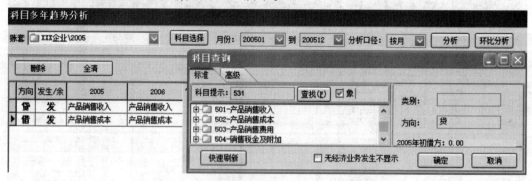

图 6.56 产品销售收入与成本图形分析参数

⑥单击"分析"按钮,打开"2005 月发生额"对话框,显示产品销售收入与成本对比曲线,如图 6.57 所示。

从对比曲线可以看出,2005 年 abc 公司的产品销售收入与成本变化趋势基本一致,收入高于成本大约 20 万元。但是,12 月份的收入略低于成本,应作为疑点进一步查证。

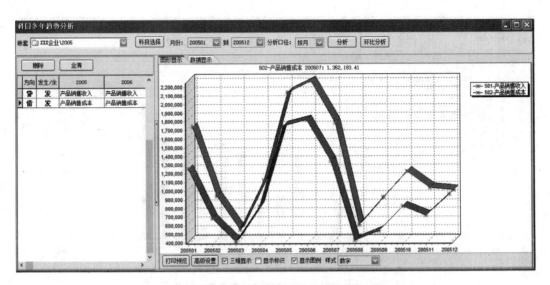

图 6.57　产品销售收入与成本对比曲线

【例 6.14】对比分析 abc 公司 2005 年银行存款各账户的月末余额。

操作步骤如下：

①执行"科目分析"菜单下的"科目多年趋势分析"命令,打开"科目多年趋势分析"对话框。

②选择银行存款的 4 个下级科目到"需出图科目"列表框中,数据均取自借方,指定数据源类型为:期末余额,图形类型为:柱型,如图 6.58 所示。

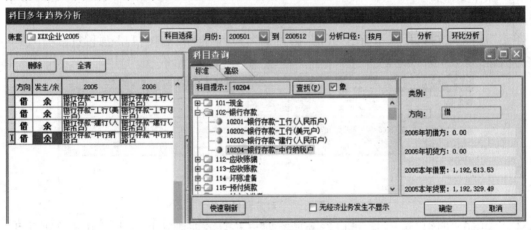

图 6.58　银行存款构成图形分析参数

③单击"分析"按钮,打开"2005 期末余额"对话框,显示银行存款各账户月末余额对比图,如图 6.59 所示。

对比分析柱形图可以看出,2005 年 abc 公司的银行存款主要存在工行人民币账户;3 月份最低,不足 2 万元;10 月份最高,达 133 万余元。但是,1 月份工行美元账户远远高于人民币账户,可作为疑点进一步查证。

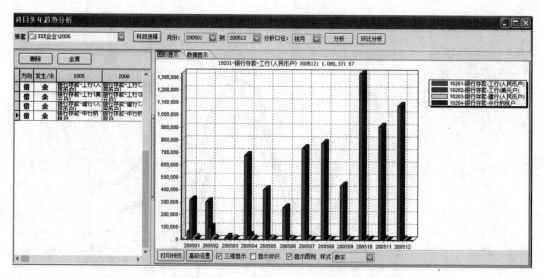

图 6.59　银行存款各账户月末余额对比图

2) 对方科目分析

对方科目分析是审易软件提供的一个向导型分析工具,能够从大量的财务数据中统计出选定会计科目的所有对方科目,帮助审计人员了解经济业务的来龙去脉,发现审计目标,突出审计重点,节约审计时间,提高审计效率。

【例 6.15】审查分析 abc 公司预付货款的对方科目情况。

操作步骤如下:

①执行"科目分析"菜单下的"对方科目分析"命令,打开"对方科目分析"对话框。单击"选择本方科目"按钮,在打开的"科目查询"对话框中,选择"115-预付货款"作为本方科目,如图 6.60 所示。

图 6.60　对方科目分析

②单击"明细"选项卡,可以看到所有对方科目的明细科目列表。单击明细科目、"11202 应收票据银行承兑汇票",则列表显示对应的凭证,如图 6.61 所示。

综合分析可以看出,2005 年 abc 公司预付货款科目的对方明细科目只有"11202 应收票据-银行承兑汇票"和"11501 预付货款—预付账款"两个科目,而且都是因为调整科目串户或冲销已有凭证引起的,abc 公司记账凭证差错率比较高。

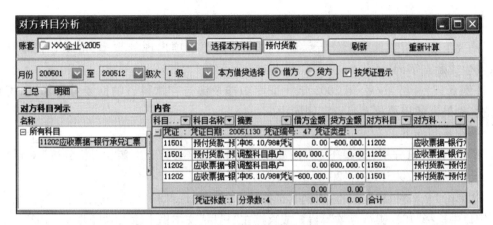

图 6.61 对方明细科目及其凭证列表

3) 科目对比分析

科目对比分析用于分析两个相关联的会计科目之间金额所占的比重。

【例 6.16】分析 abc 公司 2005 年各月原材料所占产成品的比重。

操作步骤如下:

①执行"科目分析"菜单下的"科目对比分析"命令,打开"科目对比分析"对话框,如图 6.62 所示。

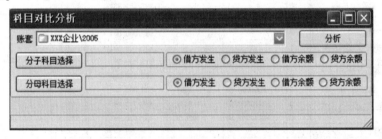

图 6.62 "科目对比分析"对话框

②输入年份值"2005";单击"分子科目名称"按钮,在打开的"科目查询"对话框中选择"123-原材料"为分子科目:单击"分母科目名称"按钮,在打开的"科目查询"对话框中选择"137-产成品"为分母科目;两个科目均选择借方,用借方发生额进行比较。

③单击"查询"按钮,显示原材料与产成品的比较分析结果,如图 6.63 所示。

借贷	科目名称	一月	二月	三月	四月	五月	六月	七月	八月	九月	十月	十一月	十二月
借方	原材料	267,457.22	154,941.64	740,349.36	1,806,686.46	609,174.74	920,213.16	1,260,987.20	568,057.91	1,000,397.01	450,469.01	716,609.07	259,023.27
借方	产成品	582,798.31	581,083.48	159,364.71	1,051,072.79	1,639,111.07	1,821,231.42	1,235,865.21	432,626.78	540,650.21	824,988.04	718,228.56	962,776.21
	原材料/产成品 (%)	45.89	26.66	464.56	171.89	37.16	50.53	102.03	131.30	185.04	54.60	99.79	26.90
	均值 (%)	82.98	82.98	82.98	82.98	82.98	82.98	82.98	82.98	82.98	82.98	82.98	82.98

图 6.63 原材料所占产成品的比重

通过分析可以看到,abc 公司 2005 年各月原材料所占产成品的比重,平均为 82.98%;2 月份最低,只有 26.66%;3 月份最高竟达 464.56%,应作为审计疑点进一步查明原因。

4）摘要汇总分析

摘要汇总分析工具用于分析凭证库中各种摘要事项出现的频率，帮助寻找审计线索，或生成疑点字词。

【例6.17】分析abc公司2005年凭证库中涉及银行存款科目的摘要分布情况，把贷方发生额最高的摘要放入疑点字词库中。

操作步骤如下：

①执行"科目分析"菜单下的"摘要汇总分析"命令，打开"摘要汇总分析"对话框。输入会计期间："200501"至"200512"。

②单击"全部科目"复选框，取消其选择状态；单击"选择科目"按钮，在打开的"科目查询"窗口中选择"102-银行存款"科目，或直接在"科目"文本框中输入科目编号："102"。

③单击"执行汇总分析"按钮，显示摘要汇总结果；单击标题"贷方比重"，按从大到小的顺序排列，如图6.64所示。

摘要	频度	借方发生额	借方比重(%)	贷方发生额	贷方比重(%)
北方能源设备总厂往来款	7	1,500,000.00	8.5356	2,350,000.00	13.7860
北方能源设备总厂货款	3			1,291,281.20	7.5752
北方能源设备总厂转款	2			600,000.00	3.5198
北方能源设备总厂付款	2			580,000.00	3.4025
内蒙古包头北方奔驰汽车公司车头	1			523,000.00	3.0681
市国税局交增值税	3	256,745.28	1.4610	513,490.56	3.0123
北方能源设备总厂还款	2			500,000.00	2.9332
北方能源设备总厂划款	3	200,000.00	1.1381	500,000.00	2.9332
一月份增值税汇缴	3	242,856.59	1.3820	485,713.18	2.8494
本厂交税	3	221,041.38	1.2578	442,082.76	2.5934
北方兰陵钣焊厂货款	8			436,933.58	2.5632
北方宏业涂料公司货款	1			282,036.64	1.6545
购汇	10	264,581.57	1.5056	264,710.71	1.5529
北方国税局交增值税	3	129,570.09	0.7373	259,140.18	1.5202
汇总：		17,573,385.39	100.0000	17,046,252.38	100.0000

图6.64　与银行存款有关的摘要汇总

从摘要汇总结果中可以看到，abc公司2005年的全部会计分录中，涉及银行存款科目的摘要共有577项不同的描述。其中贷方发生额最高的摘要是"北方能源设备总厂往来款"，发生7笔，金额高达235万元。可以把该摘要作为疑点字词，进行深入查证。

5）会计报表分析

软件提供的会计报表分析工具可以帮助审计人员检查报表的平衡关系，它通过设定标准报表模板及指标模板导入报表公式及指标，利用公式向导生成资产表、负债表、利润表等，测试平衡后可以回写到报表模板公式。

（1）报表模板

创建审计项目时需要选择会计制度，实际就是在选择报表模板。审计工作需要的财务报表五花八门,为了满足审计工作需要,以模板制定的方式来实现,例如企业单位报表、事业单位报表等。

操作过程:

①选择菜单"报表分析"→"财务报表"。窗口如图6.65所示。

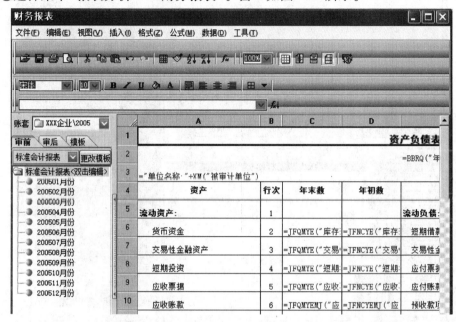

图 6.65　财务报表

②单击"模板"页签打开报表模板。通过报表模板可以对模板进行修改、增加、删除、导入、导出等操作,如果审计人员需从系统外导入报表格式,可以导入的报表文件至少包括华表和 Excel 报表,导入后均可以进行公式的设置。

③定义公式:选中要设置取数的单元格,点击"Fx"。如图6.66所示。

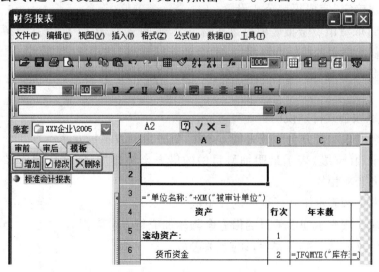

图 6.66　取数的单元格

④弹出取数公式设置向导界面,如图 6.67 所示。

图 6.67 取数公式向导

⑤先双击选择取数公式,在右下侧科目的下拉复选框中选择标准科目模板或本项目原始科目,同时对所定义的科目设置其级次,然后双击取数科目,如果是多个科目可以连续双击,点击"确定"完成报表公式设置。

【例 6.18】取货币资金报表项目年初借方余额:首先双击"年初借方余额",在右下侧科目的下拉复选框中选择标准科目"一般企业新标准科目"模板,然后双击"现金""银行存款""其他货币资金",点击"确定"完成"货币资金"报表项目的取数公式设置,如图 6.68所示。

【注意】取数公式特别说明:

①借方余额表示借方金额减去贷方余额,贷方余额表示贷方减借方。

②借方余额(末级)表示最明细科目中的借方余额相加,贷方余额(末级)表示最明细科目中贷方余额相加。

③结转发生额表示结转凭证中的发生额。

④辅助账余额表示辅助项目的借方余额相加或贷方余额相加。

⑤项目信息表示获取有关项目的有关参数。

图 6.68   货币资金报表项目公式

（2）审前报表

审前报表指未经审计人员调整或确认的被审单位原始财务报表,前面介绍的报表模板制定也是制定的审前报表模板,在浏览审前报表数据时,操作如下:

①点击"审前"页签打开审前报表。审前报表主要是浏览各月报表数据,例如点击 3 月就会浏览当月的报表数据,如图 6.69 所示。

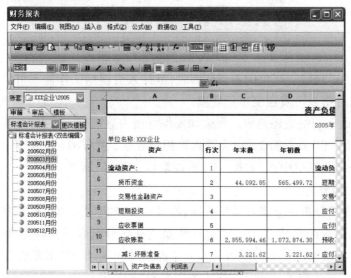

图 6.69   审前报表

②如果生成的报表数据与被审计单位提供的报表数据不符,应检查会出现原因基本上有二:一是引用的报表模板相对这个单位缺少报表项目;二是项目公式设置有问题。

(3)审定报表

审后报表指经审计人员调整或确认的财务报表,审后报表模板制定与审前报表模板区别是对未审数据的调整设置取数公式,审定数是期末未审数与调整数加减运算的计算结果,在浏览审后报表数据时,操作如下:

①点击"审后"页签打开审后报表。审后报表有两个页签,即试算平衡表和审定表,并且两表有先后操作顺序,先浏览试算平衡表再查审定表。可浏览各月报表数据,例如点击1月就会浏览当月的报表数据,如图6.70所示。

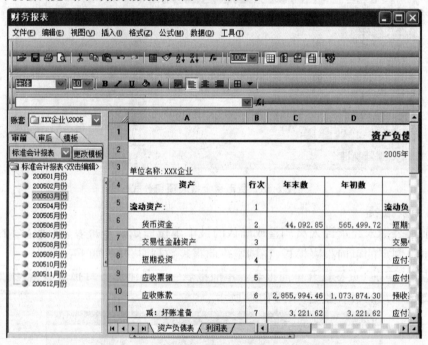

图6.70 审后报表

②财务报表不局限资产负债表和利润表,审计人员根据工作需要可自由制定其他财务报表,并且财务报表可发送至审计底稿。

【注意】不论审前报表还是审后报表均要保存报表数据进入数据库,否则,"报表数据汇总""财务指标"和"杜邦分析"就无法取到相应数据。操作时,点到"审前"或"审后"界面,在界面上一行的菜单中点"数据"下的"提取报表数据"即可。

(4)报表结构分析

此功能主要是分析财务报表的结构比,通过对资产负债表的年初数和期末数结构分析,反映资产负债表的组成状况。通过对利润及利润分配表的本期数和累计数进行分析,反映了利润构成情况。此可为审计人员全面了解被审计单位情况提供支持。

【例6.19】首先选取单位\年度,报表类别选择"资产负债表",然后对报表项目进行选择,并且选择分析数据类别,如为"年初数",月份选择"200512"等条件,如图 6.71 所示。

图 6.71　报表项目选取

完成参数设置后点击"分析",显示分析结构图性,如图 6.72 所示。

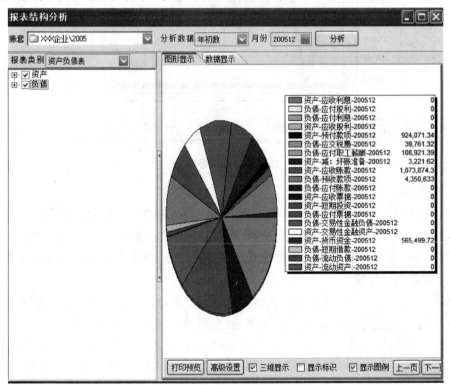

图 6.72　报表结构分析图

(5)报表趋势分析

此功能主要用来分析报表项目的趋势图,例如:报表类别选择"资产负债表",月份选择"200501"至"200512",同时通过"项目选择"选择要分析的报表项目,设置好参数后点击"分析"显示分析结果,如图 6.73 所示。

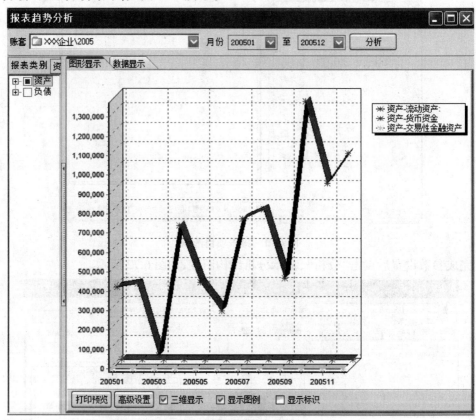

图 6.73 趋势分析图

6)经济指标分析

系统提供的经济指标分析工具可以帮助审计人员分析被审计单位的各种经济指标,并与同行业相比较审查其所处水平,从而发现审计线索。经济指标分析注重企业的实际运营效果,关注企业经济活动的规范性及经济责任制度,能体现对经营者的综合评价。

(1)常用经济指标

系统预置的经济指标包括基础数据、财务指标、税务指标等几类,计算这些指标的原始数据分别来自报表资产项、报表负债项、报表利润项、指标项以及分类账。

指标中的相关数据来自:报表、余额表、指标。来自报表是有些指标需要从报表项中取数。来自余额表是有些指标要取科目的数据。来自指标是有的指标是来自指标间的运算结果指标的取数公式设置也是通过模板来实现,指标模板与报表模板相对应。进入指标分析前首先要选取指标模板,界面如图 6.74 所示。

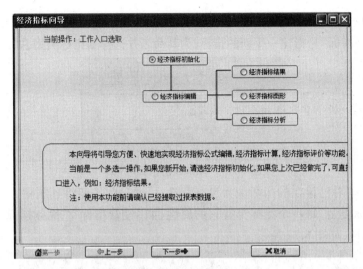

图 6.74　工作入口

（2）指标模板制作

按照图 6.74 所示，点击"下一步"或点击"指标模板管理"进入指标模板编辑界面，如图6.75所示。

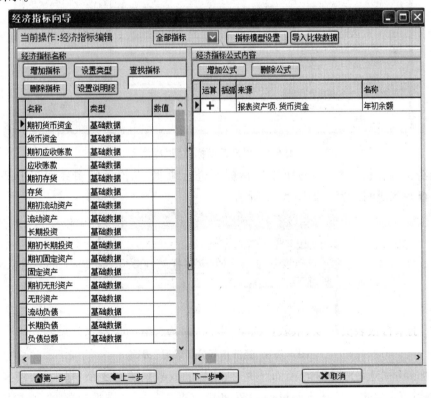

图 6.75　经济指标编辑

按照图 6.75 所示，在窗口的左侧有"增加指标""删除指标""设置类型""设置说明段"；在窗口右侧是对左侧增加的指标添加公式。窗口的最上面是"指标模型设置"和

"导入比较数据"。下面对这些按钮进行解释：

"增加经济指标"是指建一个新的指标，为其命名并选择其指标类型，如图 6.76 所示。

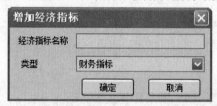

图 6.76 "增加经济指标"界面

"删除指标"对已存在的指标认为没有意义，可通过此按钮将其删除。

"设置指标类型"每一个指标都有它的属性，如"经营指标""税务指标""基础指标"等为其定义属性，如图 6.77 所示。

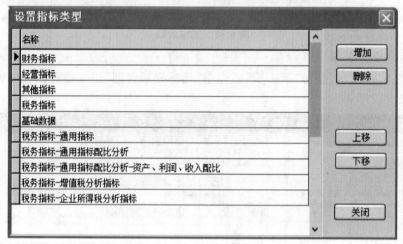

图 6.77 "设置指标类型"界面

"经济指标分析设置"对每个单一指标可进行说明，在模板编辑界面双击某一个指标，可以查看该说明内容。如图 6.78 所示。

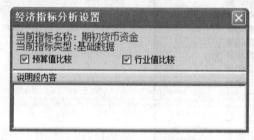

图 6.78 "经济指标分析设置"界面

"增加经济指标公式选择"前面已提过，指标的取数来源有 3 个：报表、余额表和单个指标。在设置公式时，需要从哪里取数就将相应页签打开。选取所需的公式因素点击"确定"即可，如图 6.79 所示。

图 6.79 "增加经济指标公式选择"界面

点击"选取以前年份"的下拉钮,会出现"-1"到"-7"的显示,如果被稽查数据是从2001 到 2006 年的,如果选择"-1"则代表指标数据需要引用 2005 年数据,选择"-2"则说明需要引用 2004 年的数据,以此类推,这种指向是动态的。"首月":动态第一个月;"同月":每年的同一个月份;"末月":最后一个月。

"指标模型设置"前面介绍的均是单个指标的设置,而指标模型是对多个指标组合的设置,并对一些组合定义某一模型名称,如"上市公司财务指标分析",如图 6.80 所示。

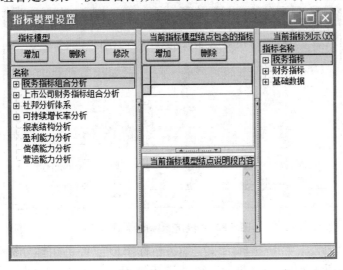

图 6.80 "指标模型设置"界面

"导入经济指标预算和行业值"审计时,对指标取来自身的数据进行分析是不够的,如果能获取比较数据的话,指标分析会更有意义。通过"导入经济指标预算和行业值"可以将同行业、计划值、预算值等参比数据导入系统内与当前项目的指标进行对比分析,如图 6.81 所示。

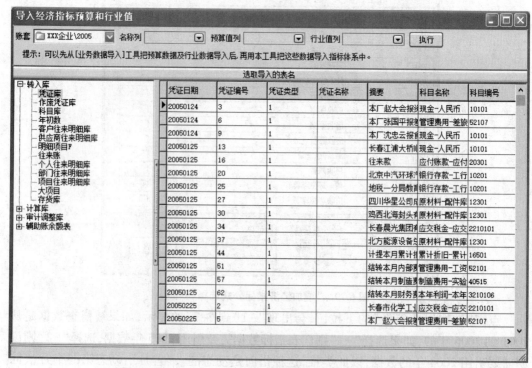

图 6.81 "导入经济指标预算和行业值"界面

(3)经济指标结果形式

①在指标编辑窗口接着点"下一步"时,出现界面如图 6.82 所示。

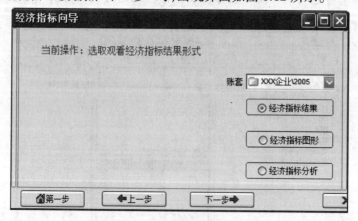

图 6.82 "经济指标向导"界面

②如图 6.82 所示,"经济指标结果""经济指标图形""经济指标分析"这 3 个都是经济指标结果的不同显示窗口。选择"经济指标结果",点击"下一步",显示如图 6.83 所示。

图 6.83 "经济指标结果"窗口

③再点击"下一步"时,出现"经济指标图形"界面,显示如图 6.84 所示。

图 6.84 "经济指标图形"界面

④如图 6.84 界面所示,可以双击相应的指标项,点"出图"后,可以出具相关的图例。再点击"下一步"时,界面显示如图 6.85 所示。

⑤如图 6.84 所示,这是"经济指标分析"的界面,对每个指标均做了 5 种类型的分析,分别是"常规""定比(增量)""定比(比率)""环比(增量)""环比(比率)"。关于定比与环比的算法,在定比与环比图形的右侧有相关的解释,这里就不做讲解了。

在出具经济指标时,会提示选择"基准月份",因为在出定比时,需要与基期月作比较,所以需要根据实际稽查的需要指定基期月份。

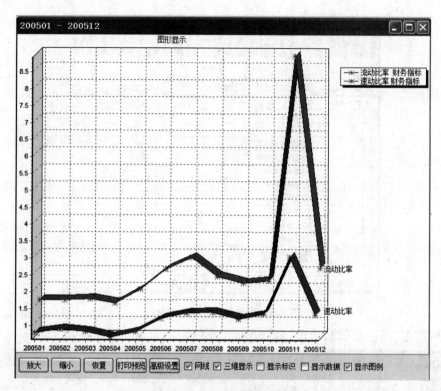

图 6.85　显示经济指标图形

　　在报表与指标的整个分析过程中,可以按"步进式"方式一步步去做,也可以随时点"第一步",选择其中某个环节开始做。

6.1.5　审计抽样

　　审计抽样可以帮助审计人员迅速、高效地检查和计算数量极大的数据和为数众多的会计事项。根据《独立审计准则第 4 号-审计抽样》,审计抽样是在实施审计程序时,从审计对象总体中选取一定数量的样本进行测试,并根据测试的结果,推断审计对象总体特征的一种方法。在审易软件中特别嵌入了"PPS 抽样"工具,在对大量数据金额进行抽样时,能够辅助审计人员规避更多的风险。

1)审计抽样方法

　　系统提供了固定样本量抽样、停走抽样、发现抽样、PPS 抽样 4 种抽样方法。

(1)PPS 抽样

　　PPS 抽样是目前国际审计界最流行的一种审计抽样方法,其核心是通过定的审计样本的选定去组织实施审计,以客观地完成审计目标。样本的抽取排除了主观人为的影响,力求客观公允,实现审计风险与样本选取数量、审计成本的相对均衡。PPS 抽样只能对数值型字段起作用,对字符型字段无效,也就是只对有金额相关的字段进行抽样,如"借方金额""贷方金额"等。其特点是面值越大,抽中的概率越大,小面值的样本也抽取,概率较小,因此,能够尽量让审计人员规避风险。此方法适用于大型数据库管理系统或经济业务发生频繁的行业部门,是对抽样审计的进一步规范。

（2）固定样本量抽样

固定样本量抽样,是通过对样本审计结果来对会计总体的属性进行估计的典型抽样审计方法。固定样本抽样需要设置3个参数:可靠性,分别为90%、95%、97.5%;误差率,最少为1%;估计的错误率,从0.25%~9.5%。

（3）停走抽样

停走抽样是指当审计人员观察到零个或预先规定的错误个数发生时,即可停止继续抽样。此工具较适用于审计人员估计会计错误为低错误率时使用,因为如果在此时使用固定样本容量属性抽样将产生大的样本容量,从审计效率方面来讲是不适宜的。停走抽样参数设置有3个:可靠性,分别为90%、95%、97.5%;误差率,原则上讲应取1%~3%;估计的错误数,设置为1~30。

（4）发现抽样

发现抽样是审计人员根据情况而使用的一种抽样技术,当审计人员相信会计总体的发生错误率很低接近于零时,可使用发现抽样。发现抽样被设计用来得到一个大到足以找出一个错误的样本容量。发现抽样参数设置有两个:可靠性为90%、95%、97.5%;误差率错误率从0.1%~2%。

4种抽样方法的特点见表6.4。

表6.4　审计抽样方法及特点

抽样类型	抽样特点
PPS抽样	PPS抽样是属性抽样的一个变种,其含义是与容量成比例的概率抽样,即大金额抽中概率高,小金额也能随机地被均匀抽中;适用于实质性测试和合规性测试;通过检查样本的错误金额,来估计总体的错误金额(而不是错误的比率),并在抽样结果的基础上,计算总体错误上限;能自动对抽样总体进行分层,大金额的错误容易被发现
固定样本量抽样	又称固定样本规模抽样,是基本的属性抽样方法;根据公式或表格确定固定的样本数量进行审查,并以全部样本审查结果推断总体
停走抽样	固定样本量抽样的一种改进形式:一边抽样审查,一边判断分析,一旦能满足抽样要求,即终止审查,并根据已得到的样本审查结果推断总体;在总体错误率较小的情况下,停走抽样会使审计效率更进一步提高
发现抽样	固定样本量抽样的一种改进形式,先假定总体错误率为零,在审查了一定的样本以后,若一个错误也没有发现,就做出审计结论;若发现错误就改用其他方法继续抽样审查或停止审计抽样进行详查;适用于对关键控制点的测试,以期发现故意欺诈和舞弊行为

在这4种抽样方法中,PPS抽样可以直接在"查询"对话框中作为查询条件定义。要

用 PPS 抽样查询 abc 公司 2005 年贷方金额不为负值的凭证,首先应选择字段"贷方金额",然后单击鼠标右键选择"PPS 抽样"项,在"PPS 抽样参数设置"对话框中设置风险和误差及其他条件,然后单击"查询"按钮,即得到抽样结果。

2)审计抽样

除了 PPS 抽样可以在综合查询工具中完成之外,还可以通过工具栏上的"抽样"按钮,打开抽样向导实现。在抽样向导中,系统将 4 种抽样方法统一管理。在进行审计抽样时,可以根据抽样向导来完成。

【例 6.20】使用抽样工具抽查 abc 公司发生应收账款的凭证,并评价抽样。操作步骤如下:

①执行"抽样"→"抽样向导"命令,打开"审计抽样向导"对话框。单击"第一步"或"下一步"按钮,打开"选择抽样类型"对话框,如图 6.86 所示。

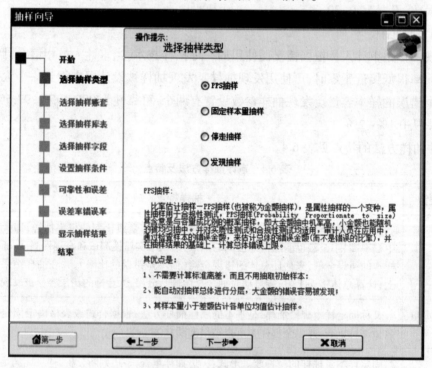

图 6.86　选择抽样类型

②选择抽样类型为"PPS 抽样",然后单击"下一步"按钮,选择抽样库表为"转入库-凭证库"。

③单击"下一步"按钮,选择抽样字段为"借方金额",不选择"同张凭证"或"借贷同抽"。

④单击"下一步"按钮,设置抽样条件为"科目编号　象 113",如图 6.87 所示。

⑤单击"下一步"按钮,选择可靠性为 97.5%(即风险为 2.5%)。

⑥单击"下一步"按钮,设置误差率为 1%。

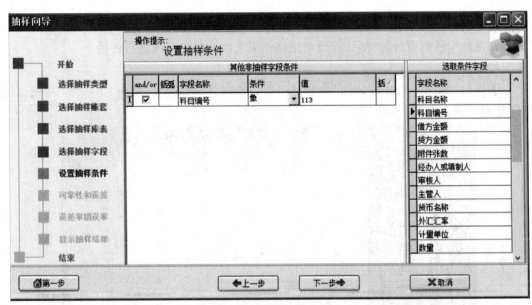

图 6.87　设置抽样条件

⑦单击"执行"按钮,打开确认窗口,询问是否确认执行抽样。单击"确定"按钮,系统自动计算并显示抽样结果,如图 6.88 所示。

PPS抽样标	凭证日期	凭证编号	凭证类型	凭证名称	摘要	科目名称	科目编号	借方金额
1-PPS总体个数=524.00								
2-PPS抽样个数=115.00								
3-PPS抽样个数/总体=21.95%								
4-PPS总体面值=25800567.93								
5-PPS重点样本账值=20501192.93								
6-PPS重点样本账值占总体=79.46%								
7-PPS—般样本账值=1402863.18								
8-PPS—般样本账值占总体=5.44%								
9-PPS抽样总比=84.90%								
PPS抽样:风险=2.5%,误差=1%								
重点样本	20051231	121	1		包头北方奔驰公	应收账款-应收	11301	600,000.00
重点样本	20050225	35	1		阀门款US 902	应收账款-应收	11301	74,713.04
重点样本	20050125	20	1		购气款	应收账款-应收	11301	73,600.00
重点样本	20050125	23	1		预付款	应收账款-应收	11301	100,000.00
重点样本	20050125	38	1		25立方低温罐<	应收账款-应收	11301	603,243.00
重点样本	20050125	39	1		20立方低温罐<	应收账款-应收	11301	463,243.00
重点样本	20050125	40	1		48立方低温罐<	应收账款-应收	11301	913,243.00
重点样本	20050930	75	1		鸡西市化学原料	应收账款-应收	11301	1,025,000.00
记录数:125								21,904,056.11

图 6.88　显示抽样结果

图 6.88 中显示的抽样结果中有 125 条记录,其中最上面的 10 条记录用于反映 PPS 抽样的误差为 1%的 PPS 抽样参数,共抽得 125 条记录,PPS 抽样总比达到 84.90%,其中重点样本账值占总体账值的 79.46%。可以对重点样本作进一步审查,以发现审计线索或做出评价。

3)抽样评价

在系统中进行审计抽样后,需要对抽样结果反映总体的情况进行评价。

操作步骤:

①执行"抽样"→"抽样评价"命令,打开"评价向导"对话框。单击"下一步"按钮,打开"选择结果名称"对话框,如图6.89所示。

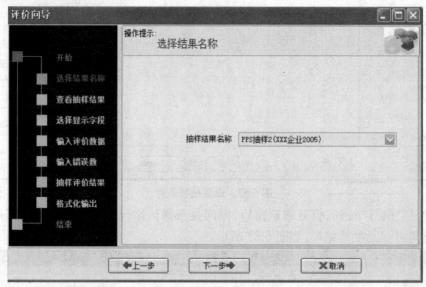

图6.89 选择结果名称

②选择已执行的审计抽样名称,单击"下一步"按钮调入并审查审计抽样结果,如图6.90所示。

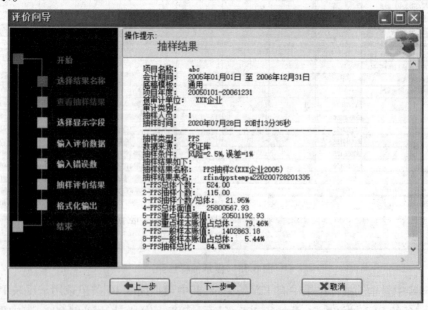

图6.90 审计抽样结果

③单击"下一步"按钮,选择评价显示字段,如"借方金额"。

④单击"下一步"按钮,打开"输入评价数据"对话框,输入审定值,然后单击"下一步"按钮,打开"输入错误数"对话框。

⑤输入错误数个数后,单击"下一步"按钮,即可得到对该抽样的评价结果,如图6.91所示。

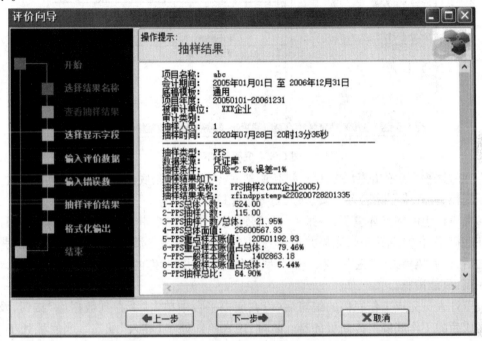

图6.91 抽样评价结果

⑥评价结果显示:基于统计抽样证明,审计人员有97.5%的把握确信,该抽样总体错误率不超过2.82%。单击"下一步"按钮,打开"格式输出"对话框。

⑦选择输出方式后,单击"输出"按钮,可以将抽样评价结果输出为外部文件或发送至工作底稿。

6.1.6 审计记录

在审计预警、查账、查询、分析等过程中,可以通过鼠标右键菜单选项将所获取的数据、图形等资料直接发送到选定的审计日记、工作底稿中进行保存。

1)工作底稿

软件提供了丰富的审计工作底稿管理工具,主要包括底稿管理平台、底稿选取、底稿导出、设置取数公式等。

(1)底稿管理平台

单击工具栏上"底稿"按钮或执行"工作底稿"菜单下的"底稿管理平台"命令,打开"底稿管理平台"对话框,如图6.92所示。

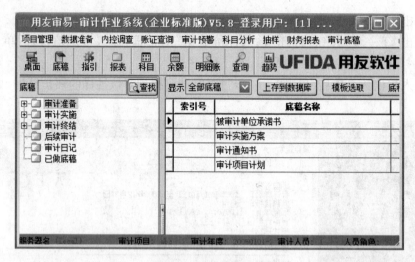

图 6.92　底稿编制平台

通过底稿平台的鼠标右键可以进行刷新底稿列表、复制底稿名称、修改底稿属性、添加新底稿、打开或删除已有底稿、导入与导出底稿等工作。

在审计组的网络环境下,一张工作底稿同时只能由一个审计人员进行编辑。审计人员在底稿平台中,选择一张底稿并单击"提取到本地"按钮之后,或直接双击打开一张底稿之后,该底稿就处于"签出"状态。当底稿处于"签出"状态时,其他人不能再打开该工作底稿,只能浏览。

审计人员完成工作底稿的编辑后,应在底稿平台中单击"上存到数据库"按钮,及时将完成后的工作底稿上传到服务器。此时,该底稿即处于"签入"状态。当底稿处于"签入"状态时,其他有权限的审计人员可以对该工作底稿进行进一步修改。

如图 6.92 所示,底稿管理平台分为左右两个窗口,其中左方窗口为审计文档流程树,右方窗口为对应流程阶段包含的文档或底稿,双击某一文档即可在窗口中打开进行编辑。

底稿管理平台中,左方窗口的流程树可进行维护。其维护可通过右键功能实现,下面逐一介绍说明:

①添加阶段:点中已存在的某一个节点处,点鼠标右键,选择添加阶段的同级或下级,然后输入节点名称。

②删除阶段:点中某个节点,选删除阶段,弹出确认窗口,点"是"或"否"。阶段被删除不能恢复。

③重命名阶段:点中某个节点选重命名阶段后修改节点名称。

④上/下移动:点中某个节点上移或下移节点所需处在的位置及顺序。

⑤全部展开:对于全部为根节点流程树,选择全部展开可显示出流程的所有级别节点。

⑥全部收缩:对已全部展开或部分展开的节点,可选择全部收缩将流程树收缩成只显示根节点。

⑦另存为新模板:对当前编辑变动的底稿内容可存为新的底稿模板,因此该操作既

对当前的项目有效,也可用于其他同类项目使用,比在模板管理平台制作模板更方便快捷。

⑧拖放阶段:当已建好的一个节点对于当前位置不合适,需要调整到所需地方,可右键选择某一节点后,然后将其拖到所需位置。

按钮操作解释:

"模板选取" 用户可将不同审计类型的工作底稿集合存储为模板,可随时调用,调用方法为点击"模板选取"按钮,如图 6.93 所示,若当期项目中已存在工作底稿,则系统会将前期工作底稿全部覆盖。

图 6.93　模板选取

"上存到数据库" 当用户编辑完毕工作底稿后,工作底稿在未上存到数据库服务器前是存储在本地的,用户可按"上存到数据库"将工作底稿上存到服务器,实现工作底稿的集中管理。

"底稿合并" 现将批量工作底稿合并为一个 Office 文档,以方便工作底稿的打印。

"底稿操作" 包括打开、添加、删除、导入、导出、属性,下面分别介绍,如图 6.94 所示。

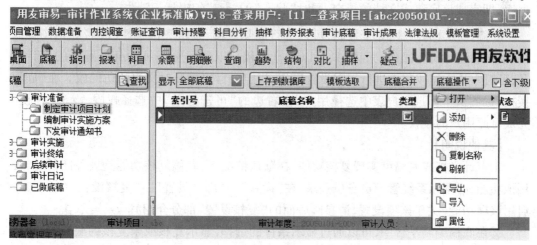

图 6.94　底稿操作

①打开:对某一底稿文件可双击打开,也可以在此点"打开"。

②添加:用户除可添加自定制文档外,可添加审易软件预置的标准"审计工作底稿",此处的"审计工作底稿"为特定文档格式,而非 Office 文档,其可实现审计问题或结果的自动汇总。"审计工作底稿"模板包含了审计署第 6 号令所要求的所有要素,包括被审计单位名称、会计期间或者截止日期、审计人员、编制日期、复核人员、复核意见、复核日期、索引号及页次等。在底稿中间空白处可添加审计问题、审计成果、审计结论、法规依据等

内容,甚至可以指定该底稿所对应的证据附件,并可进行关联查阅。

添加审计问题或审计成果时在统计项目下拉菜单里选择需要的统计项目,这里该统计分录的编制人员、编制日期及该统计项目的统计编码系统都会按照一定的规则自动生成。"是否汇总"按钮是为在"成果统计"菜单中对统计结果进行汇总时用的,操作完成后请点击"保存"按钮保存操作。

添加审计结论或法律依据时点击右键快捷菜单选择"添加"→"审计结论"或"法律依据"时,则系统会在工作底稿内容栏自动添加"审计结论:"或"法律依据:"字样,以便填写相关的内容。

添加附件时点击右键快捷菜单选择"添加"→"附加"时,会在弹出的界面中选择需要关联的底稿。

③删除:选中某一个底稿后,点删除。

④导入:将系统外某一个文件导入底稿。

⑤导出:选中某一个底稿后导出到系统外。

⑥属性:包括底稿属性、底稿权限、底稿授权三部分。

底稿属性显示索引号、底稿名称、所属用户、底稿状态、底稿类型、阶段名称和修改时间等信息,其中索引号、底稿名称、阶段名称和修改时间可以修改。所属用户"指该文档的编辑修改权分配给谁;"状态"指文档或底稿的当前状况,当"状态"为"![图]"标记时,表示该底稿处于编辑状态,尚未提交完成,该底稿或文档在完成后,由用户点击"上存到数据库"即完成该底稿或文档的提交,同时"状态"的"![图]"编辑标记消失。

底稿授权分为两种:完全控制,可以进行删除底稿、编辑底稿属性(改名等)、浏览底稿、编辑底稿等所有操作;只读,只可以浏览底稿。以项目管理员的身份登录的审计人员,可对审计文档或底稿进行权限设置操作,指定项目组成员对文档的访问权。在"底稿授权"标签页中可选用户表中选择用户,在右边的"可选权限"中选择权限,点击"授权"完成对此用户的授权。

【其他说明】

①审计文档或底稿可实现复核功能,在默认情况下,底稿复核功能是被关闭的,要使用该功能,必须以系统管理员身份登录,在"设置"→"综合设置"→"复核设置"(子项)中启用该项功能(关于该项设置,请参阅后面的"复核设置"部分介绍)。

②在底稿编制平台中,可以通过显示条件的选择,显示复核或未复核的底稿,也可以对底稿进行复核或者撤销复核(参见底稿编制平台界面)。

③复核人员打开项目,进入底稿编制平台,选择底稿,通过底稿编制平台中的"进行复核"可以进入复核界面进行复核,如果是已经复核过的底稿,则可以执行"查看复核信息"或者执行"撤销复核"。

【提示】

①当底稿正在编辑或者已经复核过了,系统会做出相应提示,但是并不限制用户继续或重新(必须原用户)进行复核。

②对未复核的底稿进行复核时,复核人默认的是当前登录用户的全名[在系统管理中添加用户时,全名即指用户的真实姓名,特别是复核人员推荐填上全名。填上全名后,如果在进行复核时,复核人的填写与自己的全名信息一致,可防止其他用户撤销(或重新复核)自己复核过的底稿],复核日期默认的是当前的系统日期。

③Excel 格式的底稿,其复核是具体到 Excel 中的页。即选中 Excel 格式的底稿后,还要选择下面列表中的页名称,才能进行正确的复核。

④添加的"审计工作底稿"类型的底稿,也可以在审计工作底稿编制界面中进行复核,复核效果一样。

⑤撤销复核(或重新复核)时,系统会进行全名验证(即所登录的用户的全名与复核人是否一致),不一致时,则不允许进行复核撤销(或重新复核)。

(2)设置底稿权限

在"底稿编制平台"对话框中,单击鼠标右键选择"属性"项,打开"底稿属性"对话框,如图 6.95 所示。

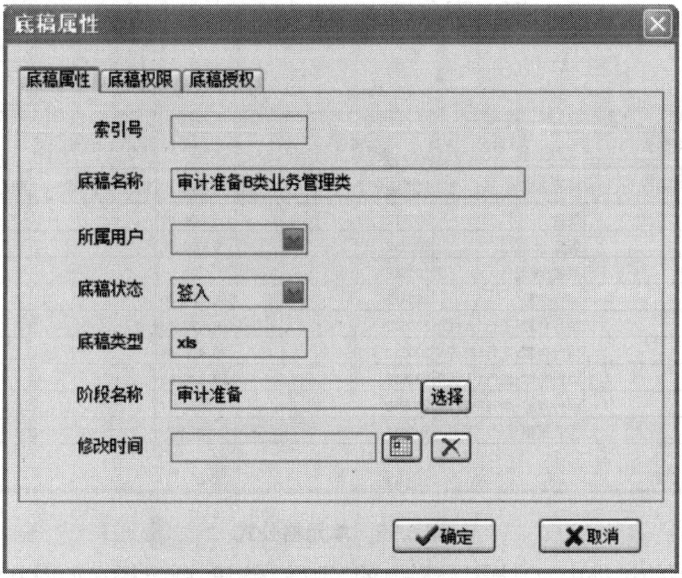

图6.95　"底稿属性"对话框

项目管理员不仅可以浏览或设置工作底稿的属性,还可以对工作底稿进行授权,控制底稿的删除或修改等访问权限。

底稿初始化时,默认将底稿的"只读"权授予"所有用户"。第一个使用底稿的人,自动取得"完全控制"权。拥有底稿"完全控制"权的用户可以对底稿进行授权。而"项目管理员"则可以强制将某个底稿的"完全控制"权授予某用户,可以强制删除、编辑底稿属性和底稿内容。

(3)单元格取数

在工作底稿(Excel 或 Word 类型底稿)的一个单元格中设置好取数公式,系统可以按设定的公式自动取数到该单元格内。

①在"底稿编制平台"中,选取一张要设置取数公式的工作底稿,选取一个要设置取数公式的单元格。

②点击"审计底稿"下拉菜单中的"单元格取数设置",显示"单元格公式"界面。

在弹出界面中首先选取"项目\年度",再设置参数为"本年"以及上年还是下年,然后设取数的数据库和取数科目,取数科目要设为"标准科目",双击要取数据的单元格,所取数据将显示在单元格公式界面的"公式组合"列表框中,可以选取多个数据,在"公式组合"列表框中进行加减乘除公式编辑,点击"确定"或"插入到 Excel"或"插入到 Word"后,公式自动设置到选中的底稿位置,如图 6.96 所示。

图 6.96 单元格公式

在使用底稿的过程中,点击工具栏上的"取数"按钮,弹出提示如图 6.97 所示。

图 6.97 底稿处理

在图 6.96 中选相应的"项目\年度",点确定后自动获取数据填入取数公式对应的底稿位置。

（4）底稿列取数

列取数：取出的数据按列排放。

①打开一张需做列取数公式的工作底稿，用鼠标点击定义一个要取置列取数公式的单元格（列取数后，取出的内容从这个格的下方开始排放）。

②点击"列取数"钮，显示"列取数公式设置"界面。在弹出界面中首先选取"项目\年度"，再设置参数为"本年"以及上年还是下年，取数参数还有"自动插列""交换行列""按月求和"以及设置附加条件，然后设取数的数据库和取数科目，取数科目要设为"标准科目"，双击要取数据列，如科目名称、本期借方累计发生额等，点击"确定"或"插入公式到 Excel"或"插入公式到 Word"，如图 6.98 所示。

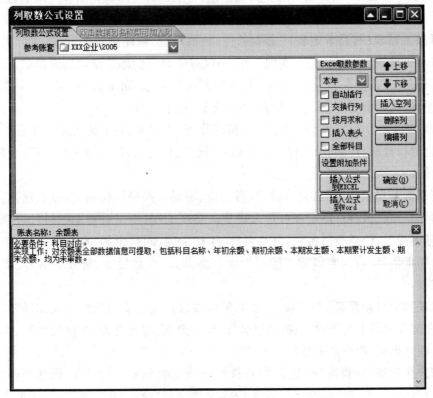

图 6.98　列取数公式

③设置完毕后，在使用底稿的过程中，点击工具栏上的"取数"按钮，弹出提示如图 6.97 所示。

在图 6.98 中选相应的"项目\年度"，点击确定后自动获取数据填入取数公式对应的底稿位置。

另外需要说明的是，底稿取数的前面需做的工作在这里有一个提示，以"?"表示，选中取数的表，点"?"。

"抽样凭证"必要条件：科目对应、对方科目分析、用审计工具抽凭或查询凭证时直接勾"抽"凭证。实现工作：所能实现对已抽凭证全部数据信息进行提取，包括凭证日期、凭证编号、摘要、科目名称、借方金额、贷方金额、对方科目编号。

"抽样疑点"必要条件:科目对应、用审计工具抽凭或查询凭证时直接勾"选疑点"凭证。实现工作:所能实现对有疑点的凭证全部数据信息进行提取,包括凭证日期、凭证编号、摘要、科目名称、借方金额、贷方金额。

"账项调整"必要条件:科目对应、编制账项调整分录。实现工作:所能实现对账项调整分录的全部数据信息进行提取。包括科目名称、调整借方、调整贷方。

"重分类调整"必要条件:科目对应、编制重分类调整分录。实现工作:所能实现对重分类分录的全部数据信息进行提取。包括科目名称、重分类借方、重分类贷方。

"余额表"必要条件:科目对应。实现工作:对余额表全部数据信息可提取,包括科目名称、年初余额、期初余额、本期发生额、本期累计发生额、期末余额,均为未审数。

"调整余额表(科目审定表)"必要条件:科目对应、做账项调整分录、重分类调整分录、做科目审定表自定义设置。实现工作:不仅对余额表全部数据信息可提取,包括科目名称、年初余额、期初余额、本期发生额、本期累计发生额、期末余额,均为未审数。还可提取调整借方、调整贷方、重分类借方、重分类贷方、审定数。

"凭证表"必要条件:科目对应、对方科目分析、实现工作:所能实现对凭证库的全部数据信息进行提取,包括凭证日期、凭证编号、摘要、科目名称、借方金额、贷方金额、对方科目编号。

"辅助账科目余额表"必要条件:科目对应、辅助账按科目初始化、做账项调整分录、重分类调整分录、做科目审定表自定义设置。实现工作:不仅对辅助账科目余额表全部数据信息可提取,包括项目名称、科目名称、年初余额、期初余额、本期发生额、本期累计发生额、期末余额,均为未审数。还可提取调整借方、调整贷方、重分类借方、重分类贷方、审定数。

"辅助账项目余额表"必要条件:辅助账按项目初始化实现工作:不仅对辅助账项目余额表全部数据信息可提取,包括项目名称、年初余额、期初余额、本期发生额、本期累计发生额、期末余额,均为未审数。

"资产负债表、利润表"必要条件:科目对应、辅助账按科目初始化、做账项调整分录、重分类调整分录、报表数据提存。实现工作:报表全部数据信息可提取,包括报表项目名称、年初数、期末数,均为未审数。还可提取审定数。

(5)底稿信息提取

底稿信息提取实际上在系统中嵌入了底稿必要的常用字段,如项目名称、审计年度、会计期间等,操作时在底稿平台选用某一个底稿双击进入底稿,将光标定在所需插入位置,然后,打开"底稿信息提取",在所需的常用字段上双击或选中后点"确定"也可。

(6)底稿引用

在"底稿编制平台"对话框中,通过鼠标右键可以直接引用其他模板的底稿。单击鼠标右键,执行"添加"→"引用底稿模板"命令,打开"引用底稿模板"对话框,如图6.99所示。

图 6.99 "引用底稿模板"对话框

在"引用底稿模板"对话框中,可以将选定的底稿引用到当前项目中。

(7)导入与导出底稿

导入、导出工具有助于实现工作底稿的共享使用。执行"工作底稿"菜单下的"底稿导出"命令,打开"底稿导入、导出"对话框,如图 6.100 所示。

图 6.100 "底稿导入、导出"对话框

单击"导出"按钮,可以将选定的底稿导出;单击"导入"按钮,可以为当前项目导入底稿文件。可以导入的底稿文件必须是 Word 文件或 Excel 文件。

2)审计日记

审计日记是编制审计工作底稿的基础,用于记录审计业务执行过程及其所取得的资料,为形成审计结论、发表审计意见提供直接依据。审计日记的应用与工作底稿一样,贯穿于整个审计工作过程中。

（1）编制审计日记

审计日记是根据审计署 6 号令制作,用于记载审计事项的名称、实施审计的步骤和方法、审计查阅的资料名称和数量、审计人员专业判断和查证结果等信息的文档。审计人员在审计作业过程中,应将审计过程中发现的疑点等问题随时记录、描述在审计日记中。单击工具栏上"日记"按钮或执行"工作底稿"菜单下的"审计日记"命令,打开"编制审计日记"对话框,如图 6.101 所示。

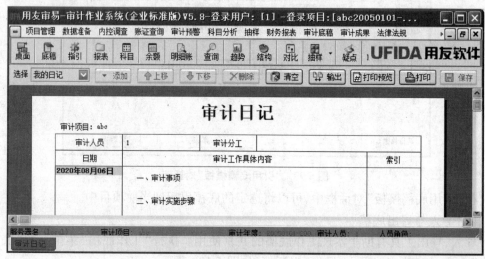

图 6.101 "编制审计日记"对话框

审计日记是以人为单位按时间顺序反映每个审计人员每日实施审计全过程的书面记录。每个审计人员都有一个独立的审计日记表格,在这个表格内按"日期"记载"审计工作具体内容",以及相关证据或底稿的"索引"。

（2）选择关联底稿

使用模板编写审计日记的一大优势是,可以创建审计工作内容与相关底稿之间的关联、佐证关系。

在"编制审计日记"对话框的"索引"栏目下,单击"…"按钮,打开"选择关联底稿"对话框,如图 6.102 所示。

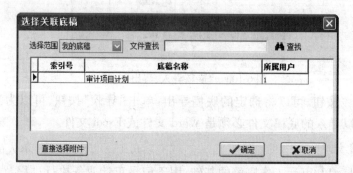

图 6.102 "选择关联底稿"对话框

选定欲关联的底稿后,单击"确定"按钮或直接双击底稿,即建立关联关系,相应的"索引"栏目下会显示所关联底稿的名称或索引号。

(3)创建关联底稿

在编制审计日记时,可以直接创建新的底稿并建立关联关系。可创建的底稿包括空白 Word 文件、空白 Excel 文件、审计工作底稿、导入外部文件、引用底稿模板等。

【例 6.21】创建一个空白 Word 底稿并建立关联关系,索引号为"6078",名称采用系统自动生成的名称。

操作步骤如下:

①单击工具栏上的"日记"按钮,打开"编制审计日记"对话框。

②在"编制审计日记"对话框中的"审计工作具体内容"栏目下,单击鼠标右键执行"新建底稿"。

③选择存放阶段后,单击"确定"按钮,打开"请输入新底稿的索引号"对话框。

④输入底稿索引号,单击"确定"按钮,打开"增加空白 Word 底稿"对话框。

⑤保持系统自动生成的底稿名称不变,选中"带表头"复选框。单击"确定"按钮,打开"提示"对话框。

⑥单击"是"按钮,在打开的 Word 窗口中,可以编辑修改新创建的审计工作底稿。

⑦返回"编制审计日记"对话框后,可以看到新创建的关联底稿。

(4)导入证据文件

通过导入外部文件,可以直接在审计日记中引用相关的证据。可以导入的文件类型包括 Word 文件、Excel 文件、图形文件及多媒体文件。

【例 6.22】把凭证扫描图作为证据引入到审计日记中。

操作步骤如下:

①在"编制审计日记"对话框中的"审计工作具体内容"栏目下,单击鼠标右键执行"创建底稿"→"导入外部文件"命令,打开"选择阶段"对话框。

②选择存放阶段为"会计报表",单击"确定"按钮,打开"打开"对话框。

③通过下拉列表框,选择文件类型为"图片证据",找到相关图片文件,单击"打开"按钮,返回"编制审计日记"对话框。

返回"编制审计日记"窗口后,可以看到新关联的证据文件。如果没有指定索引号,则会在"索引"栏显示原始图片文件的名称。

(5)管理审计日记

审计日记不仅是增强审计人员责任意识和保护审计人员的有效措施,也是审计组长检查审计方案执行情况、控制审计质量的重要依据和手段,是审计机关考核审计人员工作业绩,落实审计质量责任制的重要途径,必须加强管理。

打开"编制审计日记"对话框时,自动显示"我的日记",即操作者本人的日记。通过"选择"下拉列表框,可以查阅当前项目组其他成员的审计日记,但无权更改其他人的日记。

在"编制审计日记"对话框中,"审计工作具体内容"是按日期分组管理的。通过"日期"栏目下的鼠标右键菜单,可以新建、删除某天的日记,或更改日记的日期,但日期不允许出现重复。

可以将审计日记输出成独立的 Excel 文件,在输出的审计日记文件中,"审计工作具体内容"是按日期正序排列的,而不管在"编制审计日记"对话框中的显示顺序如何。审计日记文件可以用 Excel 程序打开并进行编辑修改,可以打印输出给被审计单位签字盖章,获得确认。

3) 编制底稿

审计工作底稿用于记录审计人员所搜集的证明材料,以及实施审计的方法、程序和结果,是支持审计报告的一种专业记录。审计人员应当在编写审计日记的基础上,编制审计工作底稿,对审计的情况应记录于审计工作底稿中。

在"底稿编制平台"对话框中,单击鼠标右键执行"添加"→"审计工作底稿"命令,打开"增加审计工作底稿"对话框。在对话框中输入底稿名称,然后单击"确定"按钮,即为当前项目的当前审计阶段增加张新的审计工作底稿。打开该底稿,其样式如图 6.103 所示。

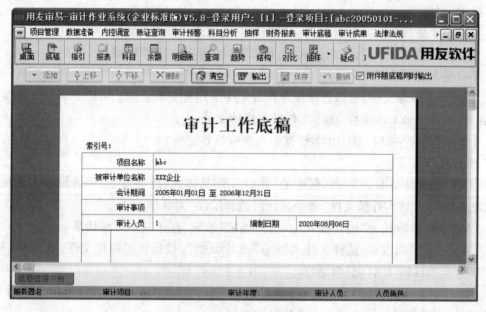

图 6.103　审计工作底稿样式

审计工作底稿模板包含了审计署第 6 号令所要求的所有要素。审计人员应按照格式填入被审计单位名称、审计事项、会计期间或者截止日期、审计人员及编制日期、复核人员、复核意见及复核日期、索引号及页次。

审计工作底稿的核心内容是"审计结论或者审计查出问题摘要及其依据",通过鼠标右键可以添加空白行、审计问题、审计成果、法律依据、审计结论、附件(审计证据及相关资料)等。

添加"审计问题"或"审计成果"时,会打开统计分录编辑窗口:添加"审计结论"或"法律依据"时,系统会在内容栏自动添加"审计结论:"或"法律依据:"字样,以便填写相关的内容;添加"附件"时,打开"选择关联底稿"对话框,可实现将附件关联到审计工作底稿中。

6.2 审计终结

审计人员完成审计实施阶段的各项工作后,进入审计终结阶段,即审计报告阶段,开始综合性的审计工作。一般情况下,审计组长应在审计现场完成审计工作底稿的复核、审计成果的汇总、审计报告的编制等工作,然后起草审计意见书。审计主管部门对审计项目进行总体性复核,做出审计结论和审计决定,审计项目即告结束。审计组长将电子与纸质的审计底稿等资料交档案管理部门归档。

6.2.1 管理审计成果

在审计终结阶段,要对所有的审计成果进行汇总,这些包括疑点管理、成果统计、台账汇总、调整分录及科目审定表等。

1)疑点管理平台

(1)疑点管理

发送的疑点全部集中存放疑点管理平台中,点击"审计结果"的"疑点管理平台",如图 6.104 所示。

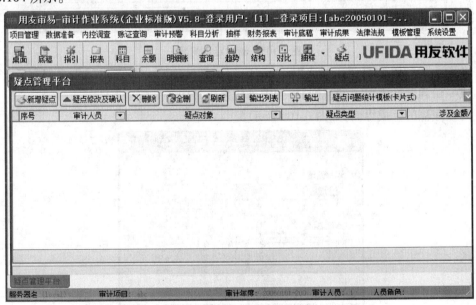

图 6.104 疑点管理平台

在这里审计人员可以对审计疑点,经过现场核实取证后进行问题确认,点"疑点记述",在弹出下面窗口中点"确定为问题",如图 6.105 所示。

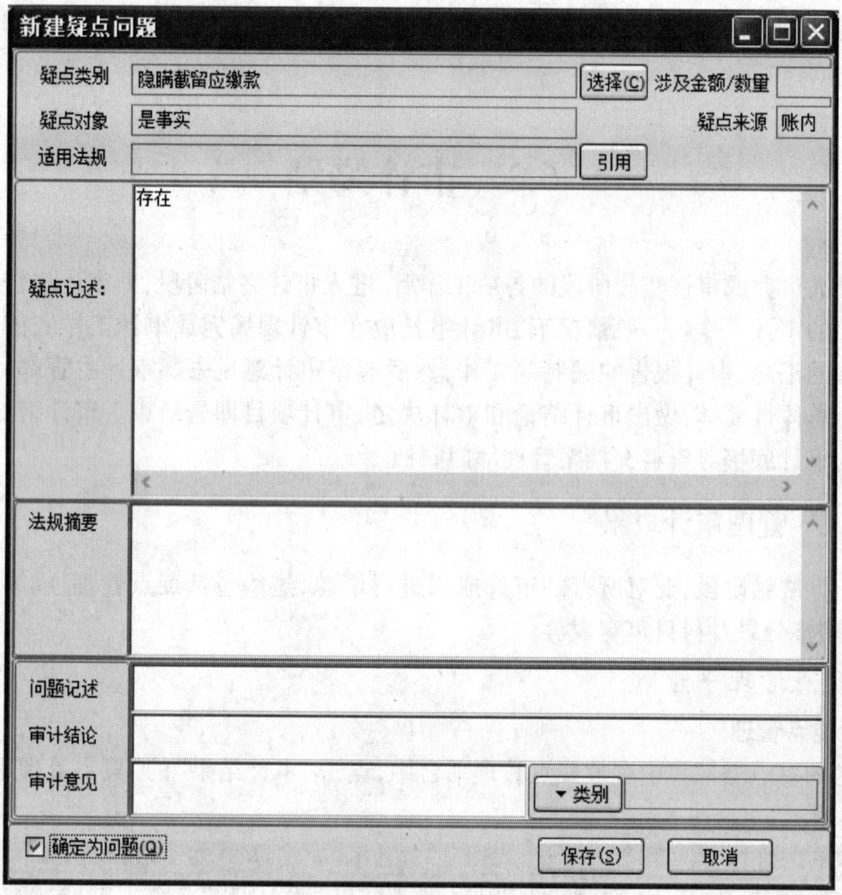

图 6.105　新建疑点问题

在图 6.105 中,支持手工录入"问题记述""审计结论""审计意见",点击保存后,会自动生成一份问题性底稿,问题被归集到审计成果统计中。

问题底稿的生成界面,如图 6.106 所示。

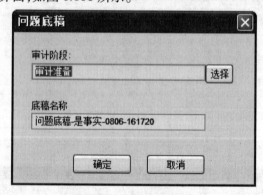

图 6.106　问题底稿

对工作底稿命名后,选择适当的审计阶段(如果底稿平台设阶段),点确定将其自动存入底稿管理平台中。

(2)新增疑点问题

当审计人员发现可疑的数据信息时,可将当前打开的数据页面发送至疑点平台中,并可将疑点问题以文字简要记述。操作步骤如下:

①点击"审计结果"→"疑点管理平台"→"新增疑点",或点击工具栏的"疑点"钮,或通过数据信息页面点右键"发送至疑点",则弹出以下疑点设置界面如图6.107所示。

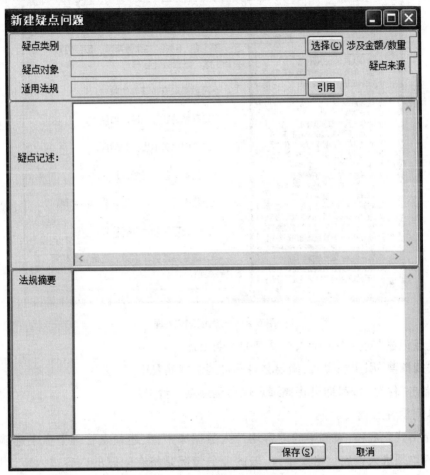

图6.107　新建疑点问题界面

下面介绍具体按钮功能:

"疑点类别"可以按"选择"选问题的类型。

"涉及金额数量"可以手工录入数字。

"疑点对象"如果从数据信息页面点右键"发送至疑点",数据信息的功能页面名称自动在疑点对象中展示,这样,用户便知道疑点产生的出处,对于固定的数据信息可从疑点向出处回溯,还可以支持手工录入,但手工录入不支持回溯。

"疑点来源"下拉选择是账内还是账外。如果是从数据信息右键发送产生的疑点,会自动显示账内。

"**适用法规**"录入口中录入所需引用法规的关键字,然后点"引用",随后相应法规从法规库中调出,选中需引用的法规条文摘要后,点"引用法规"。法规被引用到疑点中。如图6.108所示。

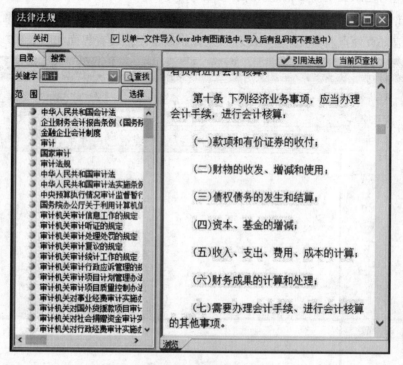

图 6.108　适用法律法规

"**疑点记述**"支持手工录入对疑点的说明描述。

"**法规摘要**"引用法规后,摘要会自动过到法规摘要中。

②点击"保存"按钮即可将该疑点保存至疑点平台中。

(3)问题性底稿

这是格式化底稿,底稿中的内容均计入数据库中,上述疑点管理平台中确认的问题底稿内容均须进入该底稿格式中,一般的业务情况是将有问题的内容进入审计报告中,因此,只有进入6号令底稿的内容才能进入审计报告。6号令底稿的字段内容包括:审计问题、审计成果、法律法规、审计结论、审计意见、附件、调整分录。另外,6号令底稿的内容及附件可以输出成Word文档,如图6.109所示。

需要说明的是,进入6号令底稿的内容如果是表格的,可以删减行或列来编辑底稿内容。在表格上点击右键删除行或删除列。

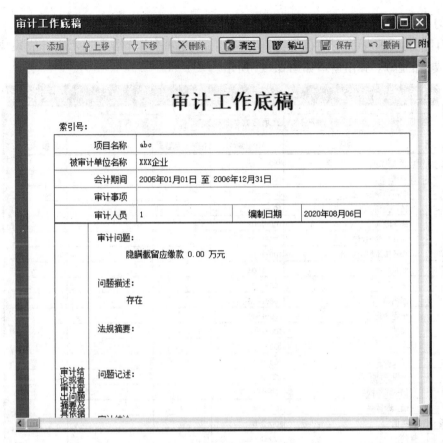

图 6.109 审计工作底稿界面

2) 审计成果统计

执行"工作底稿"菜单下的"审计成果"→"审计成果统计"命令,打开"审计成果统计"对话框,如图 6.110 所示。

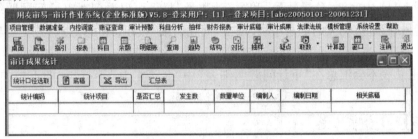

图 6.110 审计成果统计

系统自动计算审计查出问题、审计处理处罚、增加被审计单位经济效益、提出审计建议等各类统计项目的相关分录数量,并逐级汇总到"统计指标汇总表"中。

(1) 审计问题明细

审计问题明细表用于统计审计的发现的问题明细,每条审计问题包括统计编码、问题类别、是否汇总、金额等,其中问题类别为枚举型字段,也是汇总问题的统计口径,其支持用户自定义问题类别,可灵活新增新的统计口径或修改原来的统计口径。

（2）审计成果汇总

审计问题明细表可以按"问题类别"进行汇总,选择"审计结果"→"审计成果统计"→"审计成果汇总"。弹出窗口如图 6.111 所示。

	统计项目	统计编码	相关分录数量	统计数量	数量单位
–	审计查出问题	100			
–	违规违纪	100-1			
	隐瞒截留应缴款	100-1-01			
	转移截留收入	100-1-02			
	虚列收入	100-1-03			
	多计成本费用支出	100-1-04			
	少计成本费用支出	100-1-05			
	私设小金库	100-1-06			
	账外资产	100-1-07			
	高估冒算	100-1-08			
	未组固定资产	100-1-09			
	其他	100-1-10			
–	损失	100-2			
	投资损失	100-2-1			
	产权变动损失	100-2-2			
	物资设备损失	100-2-3			
	漏少收损失	100-2-4			
	其他	100-2-5			
	其他	100-3			
–	审计处理处罚	200			
	上缴款	200-1			
	退还挪用资金	200-2			

图 6.111　审计成果汇总

在图 6.111 中"相关分录数量"和"统计数量"栏下可以看到对审计问题明细表的汇总结果。另外,选定相关的汇总结果,点击"问题明细"按钮,还可以查看该汇总项目的统计明细。

注:汇总表不会汇总在"审计问题明细表"中"是否汇总"不打勾（即不参加汇总）的项目。

3）多项目台账汇总

多项目台账汇总是审计工作的重要内容之一。它把多个项目的台账汇总到一张明细表或一张分类汇总表中,可以对审计作业中的统计项目也可以对会计报表进行汇总。

汇总时,先定义总表格式,指定各项统计指标位置;然后选择需要汇总的各审计项目统计台账文件;最后执行汇总处理,即可得到最终结果。

①选择"多项目汇总",如图 6.112 所示。

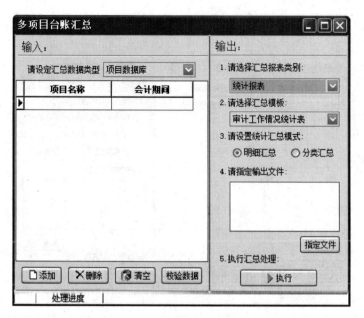

图 6.112　多项目台账汇总界面

②在输出栏下选择汇总报表的类别("统计报表"),如选择统计报表。

③选择汇总模板,如选择"审计工作情况统计表"。

④设置统计汇总模式(在选择汇总报表类别为"统计报表"时出现)。

⑤点击"指定文件"按钮指定输出文件的名称和输出路径位置,如图 6.113 所示。

图 6.113　指定文件

⑥在左栏中设定汇总数据的类型(如果在第一步选择"统计报表"时,此项可以选择"项目数据库"或"报表文件";如果在第一步选择"会计报表"时,此项只能选择"报表文件"。

⑦点击"左下角的"添加"按钮,添加项目名称或报表文件名称,如图 6.114 所示。

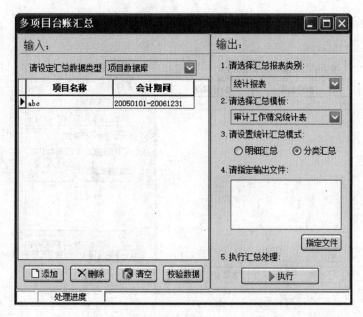

图 6.114

⑧执行汇总处理,点击"执行"按钮,则汇总结果就会在指定的输出路径下以 Excel 文件格式输出。

4) 审计调整分录

调整分录工具的主要功能是提供一个对分录进行调整的操作平台,方便于审计人员随时对审计过程中所发现有问题分录,或对账务处理不规范的分录进行必要的调整。

系统会根据所作调整分录,重新生成调整后报表,并在对报表进行计算取数时方便地体现出来。

①执行"工作底稿"菜单下的"调整分录制作"命令,打开"调整分录"对话框,如图 6.115所示。

图 6.115 "调整分录"对话框

②单击"制作调整分录"按钮,打开"调整分录制作"对话框,如图 6.116 所示。"调整分录制作"对话框分为左中右三部分,对话框左,上部是调整分录栏,对话框左下部是重分类栏;中间部可输入调整分录备注和重分类备注:窗口右侧区是科目列示区,制作调整分录和重分类时,拖拽科目至调整分录或重分类栏,则自动记录科目,输入借贷方调整金

额即可完成调整分录的制作。

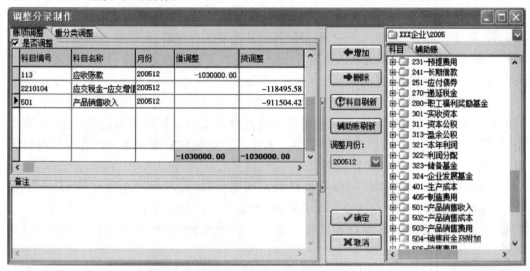

图6.116 "调整分录制作"对话框

5)科目审定表

审易软件能轻松地生成审计项目的审定表,并可以方便地查看调整分录。从调整分录功能录入的调整信息均进入科目审定表中,原来的功能不能灵活修改算法,只是按旧会计制度固定算法,且不能生底稿不能支持底稿取数,完善后的功能可选择新旧制度,且能自定义算法,结果能支持进入底稿、报表附注取数。

①选择"审计成果"→"科目审定表",启动审定表操作界面如图6.117所示。

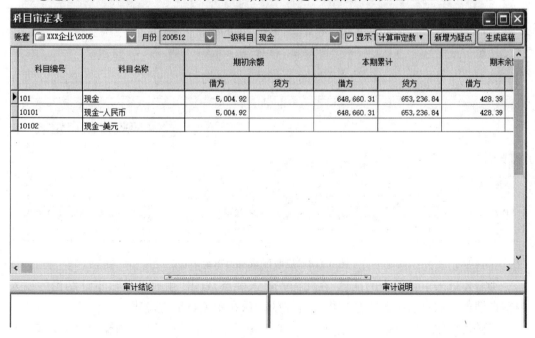

图6.117 科目审定表

科目审定表包括的字段有科目编号、科目名称、期初余额、本期累计发生额、期末余额、年初调整（分为账项调整和重分类调整）、期末调整（分为账项调整和重分类调整）、审定数、算法（方向和数据）。有些科目默认的算法不是合理的，可以修改算法，如将收入调整为贷方发生额。而系统默认为借方余额，这时在算法列选定好该科目的前提下修改方向为贷（方）、数据为发（生额）。

②在窗口左上角的下拉框内选择要查看账套、单位年度、会计科目后就会显示该科目的科目审定表，如果需修改算法也可按上述修改后重新计算科目审定表，计算时需点击"计算审定表"下的"按修改算法"计算。对于计算好的科目审定表可以在当前科目的审定表中录入审计结论和审计说明。

③对于所有计算完毕且也将结论性的东西完成后可以点击"生成底稿"，"生成底稿"选项可以单张也可成批或全部生成底稿，底稿生成后在底稿平台自动建立"审定表"的节点，将所生成的底稿保存在这个节点下。底稿名为"某科目审定表"，如图6.118所示。

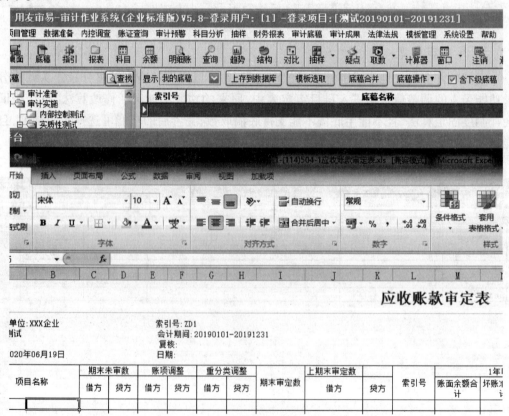

图6.118 应收账款科目审定表

④需要进入审计报告的信息，在此需先进入疑点，点击"生成疑点"，审计结论的输入内容自动进入该疑点的疑点记述中。疑点的确认在相关章节中说明。

⑤科目审定可以穿透到调整分录上，双击表格就可以弹出观看调整分录的窗口，如图6.119所示。

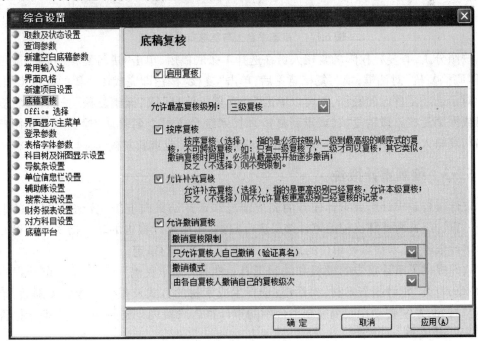

图 6.119　调整分录

⑥在窗口的右上角"计算审定表"有 3 个下拉项，即"默认初始化""重取调整数""按修改算法"，现逐一介绍其具体功能。"默认初始化"是指第一次打开该功能时，要按系统默认的算法计算审定表，这时点一下该功能就可计算；"重取调整数"是指小组作业时，在第一次打开并初始计算完审定表后，小组成员又有录入的调整信息，这是需在点这个功能将后补的调整信息增量生成到审定表中。"按修改算法"上又已有说明。

6.2.2　复核工作底稿

复核工作底稿是审计实施过程中一个重要的环节。为了保证事计工作质量、降低审计风险，审计组长要对审计人员已完成的审计工作底稿进行汇总、复核，检查审计人员是否按审计方案完成了审计工作，所记录的审计证据、审计结果是否充分、恰当，是否已实现预期的审计目标。

审易软件的底稿复核功能在默认情况下是被关闭的。要使用该功能，必须以系统管理员（如 admin）身份登录，在"综合设置"对话框中选中"启用复核"复选框，如图 6.120 所示。

图 6.120　启用复核

启用底稿复核功能之后，审计人员再进入底稿平台，就可以看到在对话框底部增加了与底稿复核有关的一组功能按钮，如图 6.121 所示，这样就可以分类查看"已复核"或"未复核"的底稿。

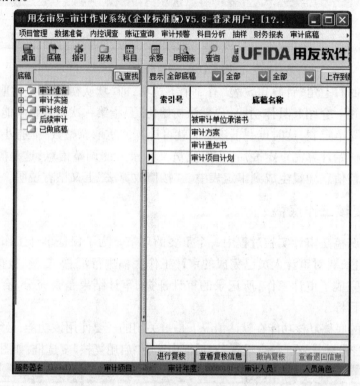

图 6.121　底稿平台上与复核有关的功能

按照分工，有复核权限的复核人员在选择 1 张底稿后，单击"进行复核"按钮，就可以打开"底稿复核"对话框；填写复核意见后，单击"复核"按钮即完成该底稿的复核工作。

对于已经复核过的底稿，则可以单击"查看复核信息"或"撤销复核"按钮，查看复核信息或撤销复核。撤销复核（或重新复核）时，系统会进行全名验证（检查所登录用户的全名与复核人是否一致），不一致时则不允许撤销复核（或重新复核）。

6.2.3　编制审计报告

审计报告是审计组就审计任务的完成情况和审计结果向上级主管部门提出的书面报告。审计组长对计算机辅助审计结果进行归纳，按照审计报告的基本格式和质量要求起草审计报告，征求被审计单位的意见后，报上级主管部门审定。

软件提供了审计报告的模板和编制工具。执行"工作底稿"菜单下的"审计报告草稿"命令，打开"审计报告素材"对话框：选择生成素材的方式及报告模板的类别后，单击"确定"按钮，系统自动在底稿编制平台中的审计报告阶段内创建一个名为"审计报告素材"的 Word 文档。

当报告模板类别选择为"通用审计报告"时所创建的审计报告的样式如图 6.122 所示。审计人员可以在此基础上修改或填写相关内容。

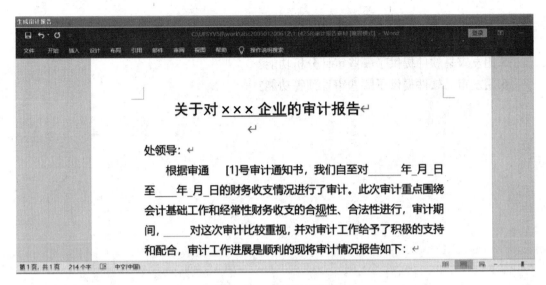

图 6.122　通用审计报告

当报告模板类别选择为"纯文本"时,所创建的是审计报告素材。素材汇总了通过审计所查证的问题,可以作为报告的附件或直接复制到报告中。

6.2.4　审计资料归档

审计项目结束后,审计人员应按照制度要求将工作底稿归档,形成审计档案,以便于评价审计工作质量,或为后续审计提供参考。电子底稿有两种方式,直接备份本项目的数据库,或将工作底稿导出为独立的文件(Word、Excel 等格式)。一般应刻成光盘加以保存,条件允许时可以将审计作业系统的数据导入审计管理系统中,实现审计档案的管理信息化,从而提高审计档案的利用效率。

本章小结

本章主要介绍了审计实施和审计终结的内容,首先结合审计实施介绍了审计预警、审计查询、审计检查、审计分析、审计抽样及审计记录,然后介绍了审计终结的内容,讲解了管理审计成果、复核工作底稿、编制审计报告及审计资料归档。通过本章的学习,读者可以掌握如何采用审计软件开展具体的审计实施和审计终结,从而为今后开展审计实验打下基础。

思考与练习

1.什么是审计抽样?用友审易软件提供了哪几种审计抽样方式?各有何特点?

2.何谓审计日记、审计工作底稿?

3.用友审易软件提供了哪些审计查询功能？

4.用友审易软件提供了哪些审计检查功能？

5.用友审易软件提供了哪些审计分析功能？

6.用友审易软件提供了哪些审计预警功能？

第7章 计算机审计前沿

学习目标

通过本章的学习,了解持续审计、联网审计以及大数据审计,熟悉持续审计、联网审计的主要技术实现方法,了解大数据环境下的联网审计实现方法,熟悉大数据以及大数据审计的相关知识,熟悉国内外开展大数据审计的现状,熟悉相关大数据审计技术与工具,理解大数据环境下开展电子数据审计的重要性以及大数据环境下电子数据审计面临的机遇和挑战,熟悉大数据环境下的电子数据审计方法与现有电子数据审计方法的异同,了解大数据环境下电子数据审计方法,了解大数据环境下的信息系统审计方法。

随着科学技术的发展,信息技术在审计中的应用情况也在不断变化。互联网、云计算、大数据等技术的发展对审计工作产生了巨大影响。本章针对这一发展现状,介绍持续审计、联网审计、大数据审计等计算机审计发展前沿,同时还介绍了 Python 的基础知识。

7.1 持续审计

7.1.1 持续审计简介

信息技术的发展将使计算机审计朝持续、动态、实时的方向发展,持续审计(Continuous Auditing, CA)成为计算机审计的一个重要发展方向。尽管持续审计的思想已提出多年,直到近年来信息技术的发展才使持续审计变得可行。在过去的十几年里,持续审计得到了学术界、审计人员以及软件开发人员的关注,这使其研究得到很大的发展。为了使读者能系统、清晰地认识持续审计,从而为实施持续审计提供技术和理论上的支持,本节对持续审计的研究进行分析。

为了便于理解持续审计,首先来看一下不同文献对持续审计的理解。根据 CICA/AICPA 的研究报告,持续审计是指能使独立审计师通过使用在委托项目出现相关事件的同时或短时间内生成的一系列审计报告,对委托项目提供书面鉴证的一种审计方法。Alexander等人(1999)认为,持续审计是能在相关事件发生的同时或之后很短的时间内就产生审计结果的一种审计类型。根据这一定义,Alexander 等人(1999)认为把持续审计称为实时审计更合适。此外,Alexander 等人(1999)还认为要实现持续审计,需要一个在线的计算机系统把审计部门和被审计部门连接起来,所以,把持续审计称为持续在线审计(Continuous Online Auditing, COA)。随着信息化程度的提高以及计算机网络的广泛使用,目前正在开展的所谓的联网审计也是持续审计的一种。综上所述,持续审计可以理解为能在相关事件发生的同时或之后很短的时间内就产生审计结果的一种审计类型。

为了使读者对持续审计有一个清晰的认识,根据现有文献,作者对关于持续审计的研究情况进行总结分类,如图 7.1 所示。概括来说,关于持续审计的研究主要集中在技术实现方法、理论分析和关键技术上。根据实现技术的不同,技术实现方法可以分成嵌入式和分离式两种,其中,分离式持续审计是目前研究的主流。根据持续审计系统的灵活性情况,分离式持续审计又可分成专用模式和通用模式,专用模式是针对某一特定系统而设计的持续审计实现方法,通用模式则是为了使设计的持续审计方法具有一定的通用性,其采用的方法如基于 XML、基于 CORBA 等。

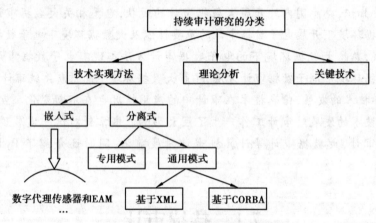

图 7.1　持续审计相关研究的分类

7.1.2　持续审计一般实现方法

技术实现方法一直是持续审计研究的重点。随着信息技术的发展,越来越多的持续审计实现方法被提出。本节根据图 7.1 中的分类,对这方面的主要研究情况进行分析。

1)嵌入式持续审计

所谓嵌入式持续审计,是指在被审计信息系统中嵌入相应的程序模块(触发器、智能代理等),通过该程序模块不断地对被审计信息系统中的数据进行检测,从而完成对被审计信息系统的持续审计。几种嵌入式持续审计的实现方法简介如下。

(1)嵌入审计模块技术

嵌入式持续审计的典型代表就是嵌入审计模块技术(Embedded Audit Module, EAM),其原理如图 7.2 所示。

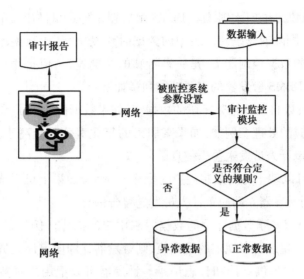

图 7.2 基于 EAM 的持续审计原理

(2) 传感器和数字代理技术

传感器(Sensors)和数字代理(Digital Agents)也是实现嵌入式持续审计的一种方法。Sean(2003)给出了一种采用传感器和数字代理来实现的嵌入式持续审计框架,其原理如图 7.3 所示。这种方法是在被审计信息系统中放置传感器和数字代理,并在传感器与数字代理中定义相应的规则,被审计信息系统中的数据与传感器、数字代理中定义的相应规则的任何差异都会通过电子邮件(E-mail)传递给审计人员,审计人员再根据该信息采取相应的措施。

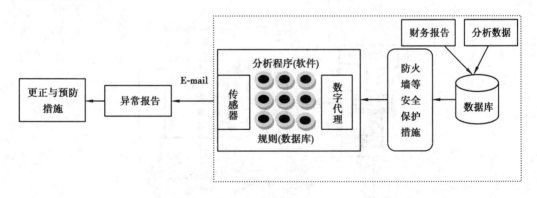

图 7.3 基于传感器和数字代理的持续审计方法

(3) 基于 DBMS 触发器的持续审计模型

目前国内外已经研究了多种实现持续审计的方法,但这些方法仍然存在很多不足,或者不具有通用性,或者实施成本太高,不能较好地满足需要。因此,研究简单易行的持续审计方法对我国开展持续审计具有重要的理论和应用价值。基于持续审计的研究现状,作者提出一种基于数据库管理系统(Database Management System,DBMS)触发器的持续审计模型。

①DBMS 触发器的工作原理。DBMS 触发器是特定事件出现的时候自动执行的代码块。它在插入、删除或修改特定表中的数据时触发执行,比数据库本身标准的功能有更精细和更复杂的数据控制能力,是一种特殊的存储过程,但是用户不能直接调用。能用于持续审计的 DBMS 触发器的主要功能列举如下:

a.触发器可以自动计算某字段的数据值,如果数据值达到了预定的值,触发器则会根据需要执行相应的处理。例如,如果某职工的年住房公积金高于国家规定的最高值,则触发器立即向审计人员发送警告信息。

b.触发器可以基于时间限制用户的操作。例如,如果下班后或节假日有人修改数据库中的数据,则触发器立即向审计人员发送警告信息。

c.触发器可以基于数据库中的数据限制用户的操作。例如,如果某单位职工的住房公积金涨幅一次超过国家规定的最高值,则触发器立即向审计人员发送警告信息。

d.触发器可以提供审计和日志记录。触发器可以把用户对数据库的更新写入审计表,从而可以跟踪用户对数据库的操作,如果用户对数据库的操作违反相关规定,则触发器立即向审计人员发送警告信息。

e.触发器可以实现复杂的数据完整性规则。例如,在某住房公积金管理系统中,如果用户录入一条总房价为 100 万元,贷款金额为 200 万元的贷款记录,则触发器立即向审计人员发送警告信息。

②基于 DBMS 触发器的持续审计模型原理。基于以上分析,可以采用 DBMS 触发器的相关功能来实现对被审计数据库系统的持续审计,如图 7.4 所示,其原理说明如下。

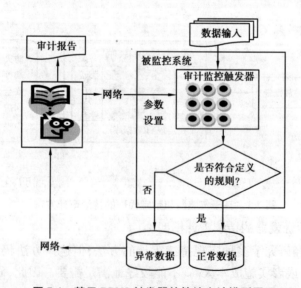

图 7.4　基于 DBMS 触发器的持续审计模型原理

a.根据对被审计单位的业务及数据库系统的分析,在被审计信息系统中定义相应的触发器,触发器的定义和修改可以在现场,也可以以远程的方式进行。

b.当数据输入被审计信息系统时,触发器会对每一笔数据进行检测,从而判定每条记录是否符合所定义的业务规则。如果记录不符合所定义的业务规则,则将该记录导入异常数据库中。

c.对于异常数据库中的异常数据,可以通过网络传输到审计单位,审计员可以实时或定期地对异常数据库中的异常数据进行现场或非现场的审查,并对有问题的数据进行审计判断和进一步的延伸审计。

③优缺点分析。DBMS 触发器的持续审计模型具有以下优点:

a.用于持续审计的触发器设计独立于被审计信息系统的设计,不需要在开发被审计信息系统时就考虑。

b.当被审计信息系统发生变化时,用于持续审计的触发器可以很容易地被修改。

c.实施成本较低。

尽管 DBMS 触发器的持续审计方法具有很多优点,但是被审计信息系统中过多的触发器一方面会影响数据库的结构,提高维护的复杂程度,另一方面也会占用服务器端太多的资源,对服务器造成很大的压力。

2)分离式持续审计

所谓分离式持续审计,是指在被审计信息系统外设置相应的程序模块,通过该程序模块不断地采集被审计信息系统中的数据,并把这些采集到的数据传输到审计单位,供审计人员分析,从而完成对被审计信息系统的持续审计。这种类型和嵌入式不同,其审计系统是审计单位独立开发和拥有的,与被审计单位没有任何关系。分离式持续审计是目前持续审计研究与应用的主流。

(1)专用模式

常见的这类研究分析如下:

①Vasarhelyi and Halper (1991)提出了持续过程审计方法(Continuous Process Audit Methodology,CPAM)的概念,并描述了一个 AT&T 贝尔实验室。

开发的用来处理大型无纸数据库系统的持续过程审计系统(Continuous Process Auditing System,CPAS),它的设计主要适用于内部审计,其原理如图 7.5 所示。CPAS 是通过设计一个和被审计信息系统相独立的持续审计系统来实现的,它有自己的工作平台、操作系统、数据库以及其他应用软件,这使得审计系统和被审计信息系统之间的冲突减至最小。

②Rezaee 等人(2002)提出了采用审计数据仓库和数据集市来存储和处理下载的被审计数据的方法,其原理如图 7.6 所示。

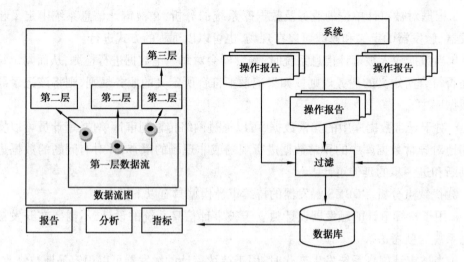

图 7.5　CPAS 的工作原理

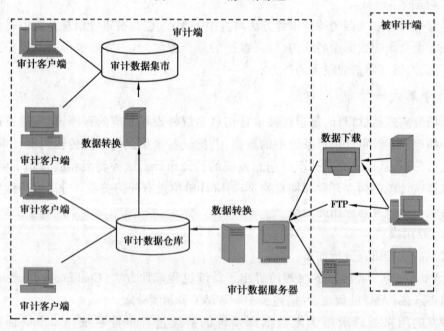

图 7.6　一种基于数据仓库的持续审计方法

③目前,我国正在研究实施的面向数据的联网审计也是分离式持续审计的一种,下一节将对联网审计做详细分析。

(2)通用模式

由上面分析可知,以上几种分离式持续审计的数据采集接口可移植性差,不具有通用性。为了使设计的持续审计在实现技术上具有一定的通用性,一些文献对通用模式的持续审计实现方法进行了探索研究。几种通用模式的持续审计实现方法简介如下:

①XML(Extensible Markup Language)的会计信息系统,Murthy and Groomer (2004)研

究了一种持续审计 Web 服务模型,称为 CAWS(Continuous Auditing Web Services),CAWS 主要是针对将来建立在 XML 基础上的会计信息系统。XML 现在仍然是一种较新的技术,CAWS 的应用有限。

②在前人研究的基础上,Du and Roohani(2006)提出了一种面向财务的持续审计方法,其原理如图 7.7 所示。该持续审计框架具有一定的通用性,既适用于基于 XML 的系统,又适用于不基于 XML 的系统。该方法采用简单对象访问协议(Simple Object Access Protocol,SOAP)和公用对象请求代理程序体系结构(Common Object Request Broker Architecture, CORBA)技术,针对使用 XML 数据的被审计信息系统,采用 SOAP 方式在审计系统和被审计信息系统之间进行数据的传输;针对不使用 XML 数据的被审计信息系统,采用 CORBA 来解决不同应用系统中复杂的数据结构问题,从而保证能抽取不同应用程序和不同数据格式的数据。遗憾的是,Du and Roohani(2006)仅从理论上进行了探讨,具体的技术细节仍没有得到详细的分析。

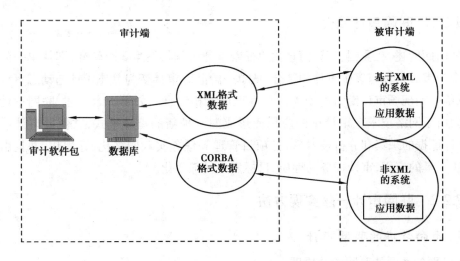

图 7.7　一种基于 XML 和 CORBA 的通用持续审计方法

3) 两种实现方法的比较

以上对嵌入式持续审计和分离式持续审计这两种实现方法进行了分析。由以上分析可知,这两种方法的区别是分离式持续审计是与被审计信息系统分离的,对被审计信息系统的影响较小,而嵌入式持续审计必须与被审计信息系统集成在一起,这就会带来很多问题,例如:

①由于嵌入审计模块不具有通用性,为一个被审计信息系统开发的嵌入审计模块不能容易地应用于其他被审计信息系统。如果被审计信息系统发生了变更,嵌入审计模块也要随之修改。这种方式对于内部审计比较适合。

②由于目前多数软件系统没有提供设计嵌入审计模块的功能,因此嵌入式持续审计的实施是比较困难的。另外,为了保证嵌入审计模块准确、可靠、完整,开发一个嵌入审计模块需要进行大量的测试。对于独立审计来说,这在经济上也是不可行的,对于社会

审计来说更不可行。

③嵌入审计模块会占用被审计信息系统的资源,特别是执行复杂且含有大量触发器的嵌入审计模块时,会降低系统的运行性能。

④嵌入审计模块会对数据库和应用系统的安全和控制在技术和管理上产生挑战。

所以,分离式持续审计是目前研究的主流。但相对于分离式持续审计来说,嵌入式持续审计在实现技术上比较简单也比较灵活,适用于中小型被审计单位,而分离式持续审计设计和实施成本相对较高,它对于经常接受审计的重要被审计单位来说比较适合。

7.2 联网审计

7.2.1 联网审计简介

如前面所述,在我国,审计信息化象征着审计工作将发生 3 个转变,即从单一的事后审计变为事后审计与事中审计相结合;从单一的静态审计变为静态审计与动态审计相结合;从单一的现场审计变为现场审计与远程审计相结合。如第 1 章所述,联网审计可以定义为由于网络技术在审计中的应用而形成的一种新的审计模式,它使得审计信息交流、审计证据的采集和分析技术、审计项目管理等任务实现网络化、远程化,并且由于新的方法工具的应用,审计任务的性质、目标发生局部变化。

7.2.2 联网审计一般实现方法

1)面向数据的联网审计

(1)面向数据的联网审计原理

在第 2 章所介绍的电子数据审计中谈到,审计人员根据审计任务的需要,到被审计单位现场采集电子数据,然后对这些电子数据进行预处理并完成数据分析,获得审计证据,这种开展电子数据审计的方式可称为现场电子数据审计,这是目前电子数据审计的主要方式。相对于现场电子数据审计,我国正在研究与实施的联网审计也可以看成远程联网电子数据审计,即一个采用远程联网方式从被审计单位采集电子数据,并对其进行分析,获取审计证据的过程。

这种类型的联网审计是通过不断地采集被审计单位信息系统中的数据来实现的,其在技术实现上主要包括审计数据采集、审计数据传输、审计数据存储以及审计数据分析 4 个部分。这种方式也可以看成一种面向数据的联网审计(Data-Oriented Online Auditing, DOOA)。其原理如图 7.8 所示。

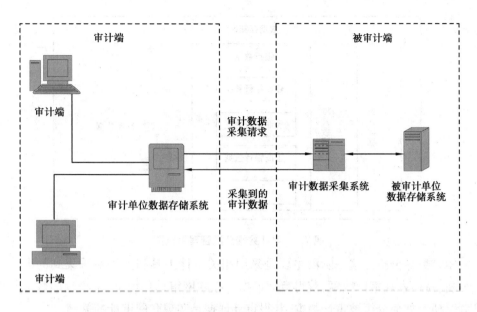

图 7.8　我国面向数据的联网审计实现方法原理

①审计数据采集。要实现联网审计,必须研究如何采集被审计单位的电子数据。一般来说,联网审计数据采集的实现是通过在被审计单位数据服务器端放置一台称为"数据采集前置机"的服务器,并在数据采集前置机上安装数据采集软件,把审计需要的财政财务数据和相关经济业务数据采集到部署在本地的审计数据采集服务器(前置机)中的。

②审计数据传输。审计数据传输主要用来把采集到的数据通过网络传输到审计单位,以供审计数据分析使用,即利用由公共通信资源网构建的联网审计数据传输网把部署在被审计单位的数据采集前置机中的数据传输到审计单位的计算机中心。在实际工作中,可以根据具体的情况采取相应的数据传输方式,例如,对于数据量大且要求实时审计的数据,可以采用专线的方式进行数据传输;对于多级数据分散存储的单位,可以采用专线、拨号等方式进行数据传输。

③审计数据存储。在联网审计环境下,由于从被审计单位采集到的电子数据是海量的,对丁采集到的电了数据需要采取一定的方式来存储,即可以在审计单位构建联网审计的海量数据存储系统。随着云计算技术的发展,将来也可以采用云存储技术来解决联网审计环境下海量审计数据的存储问题。

利用海量数据存储系统可以实现按不同的应用(逻辑)或数据特征(类型)进行分区管理。例如,在海量数据存储系统中,可以根据联网审计的需要或不同数据的特征,同时存放税务联网审计、海关联网审计、银行联网审计等若干个系统的海量数据,如图 7.9所示。

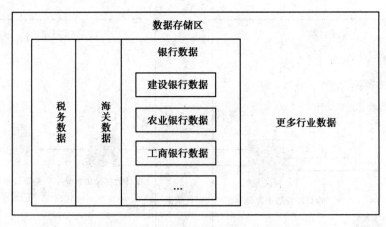

图 7.9　审计数据分区管理示意图

④审计数据分析。这一阶段主要是采用相关审计工具和方法对采集到的电子数据进行分析,从而发现审计线索,获得审计证据。在联网审计环境下,采集到的数据是海量的,因此,研究如何分析被审计数据、获得审计证据是实现联网审计的关键。

根据以上分析,这种面向数据的联网审计可以归纳为:联网审计是网络技术在审计中的应用而形成的一种新的审计模式,它通过网络采集被审计单位的电子数据,进行连续、全面的分析,及时发现被审计单位存在的问题,为现场审计提供线索和资料,从而使得审计工作实现网络化、远程化。

(2)实施联网审计的优缺点分析

①主要优点。根据前面对联网审计原理的分析,实施面向数据的联网审计的主要优点如下。

a.有效消除 7 种审计浪费。传统的审计模式具有 7 种审计浪费,即过度审计、等待、时间延迟、审计过程自身的无效率、审计过程的不连续、过多的审阅过程、误差,而实施联网审计能有效消除这 7 种审计浪费。例如,节省调阅资料的时间,审计人员可以远程获取主要审计资料,避免像传统审计依赖被审计单位提供数据,节省等待数据的时间。根据统计,一般审计项目中审计人员等待调阅会计资料的时间大量占用审计人员的有效工作时间。在联网审计模式下,主要的审计数据是通过数据前置机来获得的,具有前所未有的主动性和灵活性。

b.降低审计工作成本。实施联网审计后,需要的审计人员会减少,降低了相应的审计人员成本。对于异地审计项目的审计,实施联网审计能有效地减少外勤经费,如差旅费、住宿费等,也大大降低了审计成本。

c.节省审计的时间,提高审计效率。在传统审计模式下,由于审计对象的情况往往比较复杂,仅凭一次审计就把全部问题都查出来几乎是不可能的。采用联网审计则可以在数据采集来之后,采用先进的审计数据分析方法对被审计数据进行仔细的分析,从而全面发现审计线索。

d.增强审计的独立性。审计人员依赖被审计单位提供数据,现场审计时,提供数据的效率和质量影响到审计行为的实施效果。在联网审计时,借助联网审计系统,审计人员具备更强的灵活性和行为的独立性,可以对审计事项进行更加自由的调查取证,形成审计意见。此外,在现场审计时,审计人员和被审计单位人员在工作全过程中接触,在涉及敏感问题时,难免会受到各方面的干扰,影响独立判断。而在联网审计模式下,审计人员与被审计单位人员处于物理上的不同地点,从环境上有利于保证审计人员的独立性。

②主要缺点。根据前面对联网审计原理的分析,实施面向数据的联网审计的主要缺点如下。

a.实施成本高。实施联网审计的成本可以分成一次性成本和经常性成本两部分,一次性成本是指联网审计系统开发和运行的初始投资;经常性成本是指在联网审计系统整个生命周期内反复出现的运行和维护成本。

针对目前我国联网审计的实施方法,其一次性成本主要包括:

- 硬件成本;
- 软件成本;
- 人员培训费用;
- 场地成本。

针对目前我国联网审计的实施方法,其经常性成本主要包括:

- 人员成本;
- 硬件维护成本;
- 软件维护成本;
- 耗材成本;
- 风险控制费用;
- 其他费用,如网络通信费等。

对于实施联网审计的成本,我们将在后面做详细分析。

从联网审计的成本构成可以看出,实施联网审计的成本是比较高的。因此,在实施联网审计时需要从成本和效益的角度进行可行性研究。

b.审计风险高。在联网审计环境下,审计的主要对象是从被审计单位信息系统中采集到的原始数据,如果被审计单位没有健全的内部控制制度来保证其数据信息的真实性,审计人员的工作都建立在虚假信息之上,这将带来极大的审计风险。另外,由于联网审计也是一个复杂的系统,有时灾难性的事故是无法预防或避免的,这些灾难造成的系统停顿也将给审计工作带来了重大影响。

(3)联网审计系统的安全问题分析

图7.8所示的面向数据的联网审计系统,其安全控制非常重要。面向数据的联网审计系统的安全因素主要包括审计数据采集安全、审计数据传输安全、审计数据存储安全和审计数据分析安全。

①审计数据采集安全。审计数据采集安全主要包括数据采集物理安全、数据采集身

份认证与授权以及审计数据完备性等。

②审计数据传输安全。联网审计系统一般需要异地传输大量的数据,其中大部分数据是关系到被审计单位利益的重要数据,有些数据甚至关系到国家的重要利益,而目前联网审计系统的数据传输过程会涉及公网系统,因此,联网审计系统数据传输的安全问题非常重要。只有保证了数据传输过程中的保密性和完整性,才能保证系统数据不被截获、不被泄露、不被监听和复制。审计数据传输安全主要包括信息传输安全、传输通道安全和网络结构安全。

③审计数据存储安全。在联网审计系统的计算机中心存储着大量审计数据,包括从被审计单位采集来的审计数据以及审计人员分析处理后的结果数据,这些数据会涉及被审计单位的敏感信息以及国家的重要保密信息,如果这些信息发生泄露,会严重影响被审计单位和国家的利益。另外,数据的完整性也是极为重要的,一旦重要数据被破坏或丢失,就会对联网审计系统的日常运行造成重大影响,甚至造成难以弥补的损失。因此,审计数据存储安全也很重要。

审计数据存储安全主要是要保证审计数据的连续性、共享性和可使用性,同时要保证审计部门内外数据的安全隔离。另外,为了防止各种灾难给数据存储带来损害,应该建立异地备份方案。

④审计数据分析安全。审计数据分析安全主要包括:审计人员在进行审计数据分析的过程中,不能更改原始的被审计数据,不能泄露相关的被审计数据等。

2)联网核查方法

除了上面介绍的面向数据的联网审计,在实际的审计工作中,在风险可控的情况下,审计人员有时会通过局域网或专用网络直接访问被审计单位的数据库服务器,进行数据的查询和分析,完成审计工作,这种联网核查的审计方法有时也称为联网审计,其原理如图 7.10 所示。

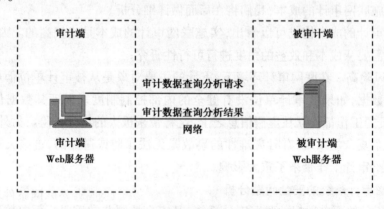

图 7.10 联网核查实现方法原理

7.2.3　大数据环境下的联网审计实现方法

大数据环境下,联网审计的数据采集存在一定的风险,一方面是因为数据量大、结构复杂,另一方面是数据的传输风险,除了需要从被审计单位内部采集数据之外,还需要采集相关外部数据。目前在审计实务中,对于数据采集,除了已有的联网自动采集数据方法之外,大数据环境下也可以采用其他数据采集方式为开展联网审计提供基础,比如,在审计项目实施期间按规定程序依法现场采集相关数据、每年定期从相关单位采集数据、被审计单位定期报送相关数据等。因此,在实际的联网审计实施过程中,可以采取联网审计和数据报送相结合的方式,其原理如图 7.11 所示。

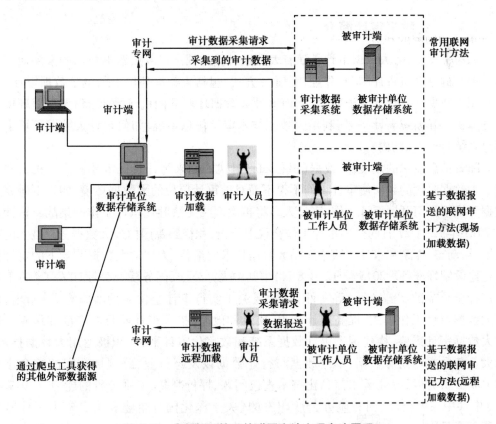

图 7.11　大数据环境下的联网审计实现方法原理

①相对固定、数据量小、联网条件成熟的相关被审计单位,仍可以继续采用原有的联网数据采集方式。在联网采集数据的过程中,需要针对不同传输环境和数据敏感级别,采用差异化的加密及传输方式进行传输,确保数据传输的安全性和完整性。

②那些比较分散、审计周期不固定,或者是数据量极大,或者是联网条件不成熟的相关被审计单位,可以采用定期数据报送方式采集。在数据报送时,一般需要采用对数据加密后通过移动介质复制、"双人交付"的方式进行,在报送的过程中要注意做好介质交接记录。另外,在数据报送时,被审计单位需要根据审计机关要求的数据格式提供数据,有效地控制数据质量风险。

③通过网络爬虫获得其他数据。这种数据采集方式可以有效地弥补审计大数据不全面性方面的不足,使得审计人员可以将被审计单位内部数据与外部相关数据进行集成,充分发挥大数据的潜力,提高审计取证的查全率,减少审计风险。另一方面,审计人员在采用这种数据采集方式时,应注意选择好合适的公开数据源(数据采集对象),加强数据验证,保证采集到的相关公开数据的可靠性、完整性和准确性,减少审计风险。

7.3 大数据审计

7.3.1 大数据审计简介

如第 1 章所述,大数据审计是随着大数据时代的到来以及大数据技术的发展而产生的一种新的计算机审计(审计作业信息化)方式,包括大数据环境下的电子数据审计(如何利用大数据技术审计电子数据、如何审计大数据环境下的电子数据)和大数据环境下的计算机信息系统审计(如何利用大数据技术审计信息系统、如何审计大数据环境下的信息系统)两方面的内容。

随着信息技术的发展,大数据(Big Data)时代的到来为计算机审计提供了机遇和挑战。大数据时代的到来使审计工作不得不面对被审计单位的大数据环境,如果不研究大数据环境下如何开展审计工作,审计人员将再次面临无法胜任审计工作的挑战。审计署在 2013 年 12 月 27 日的全国审计工作会议上指出,积极跟踪国内外大数据分析技术的新进展、新动态,探索在审计实践中运用大数据技术的途径,为推动大数据背景下的审计信息化建设做好准备。2015 年 12 月 8 日,中共中央办公厅、国务院办公厅印发了《关于实行审计全覆盖的实施意见》等文件,其中,《关于实行审计全覆盖的实施意见》指出,构建大数据审计工作模式,提高审计能力、质量和效率,扩大审计监督的广度和深度。适应大数据审计需要,构建国家审计数据系统和数字化审计平台,积极运用大数据技术,加大业务数据与财务数据、单位数据与行业数据以及跨行业、跨领域数据的综合比对和关联分析力度,提高运用信息化技术查核问题、评价判断、宏观分析的能力。2017 年 3 月中共中央办公厅、国务院办公厅印发的《关于深化国有企业和国有资本审计监督的若干意见》提出,创新审计理念,完善审计监督体制机制,改进审计方式方法。在中国审计署的倡导下,世界审计组织大数据审计工作组于 2016 年 12 月成立,并于 2017 年 4 月 18 日在南京召开第一次会议。中共中央总书记、国家主席、中央军委主席、中央审计委员会主任习近平 2018 年 5 月 23 日在主持召开的中央审计委员会第一次会议上指出,要坚持科技强审,加强审计信息化建设。审计署胡泽君审计长在 2018 年 1 月召开的全国审计工作会议上指出"积极推进大数据审计"。国外实务界也高度关注大数据在审计中的应用,国际内部审计师协会于 2017 年发布了《了解和审计大数据》指南。

综上所述,研究大数据审计问题具有重要的理论意义和应用价值。本节结合目前大数据审计的研究与应用现状,介绍大数据审计的基本知识。

7.3.2　大数据基本知识

1) 大数据概念的来源

在 2008 年 9 月 4 日《自然》(*Nature*) 杂志上的"Big Data Special"大数据专题论文中,记者对当时正在制定的用以最为充分地利用海量数据的最新策略进行了探讨,首次提出大数据的概念(Lynch,2008),认为大数据来源有 3 个:

①天体物理和粒子物理,这些领域的研究产生大量数据,根本来不及处理,连分类都来不及,更谈不上再利用;

②生物科学,基因、蛋白研究产生的数据;

③社交网,社交网产生巨量的数据,而且是非结构化的,尚无较好的数据库存储。

2011 年 6 月,世界著名咨询机构麦肯锡公司发布了报告《大数据:下一个创新、竞争和生产力的前沿》(*Big Data:The Next Frontier for Innovation, Competition, and Productivity*)给出了大数据定义:大数据指的是大小超出常规数据库工具获取、存储、管理和分析能力的数据集(Manyika, 2011)。高德纳咨询公司把大数据定义为:大数据是具有大容量、快速和(或)多样性等特点的信息资产,为了能提高决策、洞察发现和流程优化,这种信息资产需要新形式的处理方法(Gartner, 2012)。

大数据时代的到来为各行业提供了机遇和挑战。《科学》(*Science*) 杂志 2011 年专刊讨论如何管理大数据。高德纳咨询公司把大数据技术列入全球未来 5 年十大关键技术趋势之一,并认为大数据技术将会对科学研究、商业、公共管理等领域带来重大变革。目前,大数据的研究和应用已经成为国内外的热点。世界各国均高度重视大数据相关问题的研究与探索,并从国家战略层面推出研究规划以应对大数据带来的机遇和挑战。2012 年 3 月,美国政府公布了"大数据研究与发展计划",未来十年将是一个大数据引领的智慧科技时代。

2) 大数据的特点

概括来说,大数据主要具有以下 4 个特点:

①大量(Volume)。数据量大,非结构化数据超大规模增长,比结构化数据增长快 10~50 倍。

②多样性(Variety)。大数据的形式多样,有很多不同形式,如文本、图像、视频、机器数据等。

③快速(Velocity)。一方面数据量增长速度快,另一方面大数据要求实时分析,处理速度要求快。

④真实性(Veracity)。数据必须是准确的、可靠的、一致的,具有可追溯性。

另外,国际内部审计师协会在 2017 年发布的《了解和审计大数据》指南中,把可视化(Visualization)也作为大数据的一个重要特点。

7.3.3 国外大数据审计的应用情况

1) 实务界应用情况

国外审计实务界高度关注大数据在审计中的应用。大数据审计得到了美国注册会计师协会(American Institute of Certified Public Accountants, AICPA)的重视,AICPA(2014)于2014年8月发布了一份名为《在数字世界里重构审计》(Reimagining Auditing in a Wired World)的白皮书,分析了大数据环境对审计工作的影响,并指出可以利用相关大数据作为实际被审计数据的辅助数据,通过数据分析技术,识别和发现被审计数据中的关联,从而发现审计线索。比如报表、会计欺诈、破产或持续经营问题等与从公司的一些文件和数据源得到的指标是有关联的,因此,通过分析从公司获得的一些文件和数据源,可以发现相关审计线索。这为开展大数据审计打下了基础。

美国证券交易委员会(The Securities Exchange Commission, SEC)使用大数据分析来确定内幕交易和会计欺诈,运用大数据策略来监督金融市场活动,比如,利用自然语言处理程序和网络分析来帮助识别违规交易活动。美国联邦住房管理局(The Federal Housing Authority, FHA)运用大数据分析来帮助预测违约率、偿还率和索赔率,利用大数据技术为可能出现的场景构建现金流模型,以确定维持正向现金流所需的保费。美国社会保障局(The Social Security Administration, SSA)利用大数据技术来分析海量的非结构化伤残索赔数据,通过更快、更高效地处理医学分类和预期诊断,重塑整个决策过程,更好地识别可疑的不实索赔。

普华永道2015年2月在Data Driven:What Students Need to Succeed in a Rapidly Changing Business World中指出:高校应该为审计、会计专业的学生提供大数据审计方面的课程,为相关审计人员提供大数据审计方面的培训,教会他们使用大数据分析程序语言与工具(如R语言、Python、Java等)、数据可视化分析工具,从而满足审计人员开展大数据审计的需要(PWC,2014)。另外,普华永道的调查发现:在审计工作中,计算机辅助审计技术,特别是数据审计技术的使用要比预期的低。Brown-Liburd(2015)认为,要多关注审计人员处理大数据的能力,比如如何对审计人员进行大数据审计方面的培训,如何开发大数据审计工具或借助其他领域的软件工具来开展大数据审计。

麦肯锡认为,目前已有经典技术可用于大数据分析,这些技术包括关联规则挖掘、数据聚类、数据挖掘、集成学习、遗传算法、机器学习、自然语言处理、神经网络、模式识别、预测模型、回归、信号处理、空间分析、统计、监督式学习、无监督式学习、时间序列分析、时间序列预测模型等;此外,也有一些可专门用于整合、处理、管理和分析大数据的关键技术,主要包括Big Table、云计算、Hadoop、HBase、MapReduce、Mashup、元数据、非关系型数据库、关系型数据库、R语言、可视化技术等,其中,可视化技术是大数据应用的重点之一。

2) 国外政府开展大数据审计情况

2017年4月18日,世界审计组织大数据审计工作组第一次会议在南京召开。来自美国、中国、英国、印度、巴西、奥地利、挪威、俄罗斯、泰国、印度尼西亚等多个国家的代表分别介绍了本国开展大数据审计的情况。主要相关情况概括如下：

英国国家审计署（National Audit Office of UK，NAOUK）的大数据审计重点是增加价值，减少成本。目前是借助开源工具 R 语言、Shiny 软件和可视化软件，应用统计、机器学习、文本挖掘和可视化等技术开展大数据审计。

印度审计署（Comptroller and Auditor General of India，CAG）于 2016 年 9 月设立了数据管理和分析中心，广泛使用来自审计署内部、被审计单位和第三方的各类数据，采用统计、可视化等技术开展大数据审计。

巴西联邦审计署（Tribunal de Contas da Uniao，TCU）审计信息管理办公室自 2006 年以来一直注重审计数据的采集与应用工作，目前已采集了巴西 56 个最重要的政府部门相关数据库，汇总了 7 TB 的审计数据，供审计部门根据需要使用这些数据开展审计。审计人员可以使用 SQL、审计软件 ACL、R 语言等软件与工具开展数据分析。

奥地利审计法院（Austrian Court of Audit，ACA）对简单的数据分析使用 Microsoft Excel，对于复杂的数据分析、建模和大数据审计则采用 R 语言进行，对文本分析采用词云技术。

厄瓜多尔审计署（Office of the Comptroller General of Ecuador）从民政局、全国选举委员会、劳动部、财产登记、国内收入服务、社会保障国家机构等部门收集信息，并采用数据挖掘技术和开发相关手机软件利用这些大数据。

尽管爱沙尼亚审计署（National Audit Office of Estonia，NAOE）在审计中没有使用大数据分析的经验，但该国的一些大学和科研机构正在开展一些大数据方面的应用研究。

芬兰国家审计署（National Audit Office of Finland，NAOF）高度重视大数据审计的应用，目前所有国家部门和机构都使用相同的会计系统，会计数据已电子化，审计人员已系统地使用 CAATS 相关分析工具开展电子数据审计，审计的对象包括传统的财务数据、电子邮件、社交媒体、视频、声音等。今后计划把机器人技术、可视化技术应用于审计之中。

印度尼西亚设计了 CRISP-DM 系统来开展大数据审计，采用该系统进行数据分析的步骤为：业务理解、数据理解、数据准备、建模、评价、部署。

挪威审计署（Office of the Auditor General of Norway，OAGN）采用 IDEA 和 Microsoft Excel 等工具开展数据审计，目前主要分析结构化数据，下一步准备也对非结构化数据进行分析，现在正在建立数据科学和数据分析的能力，今后将使用微软的数据仓库技术（SQL Server Analysis Services）、可视化技术、开源工具 R 语言、Shiny 等开展大数据审计。

泰国目前是采用审计软件 ACL 来分析从被审计单位采集到的电子数据。

7.3.4 大数据审计技术与工具

1）大数据审计技术

目前，针对审计行业，关于大数据技术的相关理论和方法研究一般从以下 3 个方面展开。

(1) 大数据智能分析技术

大数据智能分析技术以各种高性能处理算法、智能搜索与挖掘算法等为主要研究内容,是目前大数据分析领域的研究主流,它是从计算机的视角出发,强调计算机的计算能力和人工智能,例如各类面向大数据的机器学习和数据挖掘方法等。可用于大数据智能分析的技术很多,例如:A/B Testing、关联规则分析、分类、聚类、遗传算法、神经网络、预测模型、模式识别、时间序列分析、回归分析、系统仿真、机器学习、优化、空间分析、社会网络分析、自然语言分析等。目前大数据智能分析技术在审计领域的应用仍不成熟,多是停留在理论研究层面。

(2)大数据可视化分析技术

大数据可视化分析技术是从人作为分析主体和需求主体的视角出发,强调基于人机交互的、符合人的认知规律的分析方法,目的是将人所具备的、机器并不擅长的认知能力融入数据分析过程中。大数据可视化分析技术是目前大数据审计应用比较成熟和主流的内容。

人类非常擅长通过视觉获取有用信息,一图胜千言。现代数据分析也日益依赖通过呈现图形来揭示含义和表达结果。一般来说,大数据可视化分析技术包括文本可视化技术、多维数据可视化技术、网络可视化技术、时空可视化技术等。以文本可视化技术为例,文本数据是大数据时代非结构化数据的典型代表。文本可视化的意义在于能够将文本中蕴含的语义特征(例如词频、重要程度、动态演化规律、逻辑结构等)直观地展示出来。标签云就是一种典型的文本可视化技术。通过标签云,可以将关键词根据词频或其他规则排序,按照一定规律进行布局排列,用大小、颜色等图形属性对关键词进行可视化,例如,用字体大小代表该关键词的重要性。常见的其他大数据可视化分析技术还有柱状图(Bar Chart)、折线图(Line Chart)、饼图(Pie Chart)、散点图(Scatter Chart)、气泡图(Bubble Chart)、雷达图(Radar Chart)、地区分布图(Choropleth Map)、树形图(Tree Map)、热力图(Heat Map)等。

在何种情况下应该用何种可视化方法,才能够让审计数据分析达到最佳的效果,是大数据可视化分析技术在审计中应用的重点。比如,在分析我国新型农村社会养老保险制度的发展情况时,对每年、每个地方、每个参保人员的信息进行逐一计算,并把数据在地图软件上可视化,其具有的特点就能很好地显现出来,审计人员便可以轻松地看出全国各地新型农村社会养老保险制度近年来的发展变化情况。

(3)大数据多数据源综合分析技术

大数据多数据源综合分析技术是通过对采集到的各行各业各类大数据,采用数据查询等常用方法或其他大数据技术方法进行相关数据的综合比对和关联分析,从而发现更多隐藏的审计线索。大数据多数据源综合分析技术也是目前审计领域应用大数据比较成熟和主流的内容。大数据环境下数据量较大,审计人员一般采用 Oracle 数据库系统开展相关大数据的综合比对和关联分析。另外,大数据环境下常用的审计数据分析方法,如账表分析、数据查询、统计分析、数值分析等,仍可以根据审计工作的实际情况使用,比如,与大数据技术一起组合使用、对被审计大数据中的部分数据进行分析等。

2）大数据审计工具

（1）大数据审计工具概述

大数据分析需要一些能在有限的时间内对大量数据进行有效分析的技术。为了充分从大数据中挖掘有用的信息，不同种类的大数据技术被研究出来，这些技术覆盖了计算机科学、统计学、经济学等学科。同时，一些用于分析大数据的工具也被开发出来。不同的大数据分析工具有不同的专长，一些主要为批处理数据设计，一些擅长实时数据分析。另外，一些大数据开源工具也可以很好地帮助审计人员开展大数据审计工作。本节对一些有效的大数据审计工具做简单分析，从而为后续大数据审计方法的应用打下基础。

（2）R 语言简介

R 语言在统计领域广泛使用，它是诞生于 1980 年左右的 S 语言的一个分支，可以认为 R 语言是 S 语言的一种实现。S 语言是由 AT & T 贝尔实验室开发的一种用来进行数据探索、统计分析和作图的解释型语言。最初 S 语言的实现版本主要是 S-PLUS。S-PLUS 是一个商业软件，它基于 S 语言，并由 MathSoft 公司的统计科学部进一步完善。后来，新西兰奥克兰大学的 Ross Ihaka 和 Robert Gentleman 开发了 R 语言，由于 Ross Ihaka 和 Robert Gentleman 两人名字的首字母都是 R，因此被称为 R 语言。

R 语言作为一种统计分析软件，集统计分析与图形显示于一体，是一款免费的自由软件，它提供了广泛的统计分析和绘图技术，包括线性和非线性模型、统计检验、时间序列、分类、聚类等方法。它有 Unix、Linux、MacOS 和 Windows 版本，可以免费下载使用。R 语言的主要优点概述如下。

①使用方便。R 语言是一款开源的大数据可视化分析软件，广泛应用于数据分析与统计等领域，是目前最受欢迎的数据分析和可视化软件之一；R 语言软件（如 RStudio 等）安装方便，占计算机内存小；相比其他编程语言来说，其操作难度要低很多。这些特点为审计人员应用 R 语言提供了方便。

②数据采集功能强大。R 语言能读取各种不同类型的被审计数据，比如 Microsoft Excel、SPSS、SAS 等，以及从网页上抓取的数据，完全满足审计人员开展大数据审计工作的需要。

③数据分析功能强大。R 语言包含众多不同功能的函数、程序包，可满足审计人员的需要；作为免费开源软件，用户还在不断创建新的包来更新丰富 R 语言的使用功能；R 语言作为大数据分析软件，能够实现大量数据分析。

④数据可视化功能强大。R 语言强大的数据可视化功能可以满足审计人员在可视化分析方面的各种需求。利用关联、聚类等建模手段，通过可视化手段直观分析被审计数据间隐藏的各种关联信息，可方便审计人员对分析结果进行宏观观察、分析，从而帮助审计人员从被审计大数据中发现审计线索及其规律。

（3）Python 简介

Python 的创始人为荷兰人 Guido van Rossum，它是一种面向对象的、动态的高级程序设计语言。Guido van Rossum 曾参与设计了一种教学语言 ABC，这种语言非常优美和强大，是专门为非专业程序员设计的。但是，ABC 语言并没有成功，Guido van Rossum 认为是其非开放造成的。1989 年圣诞节期间，在阿姆斯特丹，Guido van Rossum 为了打发圣诞节的无趣,决心开发一个新的脚本解释程序,作为 ABC 语言的一种继承。由于 Guido van Rossum 是一个叫 Monty Python 的喜剧团体的爱好者,因此,他选中 Python(大蟒蛇的意思)作为该编程语言的名字。

Python 第一个公开发行版发行于 1991 年。Python 语法简捷、清晰,功能强大,简单易学,并且具有丰富和强大的类库,是一种不受局限、跨平台的开源编程语言,Python 语言得到了广泛应用和支持。在国外用 Python 做科学计算的研究机构也日益增多,一些知名大学,如卡耐基梅隆大学、麻省理工学院等已经采用 Python 来教授程序设计课程。众多开源的科学计算软件包都提供了 Python 的调用接口。因此,Python 语言及其众多的扩展库所构成的开发环境十分适合工程技术、科研人员处理实验数据、制作图表,甚至开发科学计算应用程序。商用软件 MATLAB 的大部分常用功能都可以在 Python 中找到相应的扩展库。

概括来说,Python 具有以下特点。

①简单易学。Python 有相对较少的关键字,结构简单;有明确定义的语法,学习起来更加简单。

②免费、开源和可移植性。使用者可以自由地发布 Python 的拷贝,阅读它的源代码,对它做改动,把它的一部分用于新的自由软件中。由于 Python 的开源性,它能够在不同平台上工作,包括 Linux、Windows、MacOS 等。

③易于维护和阅读。Python 代码定义清晰,源代码是相当容易维护的。

④具有丰富的库。Python 标准库庞大,可以帮助处理各种工作,包括正则表达式、文档生成、单元测试、线程、数据库、网页浏览器、GUI(图形用户界面)等。除了标准库以外,还有其他许多高质量的库,如 Python 图像库等。

⑤可连接各种类型的主流商业数据库。Python 提供所有主要的商业数据库接口,可以连接各种类型的主流商业数据库。

⑥在科学计算方面优于 MATLAB。MATLAB 是一款商用软件,而 Python 完全免费;与 MATLAB 相比,Python 能让用户编写出更易读、易维护的代码;MATLAB 主要专注于工程和科学计算,而 Python 有着丰富的扩展库,可以轻松完成各种高级任务,开发者可以用 Python 实现完整应用程序所需的各种功能。

(4)Tableau

常见的商业化数据可视化工具软件很多,比如 Tableau、Qlikview、SAS、SAP Business Object 水晶易表、IBM Cognos、Microsoft Excel 等。其中,Tableau 是一款较为简单的数据可视化工具软件,它实现了数据运算与美观的图表的完美结合,用户只需将大量数据拖放到数字"画布"上,便能创建好所需要的各种图表(Tabealu,2014),如气泡图、柱状图、条形图、热力图、折线图、饼图、散点图等。

Tableau 分为 Desktop 版和 Server 版。Desktop 又分为个人版和专业版,个人版只能连接本地数据源,专业版还可以连接服务器上的数据库;Server 版主要是用来处理仪表盘,上传仪表盘数据,进行共享,各个用户通过访问同一个 Server 就可以查看其他同事处理的数据信息。

7.3.5　大数据环境下的电子数据审计方法

1）大数据环境下电子数据审计发展机遇和面临的挑战

（1）大数据环境下电子数据审计发展机遇

大数据时代的到来为各行业带来了机遇和挑战。目前,大数据的研究和应用已经成为国内外的热点。世界各国均高度重视大数据相关问题的研究与探索,并从国家战略层面推出研究规划以应对大数据带来的机遇和挑战。其中,大数据时代的到来给电子数据审计提供的机遇主要表现如下。

①审计取证更充分。如前所述,随着被审计单位财务和业务数据的电子化,获取被审计单位的电子数据,开展电子数据审计,已经成为审计的重要方式。联网审计技术也使得审计单位获取被审计单位电子数据的范围和频率大大增加。大数据环境下,被审计单位提供更多、更全面的数据,审计单位可以充分利用采集到的各方面数据,建立集中统一的被审计单位数据中心。在此基础上,借助大数据分析技术,构建审计大数据分析平台和使用更智能的大数据分析技术,通过分析"从数据入口到数据库平台"的更大范围的数据来源,对被审计单位的电子数据进行系统、全面的分析,以及跨部门的综合分析,从而解决目前数据分析局限于查找单个问题的缺陷,获得更充分的审计证据,更好地发挥审计的威力。

②大数据的可视化技术更有助于审计数据的分析。可视化技术是大数据应用的重点之一,可视化审计分析方式能够帮助审计人员快速有效地交互分析大量的数据,所提供的洞察力有助于审计人员更快、更准确地从复杂的被审计数据中发现审计线索。

③审计大数据的实时和快速分析将得以实现。随着云计算、流处理等技术的应用,以及粒计算（Granular Computing）、量子计算（Quantum Computing）等用来解决大数据的大计算量技术的研究进展,审计大数据的实时处理和快速决策将得以实现。另一方面,大数据环境下的审计数据实时分析能够使联网审计更好地实现实时的审计,真正实现持续审计的目的。

④审计结论更科学。大数据环境下,审计证据的获取、审计报告的形成、审计意见的决策等都可以基于对审计大数据的分析,只要数据可靠,审计结论必然可靠,这使得审计结果更科学。

（2）大数据环境下电子数据审计面临的挑战

尽管大数据技术给审计信息化带来了机遇,但进入大数据时代,开展电子数据审计将面临一些挑战,主要表现如下。

①审计大数据的真实性。大数据环境下,影响数据真实性的因素很多,为了得到正确、可靠的审计证据,防止大数据环境下的"假账真审",必须保证被审计的数据是真实的,防范与控制大数据环境带来的审计风险非常重要,其中,审计大数据质量控制是一个关键问题。

②审计大数据的控制和保护。大数据环境下,为了获得全面、可靠的审计证据,需要从众多的被审计单位采集大量敏感和重要的数据来分析,这些审计大数据常常会含有一

些详细的、潜在的能够反映被审计单位机密的信息,如银行客户的用户名、密码等。这些采集到的数据集中存储在审计单位的数据中心,一般以分布的方式存储,如采用云计算平台方式存储。网络攻击会影响审计大数据的安全,一些对审计数据中心的恶意进攻会造成更严重的后果,这就需要审计大数据有合适的贯穿审计数据采集、审计数据传输、审计数据存储、审计数据维护、审计数据分析等整个数据生命周期的控制和保护,以减少审计风险。

③审计大数据分析风险。审计大数据的复杂性给数据分析带来了一定困难。大数据环境下,数据信息全面,隐藏的或未知的信息较多,采集到的大量数据为审计数据分析提供了基础,为了能做到事中审计,或者是实时审计,需要强大、高效、实时的审计数据分析方法。另一方面,大数据环境下,数据复杂性也急剧增长,其多样性(多源、异构、多模态、不连贯语法或语义等)、低价值密度(大量不相关信息、知识"提纯"难度高)、实时性(数据需实时生成、存储、处理和分析)等复杂特征日益显著。审计单位现有的计算机系统和审计软件不能应对急剧增长、种类众多的被审计数据,审计大数据的复杂性给数据分析带来了一定困难,造成了审计数据分析的风险。因此,大数据环境下,如果不采用大数据技术实现从传统的审计数据分析向审计大数据分析的过度,必将影响审计数据分析结果和分析效率,带来了一定的审计风险。

④审计大数据的全面性尚不够。大数据环境下,审计单位需要访问第三方数据来源并将自己的信息与外部信息进行集成以充分发挥大数据的潜力。然而,目前尚未建立起数据访问与数据共享机制。这为充分获得大数据的价值带来了障碍,影响了审计取证的查全率,造成了一定的审计风险。

⑤审计大数据的存储。大数据环境下,已有的审计数据存储技术不能完全满足大数据环境的需要,被审计单位的大数据对审计数据的存储提出了挑战,研究适合大数据环境的审计数据存储技术成为开展电子数据审计的一项重要任务。

2) 大数据环境下的电子数据审计方法与现有电子数据审计方法比较

传统环境下,审计人员常采用审阅法、复算法、盘存法、函证法、鉴定法等方法开展审计工作。如前所述,信息化环境下,审计的对象是电子数据,因此,审计证据的获取多是通过采用信息技术对被审计数据的分析来完成的。随着大数据时代的到来,被审计单位的大数据环境对电子数据审计提出了挑战。由大数据的特点可知,信息化环境下现有的电子数据审计方法将不能完全满足大数据环境下电子数据审计的需要,需要新的电子数据审计方法。综合现有文献的分析,大数据环境下的电子数据审计方法与现有电子数据审计方法的比较见表 7.1。

表 7.1 大数据环境下的电子数据审计方法与现有电子数据审计方法比较

比较内容	现有电子数据审计方法	大数据环境下的电子数据审计方法
被审计数据来源	主要是被审计单位的内部数据,特别是结构化数据	被审计单位内外部各种类型的相关数据,不仅包括结构化数据,还包括非结构化数据

续表

比较内容	现有电子数据审计方法	大数据环境下的电子数据审计方法
审计数据采集方法	常用的审计数据采集方法主要有直接复制、通过中间文件采集、通过 ODBC 接口采集、通过专用模板采集以及远程联网数据采集等	除了采用现有审计数据采集方法之外，一些专门针对大数据的采集方法也可用于审计大数据采集之中，例如，对于非结构化数据的采集，可以采用网络数据采集方法，这种方法通过网络爬虫等方式从网站上获取审计数据信息；对于系统日志数据采集，可以采用 Hadoop 的 Chukwa、Facebook 的 Scribe 等
审计数据预处理方法	一般针对采集到的结构化数据进行审计数据预处理，主要是解决不完整数据、不一致的数据、不正确的数据、重复的数据等问题，其中，名称转换、数据类型转换、代码转换、横向合并、纵向合并、空值处理等是目前电子数据审计数据预处理过程中常用的方法	不仅包括对结构化数据的预处理，有时还需要把非结构化数据通过预处理转化成结构化的，或直接把非结构化数据预处理为可以方便分析的非结构化数据
审计数据分析方法	常用的审计数据分析方法主要包括：账表分析、数据查询、审计抽样、统计分析、数值分析等	常用的审计大数据分析方法主要包括：大数据智能分析技术、大数据可视化分析技术、大数据多数据源综合分析技术。另外，大数据环境下，常用审计数据分析方法，如账表分析、数据查询、统计分析、数值分析等，仍可以根据审计工作的实际情况使用，比如，与大数据技术一起组合使用，对被审计大数据中的部分数据进行分析等
审计数据存储方法	大多采用一般服务器来存储数据；联网审计环境下，可以在审计机关构建联网审计的海量数据存储系统，或建立审计数据中心系统	目前的数据存储技术不能满足审计大数据环境的需要，审计大数据的存储方法发生改变，包括存储设施、存储架构、数据访问机制等。可借助云计算平台进行审计数据存储，但这同时又带来了审计大数据的存储安全问题

3) 大数据环境下的电子数据审计方法原理

根据前面的分析，大数据环境下的电子数据审计方法原理如图 7.12 所示，其原理简述如下。

265

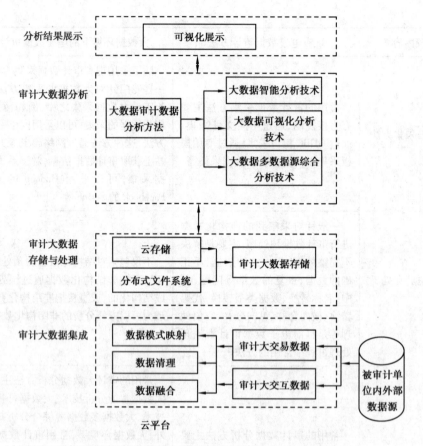

图 7.12　大数据环境下的电子数据审计方法原理

(1)审计大数据采集

①数据来源。大数据的来源多种多样,主要包括:a.审计大交易数据。这些数据是传统的、结构化的、通过关系数据库进行管理和访问的静态历史数据。b.审计大交互数据。这些数据源于社交媒体数据,包括传感器信息、海量图像文件、Web 文本、电子邮件等。

对于审计来说,大数据环境下,采集审计所需要的大数据是开展大数据审计的必要步骤。概括来说,采集数据的来源主要包括以下 4 个方面:

a.上级审计机关数据中心提供的数据。这类数据由上级审计机关根据审计项目的需要,提供给下级开展审计项目的审计机关,下级审计机关一般可通过查询方式使用上级审计机关提供的数据。

b.审计机关定期采集并上传至上级审计机关或本部门数据中心的各类数据。在开展相关审计项目时,审计机关可以充分利用平时积累的这些数据。

c.在审计项目实施过程中根据需要采集的各类数据。在开展相关审计项目时,审计机关可以根据项目的需要,从被审计单位依法采集所需要的审计数据。

d.通过大数据工具从互联网上抓取的公开数据。审计人员还可以通过一些大数据工具从互联网上抓取所需要的相关公开数据,或者可以实现自动搜索互联网上关于被审计单位的一些公开报道的风险信息,从而便于审计人员进行全方位的大数据分析。

②数据采集的类型。大数据环境下,数据采集的类型可分为非结构化数据和结构化数据。

a.结构化数据。采集的结构化数据主要包括:被审计单位共性数据,主要涉及基础管理、相对具有一致性的数据,包括报表、财务、产权、投资、供应商管理、合同管理、采购和销售等数据;被审计单位个性数据,如用于决策、审批、签批等的决策数据,体现经济运行和行业特点的业务数据;与信息系统有关的结构化数据,如信息系统的操作用户信息、用户操作日志等方面的相关数据。

b.非结构化数据。采集的非结构化数据主要包括:被审计单位基本情况、历史沿革、组织结构、部门职责、经营和改革发展状况、存在的主要问题和风险;被审计单位内部审计报告、社会审计报告、审计机关审计报告等,以及对上述报告发现问题的整改情况;被审计单位与经营管理决策相关的党组(委)会、董事会、总经理办公会会议纪要和会议记录;与信息系统有关的非结构化数据,如信息系统的开发、测试、运行、安全管理、业务连续性管理等方面的相关文档。

(2)审计大数据集成

审计大数据集成的目的是把从不同被审计单位或同一被审计单位中不同数据源采集的各种数据整合在一起,这些数据往往涉及诸多数据源,并且它们的数据模式也可能不一样。因此,大数据环境下,在对审计大数据进行分析时,首先需要对这些被审计单位的审计大交易数据和审计大交互数据进行集成和数据预处理,以满足审计大数据分析的需要。

(3)审计大数据存储与管理

目前的数据存储技术不能满足审计大数据环境的需要,大数据环境下,审计数据的存储方法发生了改变,包括存储设施、存储架构、数据访问机制等。因此,可借助云计算平台或分布式文件系统进行审计大数据存储与管理。以云计算为例,云计算(Cloud Computing)是一种数据分析技术,其 3 个层次的服务模式包括软件服务(Software as a Service, SaaS)、平台服务(Platform as a Service, PaaS)和设施服务(Infrastructure as a Service, LaaS)。云计算能够充分利用物理设施的弹性,实现处理快速增长数据的能力。大数据本身就是一个问题集,而云计算为大数据提供存储、访问和计算。大数据有云计算平台作为基础架构,才能顺畅运营。云计算提供了基础架构平台,审计大数据分析等应用在这个平台上运行。

(4)审计大数据分析与结果展示

常用的大数据审计分析方法主要包括大数据智能分析技术、大数据可视化分析技术、大数据多数据源综合分析技术。另外,大数据环境下,常用的审计数据分析方法,如账表分析、数据查询、统计分析、数值分析等,仍可以根据审计工作的实际情况使用,比如,与大数据技术一起组合使用、对被审计大数据中的部分数据进行分析等。

7.3.6　大数据环境下的信息系统审计方法

1)研究大数据环境下信息系统审计的重要性

如前所述,信息系统审计是目前审计信息化的一项重要工作,大数据环境同样对信息系统审计产生了影响。大数据时代的到来使审计工作面临被审计单位的大数据环境,大数据环境下如何开展信息系统审计成为一个重要问题。随着大数据环境的发展,被审计单位信息化程度越来越高,信息化应用范围越来越广,使用的应用系统越来越多,业务系统也越来越复杂。这使得常用的信息系统审计方法不能有效地满足大数据环境下信息系统审计的需要,采用大数据技术开展信息系统审计成为一种有效的方法。另外,大数据环境下,如何便于审计人员从整体上把握被审计大数据情况,快速发现可疑数据,提高审计效率,实现"集中分析,分散核查"的方式,成为大数据环境下开展审计工作的一项重要任务。因此,大数据环境下如何开展信息系统审计成为一个重要问题。本部分结合目前大数据与信息系统审计的研究与应用现状,分析大数据环境下的信息系统审计问题。

2)大数据环境下信息系统审计的主要变化

(1)大数据环境对信息系统审计的需求越来越强

随着大数据环境的发展,信息系统中的数据量越来越大,数据的存储方式也随之不断变化,数据的安全性越来越重要,因此,大数据环境对信息系统审计的需求越来越强。

(2)大数据环境对信息系统审计的技术要求越来越高

随着大数据环境的发展,被审计单位信息化程度越来越高,信息化应用范围越来越广,对信息化的依赖程度越来越高,使用的应用系统也越来越多,业务系统也越来越复杂。因此,大数据环境对信息系统审计的技术要求越来越高。

(3)大数据环境下信息系统审计方法需要不断创新

大数据环境下,除了目前常用的信息系统审计方法,如访谈、现场观察、文档查看、抽样、穿行测试等,还可以探索如何采用大数据的相关技术开展信息系统审计。

3)大数据环境下信息系统审计示例

在以上理论分析的基础上,本节结合目前大数据审计与信息系统审计的研究和应用现状,以业务连续性管理审计为例,分析大数据环境下的信息系统审计问题。

(1)业务连续性管理审计简介

业务连续性管理是为了防止业务活动中断,保护关键业务流程不受信息系统失效或自然灾害的影响,将意外事件或灾难对业务的影响降到最低水平。业务连续性管理包括识别和降低风险,制订连续性计划,建立应对意外事件或灾难的响应与恢复机制,测试和检查业务连续性计划的有效性与合规性,维护业务连续性计划。业务连续性管理审计的目的就是确保被审计单位的业务连续性管理符合相关要求。

（2）目前常用信息系统审计方法存在的不足

在开展业务连续性管理审计时，审计人员一般根据业务连续性管理的相关要求，逐项检查被审计单位是否有业务连续性管理相关制度，以及相应的执行落实情况。比如，在开展业务连续性管理审计时，审计人员可以关注以下内容：检查是否建立一个专门组织或指定一个部门负责本机构业务连续性管理工作；检查是否制订规范的业务连续性计划（包括业务连续性管理相关规章制度、文件以及人员名单）；检查是否制订规范的 IT 服务连续性计划（包括与 IT 服务连续性计划执行相关的规章制度、文件以及人员名单）；检查业务连续性计划是否有年度应急演练等。

目前常用的信息系统审计方法，如访谈、现场观察、文档查看、抽样、穿行测试等多是依据相关法律法规、规章制度，基于审计人员的审计经验对相关问题进行地毯式排查或重点式查找，不能很好地发现隐藏的审计线索，因此，需要探索如何采用相关大数据技术开展信息系统审计。

（3）大数据分析技术方法的选择

根据目前业务连续性管理审计的需要和大数据分析技术的应用现状，可以采用以下审计方法。

①大数据的多数据源综合分析技术。大数据的多数据源综合分析技术是通过对采集到的各行各业各类大数据，采用数据查询等常用方法或其他大数据技术方法进行相关数据的综合比对和关联分析，发现更多隐藏的审计线索。这种方法是目前审计领域应用大数据比较成熟和主流的内容。

大数据环境下，可以通过大数据的多数据源综合分析技术发现相关线索，例如，审计人员可以通过采用常用的 SQL 数据查询方法比较业务连续性管理相关数据和人力资源数据，或通过数值分析（重号分析）方法查找被审计系统中业务连续性管理数据是否重复，从而确认业务连续性管理相关制度的有效性。

②大数据可视化分析技术。大数据可视化分析技术是从人作为分析主体和需求主体的视角出发，强调基于人机交互的、符合人的认知规律的分析方法，目的是将人所具备的、机器并不擅长的认知能力融入数据分析过程中。大数据可视化分析技术也是目前大数据审计应用比较成熟和主流的内容。对于业务连续性管理审计，可以选择适合文本数据分析需要的标签云技术。

（4）大数据环境下业务连续性管理审计所需的主要数据

①被审计单位主要内部数据。大数据环境为业务连续性管理审计提供了全方位分析的相关数据，审计人员从被审计单位采集被审计单位的相关业务介绍、部门年度工作总结、风险分析报告、审计报告等相关文本数据，通过这些文本数据，审计人员可以了解目前被审计单位的相关业务情况、相关风险等，便于审计人员开展相关审计工作。比如：

a.风险分析报告。通过分析被审计单位的相关风险分析报告等文本数据，审计人员可以判断该单位的信息系统建设、运行等工作中是否发生过相关风险。比如，审计人员通过采集被审计单位的"公司交易系统故障事件总结报告"等文本数据来分析该单位是否发生过相关风险。

b.人力资源部门数据。从被审计单位人力资源部门采集相关员工信息数据,通过该数据可以掌握目前该被审计单位所有员工信息以及变化情况,比如员工的相关信息(如工号等)、员工离职或单位内部岗位调整等信息。

c.被审计单位办公系统数据。从被审计单位办公系统中采集公布的业务连续性管理应急人员名单等相关数据,通过该数据可以掌握目前该被审计单位业务连续性管理应急人员变化情况,比如用户离职或单位内部岗位调整等信息。

d.相关业务连续性管理制度。通过分析被审计单位的相关业务连续性管理制度等文本数据,审计人员可以判断该单位是否有相关业务连续性管理制度,相关业务连续性管理制度的内容是否合理等。

②被审计单位主要外部数据。除了通过以上方法获得被审计单位的内部数据之外,审计人员还可以通过一些大数据工具抓取外部相关网站上的数据,如关于被审计单位的相关信息安全事件的新闻报道、监管部门出具的相关警示等,通过对这些数据的采集和分析,便于审计人员辅助判断被审计单位在业务连续性管理方面是否出现过相关风险。

(5)基于大数据技术的业务连续性管理审计方法原理

基于大数据技术的业务连续性管理审计方法主要是充分利用被审计单位内部和外部的数据,通过对这些数据的对比分析以及借助大数据可视化分析技术等分析方法,发现被审计单位业务连续性管理方面的相关风险。相对目前常用的方法,这种方法的优点是:能发现相关隐蔽的系统风险;靠数据说话,靠数据决策;能通过可视化的方式更好地反映出体制和机制上的问题。具体原理分析如下。

根据对被审计单位的调查,在访谈和现场观察等基础上,采集被审计单位的内外部业务连续性管理相关信息,如人力资源部门数据、风险报告、审计报告、相关业务连续性管理制度等结构化和非结构化数据,以及外部相关监管部门网站或其他网站上公开的相关文本数据,如监管部门出具的相关警示函等。在审计大数据预处理的基础上,审计人员一方面可以采用标签云等大数据可视化分析技术,对相关警示函、业务办公会会议纪要等相关非结构化数据进行建模和整体分析,合自己的审计背景知识,通过对可视化的分析结果进行分析和观察,快速从被审计大数据信息中发现异常数据,检测是否存在信息系统风险情况,获得审计线索;另一方面可以借助数据查询方法和审计软件对被审计单位的结构化数据进行建模和分析,获得相关证据。在此基础上,通过对这些结果数据做进一步的延伸;审计和审计事实确认,最终获得审计证据。综上分析,基于大数据技术的业务连续性管理审计方法原理如图7.13所示。

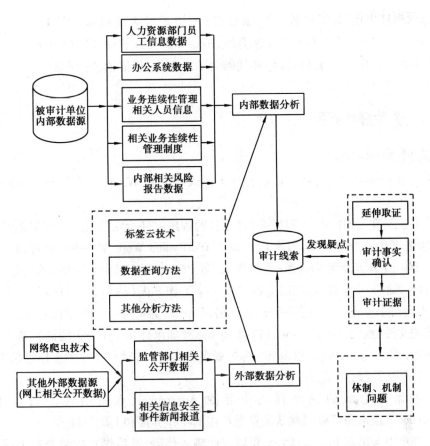

图 7.13　基于大数据技术的业务连续性管理审计方法原理

7.4　Python 基础知识

7.4.1　下载安装 Python

可以从不同的平台来下载、安装和使用 Python。根据经验,这方面最好的方式通过网络安装,每种操作系统都有一些最适应的方式,而且这些都随着操作系统的更新、平台的更新而不断变化,对于初学者最方便的平台是 Anaconda,只要进入网页就知道如何在各种操作系统(Windows,MacOS 及 Linux)中安装 Anaconda。目前 Python 有 3 及 2 两个版本(本书使用 3 版本),另外可以选 64-bit 和 32-bit,安装之后,一些最基本的模块,比如Numpy,Pandas,Matplotlib,IPython,Scipy 就都一并安装了。此后,可以以各种方式使用Python,比如通过 Jupyter Notebook,IPython,Spyder 等界面来运行。从运算来说,各种界面没有区别,但不同人的习惯不同,会有某些偏好。常用的界面是 Jupyter Notebook,对于初学者来说更加方便,因为它把每一步程序及结果都自动记录下来。而 Spyder 为交互式的环境,提供了若干窗口分别编写程序文件、交互式输入代码、输出结果以及为读者提供帮助等,有其好处,只是除了文件编写窗口外,不记录敲入的结果。另外要注意,诸如 Windows 和 Mac 的 OS 系统等都在不断升级,Anaconda 也在改变,同时 Python 及各个模块还在不断升级,本书所说的具体操作和代码会随之变化,相信读者会不断适应这些变化,与时俱进。

7.4.2　3 种操作界面

1）使用 Notebook

安装完 Anaconda 之后,就可以运行 Notebook 了。在 Windows 下打开 Notebook 有两种方法:

一种方法是在 CMD 窗口(即终端)进入你的程序文件所在的目录。如果还没有程序文件,就事先产生一个新目录,假定是 D 盘的 D:/Python Work 文件夹。这样,在 CMD 界面中键入 D:,回车后就到了 D 盘;然后键入 Cd Python Work 即可到达你的工作目录;再键入 Jupyter Notebook,则在默认浏览器产生一个工作界面(称为"Home")。如果你已经有文件,则会有书本图标开头的列表,文件名以.ipynb 为扩展名。如果没有现成的文件,可创建新的文件,点击右上角 New 并选择 Python3(如果你用 Python3 的话),则产生一个没有名字的(默认是 Untitled)以.ipynb 为扩展名的文件(自动存在你的工作目录中)的页面,文件名字可以随时任意更改。

另一种是在电脑的程序列表中寻找 Anaconda3,点击后在子目录中找到 JupyterNotebook,点击即可得到默认浏览器产生的工作界面和上面一样。

在文件页中会出现 In [ ]:标记,可以在此输入代码,然后得到的结果就出现在代码(代码所在的部位称为"cell")的下面。一个 cell 中可有一群代码,可以在其上下增加 cell,也可以合并或拆分 cell,相信读者会很快掌握这些小技巧。

在 Mac 机的 OS 系统可以用 Terminal 进入 Python 界面,如同在 Windows 系统一样,先用类似于 Cd Python Work 的命令进入工作目录,然后用 Jupyter Notebook 进入 Anaconda。MacOS 的 Anaconda 和 Windows 的没有多少区别。在 Mac 机里面也可以通过在应用程序中寻找并点击 Anaconda-Navigator 的图标进入各种界面。作为开始,可以先键入下面的代码:

```
3 * 'Python is easy!'
```

用 Ctrl+Enter（不会产生新的 Cell）或者 Shift+Enter（这会把光标移到下面新产生的输入 Cell）就输出:

```
'Python is easy! Python is easy! Python is easy!'
```

实际上这一代码等价于 print(3 * 'Python is easy!')（在 Python2 中,打印内容不一定非得放在圆括号中,而在 Python3 中必须把打印内容放在圆括号中）。在一个 cell 中,如果有可以输出的几条语句,则只输出有 print 的行及最后一行代码(无论有没有 print)的结果。在 Python 中,也可以一行输入几个简单（不分行的）命令,用分号分隔。要注意,Python 和 R 的代码一样是分大小写的。Python 与 R 的注释一样,在 #号后面的符号不会被当成代码执行。

当前工作目录是在存取文件、输入输出模块时只敲入文件或模块名称而不用键入路径的目录。查看目前的工作目录和改变工作目录的代码为:

```
import os
print( os.getcwd( ) )          #查看目前的工作目录
os.chdir(' D:/Python work ')   #改变工作目录
```

2）使用 Spyder

在程序中寻找 Anaconda3,点击后在子目录中找到 Spyder,点击即可得到界面,如图 7.14 所示。图中的界面是默认界面,完全可以改变界面的布局、窗口的增减和大小,图 7.14左侧是编辑 py 文件的编辑器,右下窗口是输入代码及得到输出结果的交互式 Console 界面,右上窗口可以查询帮助或做其他用途。在 Mac 机中,只要打开 Terminal 并键入 Spyder 即可进入 Spyder 界面,也可以在应用程序中寻找并点击程序 Anaconda,并在其子目录中点击 Spyder 进入,其余和 Windows 类似。

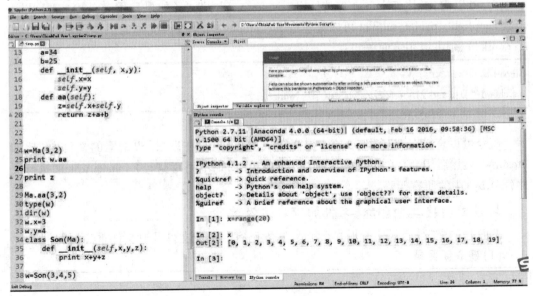

图 7.14　Python 界面

3）使用 IPython 或者终端界面

IPython 就是一个交互式 Console 界面。因此和 Spyder 的 Console 界面等价,在程序中寻找 Anaconda3,点击后在子目录中找到 IPython,点击即可得到界面。

也可以直接用终端(比如在 Windows 中从 CMD 界面或从 Mac 中的 terminal 界面),

键入"Python"或"Python3"（依设定的命令）直接使用,但由于在 IPython 中每一个命令,包括 Python 一些群命令的缩进等,都要手动键入,不那么方便。

7.4.3　Python 基础知识

Python 的基本模块的命令在任何时候都是可以运行的,而有些模块的命令,必须在输入那些模块之后才可以运行。虽然会使用其他模块,但本节主要使用基本模块的命令。

1)引入模块、获得及改变你的工作目录

首先,为了输入输出的方便,要看看自己的工作目录是什么,需要使用 os 模块中的 getcwd( )函数:

```
import osos.getcwd( )
```

这就会得到目前的路径,在这个路径下存取文件不用另外键入路径。由于 getcwd( )函数不属于基本模块,前面必须加上 os 而成为 os.getcwd( ),如果使用语句 from osimport *（这意味着 os 中的所有函数都放入了内存）或者使用语句 from os importgetcwd(这意味着 os 中的 getcwd 放入了内存),则可以直接使用 getcwd( ),但在有很多来自不同模块的函数的情况下,如果没有注明函数的来源,人们可能会对这些函数产生混淆,有些模块名字太长,可以简化,比如 import matplotlib、pyplot as plt,那么（如果只用 import matplotlib）函数 matplotlib、pyplot、subplot 可以简化成 plt、subplot,如果要改变你的工作目录（比如到'D:/work '）,则可以用下面语句:

```
import os
os.chcwd('D:/work ')    #或者 os.chcwd('D:\work ')
```

命令可以直接在交互式 Console 界面输入,也可以写在以".py"结尾的文件中（比如"test.py"）,然后用命令（如果该文件在工作目录中,则不用写路径）import test 来执行文件(test.py)中的所有代码。

2)目录的建立和删除,文件的重命名及删除

下面是(在工作目录中)建立新目录、删除已有目录或文件及对文件重命名的例子:

(1)建立新目录

```
import os
os.mkdir('work2')
```

(2)删除目录(目录必须是空的)

```
import os
os.rmdir('work2')
```

(3) 对文件重命名和删除文件

```
import os
os.rename('fff.txt','fool.txt')      #重命名
os.remove('h.txt')                    #删除文件
```

3) list(列表)、循环语句和缩入

list(列表)直观上显示为由方括号所包含的元素,下面输入的是基本命令,包括一个赋值语句,一个循环打印语句:

```
x=[list(range(5)),75,"Python","is","great!",["Program is art"],abs(-2.34)]
for i in x:
      print(i)
```

得到

```
[0, 1, 2, 3, 4]
75
Python
is
great!
['Program is art']
2.34
```

这些命令都是基本模块的命令。其中 x 的类型为 list(可用代码 type(x) 得到),list的元素可以是字符(str,即用单引号或双引号标明的字符串,比如"Python")、数字,也可以是 list,比如 list(range(5))(即由 0,1,…,4 组成的 5 个从 0 开始的整数)和["Program is art"](由单独字符串组成的列表)。而代码 for i in x:则对 x 中的每个元素(临时用 i 代表)做后面的操作,由于这是一系列(这里 x 有 7 个元素)打印(print)操作,因此在冒号(:)下面的一行必须缩进(这里是 4 个空格,所有的缩进必须统一)。除了 for 之外,其他循环(loop)都要求这种缩进,比如 while, if, elseif, else 等,在函数或类的定义中也需要这种缩进。在某些语言中用括号表示(比如 R 中用花括号表示)这种批处理环境。

函数 range 是个很常用的产生数值的函数,变元可以是 1 个整数 n(为从 0 开始到 n−1 的间隔为 1 的自然数列)、2 个整数(n,p)(为从 n 开始到 p−1 的自然数列)、3 个整数(n,p,r)(为从 n 开始到 p−1 的间隔为 r 的自然数列)。因此,range(5) 和 range(0,5) 及 range(0,5,1) 是等价的。注意,在 Python2 中 range(x) 命令本身就可以输出数值,而在 Python3 中则不行。比如,在 Python3 中单独运行 range(5) 只会输出 range(0,5),要输出数值则需要把它转换成 list,也就是使用 list(range(5)) 才能输出结果[0,1,2,3,4]。请运行下面的代码并查看结果:

```
print(list(range(-1,11,2)), list(range(2,7)), list(range(10,-10,-3)))
```

由于 x 中的每个元素还有若干元素,可以试试输入下面的命令看输出是什么(这里有两层缩进)。

```
x = [list(range(5)),"Python","is","great!",["Program is art"]]
for i in x:
    for j in i:
        print(j)
```

4) 下标

在 list、数列、矩阵或者字符串中,都会有很多元素,而每个元素或元素集合都可用下标表示。熟悉某些软件(比如 R)的一些人不习惯 Python 的下标从 0 开始(第 0 个元素),而且下标区间都是半开区间(右边是开区间),比如,x[:3]代表 x 的第 0,1,2 等三个元素;x[7:]代表 x 的第 7 个(包含第 7 个)以后的元素;x[3:6]代表 x 的第 3,4,5 个(不包含第 6 个)元素. 例如,输入下面的代码:

```
x = list(range(10)) #=[0, 1, 2, 3, 4, 5, 6, 7, 8, 9]
print(x[:3],x[7:],x[3:6],x[-3:],x[-1],x[:-4])
```

得到:

```
[0, 1, 2] [7, 8, 9] [3, 4, 5] [7, 8, 9] 9   [0, 1, 2, 3, 4, 5]
```

注意:下标[-1]表示最后一个,[-3:]表示从倒数第 3 个开始往后的所有元素,[:-4]表示从倒数第 4 个开始(不包括倒数第 4 个)往前的所有元素。

使用从 0 开始的下标以及半开区间有方便的地方,比如下标[:3]实际上是 0,1,2,类似地,[3:7]是 3,4,5,6,这样,[:3],[3:7],[7:10]首尾相接,实际上覆盖了从 0 到 9 的所有下标,而在 R 中,这种下标必须写成[1:2],[3:6],[7:10],由于是闭区间,中间的端点不能重合。请试运行下面的语句,一些首尾相接的下标区间得到完整的下标群:

```
x = 'A poet can survive everything but a misprint.'
x[:10]+x[10:20]+x[20:30]+x[30:40]+x[40:]
```

得到完整的句子:

```
'A poet can survive everything but a misprint.'
```

如果对象的元素本身有多个元素,也可以用复合下标来表示感兴趣的部分(这一点和 R 类似)。

```
y = [[1,2],[1,15,3],['Success','is','a','science']]
print(y[0],y[1][1:2],y[2][:2]+y[2][2:],y[2][0][:5],y[2][0][:5][0])
```

输出为：

> [1, 2] [15] ['Success', 'is', 'a', 'science'] Succe S

其中，y[0]就是 y 的第 0 个元素[1,2]，y[1][1:2]就是 y[1]([1,15,3])的第 1 个元素 15，y[2][:2]+y[2][2:]等于 y[2]的第 0,1 个元素以及 y[2]的第 2 个(包括第 2 个)之后的所有元素(也就组成了 y[2]的所有元素)，y[2][0][:5]是 y[2][0]('Success')的前面 0~4 个元素(即"Succe")，而 y[2][0][:5][0]是 Succe 的第 0 个元素"S"。

5)List 中元素增减所用的函数

(1)函数 append

给一个 list 增加一个元素可执行下面的代码：

```
x=[[3,5,7],'Oscar Wilde']
y=['save','the world',['is','impossible']]
x.append(y);print(x)
```

得到：

> [[3, 5, 7], 'Oscar Wilde', ['save', 'the world', ['is', 'impossible']]]

显然，这里的 x.append(y)是把 list y 整体作为一个元素加入 x 中。

(2)函数 extend

在一个 list 中加入另外一个 list 的元素可执行下面的代码：

```
x=[[3,5,7],'Oscar Wilde']
y=['save','the world',['is','impossible']]
x.extend(y);print(x)
```

得到：

> [[3, 5, 7], 'Oscar Wilde', 'save', 'the world', ['is', 'imposs ible']]

这里的 x.extend(y)是把 list y 中的元素个体(但不拆开 y 中作为 list 的个体)加入 x 中。

(3)函数 pop

这是按照下标来删除 list 元素的函数。请执行下面的代码：

```
x=[[1,2],'Word',[3,5,7],'Oscar Wilde']
x.pop();print(x)    #去掉最后一个
x=[[1,2],'Word',[3,5,7],'Oscar Wilde']
x.pop(2);print(x)   #去掉下标为 2 的元素(即[3,5,7])
```

得到：

```
[[1, 2], 'Word', [3, 5, 7]]
[[1, 2], 'Word', 'Oscar Wilde']
```

这里的 x.pop( )去掉 x 中的最后一个元素,而 x.pop(2)则去掉 x 中的第 2 个元素(这里删除的是[3, 5, 7])。

(4)函数 remove

这是按照内容来删除 list 元素的函数。请执行下面的代码:

```
x=[[1,2],'Word',[3,5,7],'Oscar Wilde',[3,5,7]]
x.remove([3,5,7]);print(x)
x.remove([3,5,7]);print(x)
x.remove('Word');print(x)
```

得到：

```
[[1, 2], 'Word', 'Oscar Wilde', [3, 5, 7]]
[[1, 2], 'Word', 'Oscar Wilde']
[[1, 2], 'Oscar Wilde']
```

这里的 x.remove([3,5,7])是把 x 中的[3,5,7]去掉,但如果有重复的内容,每次仅仅去掉下标最小的一个。

6)数量变量的类型及运算

和其他语言一样,Python 的变量有不同的类型,变量的类型用代码 type( )显示,各种不同类型变量之间的运算有一定的规则,特别要注意的是数量变量运算中整型变量(int)和浮点型变量(float)的运算规则。请运行下面进行算术运算并显示结果类型的语句:

```
print(type(2))
print(type(2.5))
x=2+2.5;print(x,type(x))
x=20/3;print(x,type(x))
x=20/3.;print(x,type(x))
x=20**3.;print(x,type(x))
y=3;x=20/float(y);print(x,type(x))
```

得到：

```
<type 'int'>
<type 'float'>
4.5   <type 'float'>
6  <type 'int'>
6.66666666667   <type 'float'>
8000.0 <type 'float'>
6.66666666667   <type 'float'>
```

这里显示了两种数值类型：整型和浮点型。而整型数值与整型数值运算，结果也是整型数值，比如上面20/3，得到6。但整型数值与浮点型数值运算，结果是浮点型数值，比如上面20/3，得到浮点值6.66666666667。对于 list 中单个元素的运算，整型数值和浮点型数值的运算规则也是一样的，但注意，list 不能直接（如在 R 中那样）做通常数学中的向量运算，比如 [1,3] * 2 得到 [1, 3, 1, 3]，而不是想象的[2, 6]。对数组的元素逐个做数值运算，一般人都使用后面将要介绍的诸如 numpy 或 scipy 那样的模块. 但也可以用其他方式对 list 之类的数组元素做一些数值运算，比如可用下列方式对数组 list 的每个元素做加、减、乘、除、乘方运算：

```
[x/4.+5*x**2-20 for x in [210,14,-5,9]]
```

得到4元素数组[210,14,-5,9]中每个元素 x 对应的 x/4+5x2-20 的值（输出4个结果值）：

```
[220532.5, 963.5, 103.75, 387.25]
```

7）变量的存储位置

在 Python 中，如果用等号(=)设一个量等于另一个量（比如 y=x），这两个量会共用一个空间，这其中有些貌似奇怪的规律。下面给出一个例子，其中函数 id(x) 给出变量 x 存储的位置（以数字表示，不同机器结果不一样），请读者慢慢琢磨。

```
x=99;y=x;print(x,y,id(x)==id(y))
y=10;print(x,y,id(x)==id(y))
x=[1,2,3];y=x;y[0]=10;print(x,y,id(x)==id(y))
x=[1,2];y=x[:]
print(x,y,id(x)==id(y),id(x[0])==id(y[0]),id(x[1])==id(y[1]))
print(id(x),id(y),id(x[0]),id(y[0]),id(x[1]),id(y[1]))
```

结果是：

```
99 99 True
99 10 False
[10, 2, 3] [10, 2, 3] True
[1, 2], [1, 2], False, True, True
4596556616  4597290760  4547733552  4547733552  4547733584  4547733584
```

7.4.4　Python 文件及输入输出

统计及其他与数据有关的工作者最先考虑的是如何存取数值文件，但这些操作在基本模块不如在一些其他模块（比如 numpy 和 pandas）方便，这里先介绍基本模块的文件存取功能。

1）终端输入

前面用过字符输入函数 input( ) 和数字（无论是整型还是浮点型）输入函数 eval(input( )) 的终端输入语句，下面用例子来说明：

```
x=eval(input('Enter a number'))
print(x,type(x))
y=input('Enter a word')
print(y,type(y))
```

在分别输入 23，'I am OK' 之后得到：

```
Enter a number23
23  <class 'int'>
Enter a wordI am OK
I am OK <class 'str'>
```

2）文件开启、关闭和简单读写

下面的函数 open( ) 打开了一个文件，其中包含文件名和访问模式（这里是只读('r')，也是默认值，其他模式有 10 多种）。下面的语句包括打开文件、显示文件访问模式及阅读等函数：

```
p=open('PYGMALION.txt','r')          #打开文件并用 p 表示
print('names=',p.name)
print('Is file closed?', p.closed)
print('Access mode=',p.mode)
print('position=', p.tell())          #指针位置（目前读到什么位置）
print(p.read(12))                      #读取并打印头 12 字节(byte)
print('position=', p.tell())print(p.read(30))   #再读取并打印 30 字节(byte)
```

```
p.seek(0,0)                #指针位置归零
print('position=', p.tell())
print(p.read(12))          #读取并打印头 12 字节(byte)
p.close()                  #关闭
print('Is file closed?', p.closed)
```

由于这里 p 代表打开的文件,因此也就有很多可用它表示的参数和可对它施行的函数运算,诸如用 p.mode,p.name,p.closed 来显示与 p 相关的一些信息,而 p.tell(),p.close(),p.seek()则是可以对它施行的函数运算。这种符号系统是面向对象的 Python 程序所常见的,比如,这里的 p 就是对象,而后面加了字符之后(比如 p.mode),则表示可对该对象实施的运算或显示该对象的各种信息(这里的.mode 是对象的读取模式)。上面代码的输出为(注意文件中有空格和空行,也都读入并打印出来):

```
names= PYGMALION.txt
Is file closed? False
Access mode= r
position= 0
PYGMALION

position= 16
BERNARD SHAW

1912

PREFACE TO
position= 0
PYGMALION

Is file closed? True
```

也可以打开一个存在或者不存在的文件,往里面输入内容,比如:

```
a=open('fool.txt', 'w')
a.write('A message')
a.write('and more.')
a.close()
```

这里的模式('w')是只可写入模式,如果文件不存在,则生成一个新文件,如果原来文件有内容,则完全覆盖原先内容。另一个模式是'a',就是往文件里面写入内容,如果原先

有内容则不覆盖,从文件尾开始写入。例子为:

```
b = open('fool.txt','a') b.write('OK?') b.close()
```

3)文字文件内容的读取

前面介绍了按字节读取的命令 read,下面介绍更加详细的文字文件内容的读取命令,先读取一个名为 OW.txt 的文件,看该文件的性质(文件名、字码及文件读取模式):

```
O = open("UN.txt") print(O.name) print(O.encoding) print(O.mode)
```

得到:

```
UN.txt
UTF-8
r
```

使用 print(O.read())可以打印出所有文件内容,也可以用下面的语句读入文件内容并打印(这里不给出输出):

```
with open("UN.txt","rt") as O:
    text = O.read()
print(text)
```

运行下面的代码计算文件中所有以"lity"结尾的词(个数及输出):

```
x = []                              #建立空 list
O = open("UN.txt")                  #Open file
for line in O:                      #按序提取 O 中的元素(line)
    for word in line.split():       #按序提取每个 line 中的元素(word)
        if word.endswith('lity'):   #条件
            x.append(word)          #把满足条件的词逐个放入 x 中
print(len(x),'',x)                  #打印满足条件的词的数目及词('\n'是换行)
```

这里的 line.split()是以词为元素的 list,输出为:

```
5
['equality', 'nationality', 'nationality', 'personality', 'personality']
```

类似地,可以得到该文件一共有多少行(不包括空行)和多少个字:

```
b=0;c=0;d=0
for line in open("UN.txt"):
    b+=1    #行计数
if len(line.split())>0:  #不算空行
    c+=1                 #对非空行计数
  for word in line.split():
    d+=1                 #对词计数
print('Total {} lines with {} no-empty lines and {} words'.format(b,c,d))
```

输出为:

```
Total 158 lines with 89 no-empty lines and 1778 words
```

注意,上面 print 代码中的若干{}位置在打印中被依次放入.format()中的元素值(本例是(b,c,d))。下面是一些打印例子,相信读者会在网上找到各种语法细节。

```
print('Integer:{:2d},float:{:1.2f},
anything:{} and:{}'.format(234,21.5,2.718,'Hi!'))
```

输出为:

```
Integer:234, float:21.50, anything:2.718    and:Hi!
```

代码中的反斜杠()意味着程序没有结束,紧接在下一行。注意,该反斜杠后不能加空格。当然,还可得到文件中某个词(这里的词是“Whereas”)的词频:

```
b=0
for line in open("UN.txt"):
    if len(line.split())>0:
        for word in line.split():
            if word=='Whereas':
                b+=1
print('Total {} "Whereas" 's'.formt(b))
```

输出为:

```
Total 7 "Whereas" 's
```

下面是把前 3 个非空行(及该行词的计数)打印出来的代码:

```
c=0
for line in open("OW.txt"):
if c<3:
if len(line.split())>0:
c+=1
print('The line {} has {} words:'.format(c,len(line.split())))
print(line)
```

输出为:

```
The line 1   has 5   words:
Universal Declaration of Human Rights

The line 2   has 1   words:
Preamble

The line 3   has 31   words:
Whereas recognition of the inherent dignity and of the equal and
inalienable rights of all members of the human family is the foundation
of freedom, justice and peace in the world,
```

利用另一个命令 readlines 也可得到文件的行数,但其长度(len())是包括空格的字符计数而不是词的计数,下面是打印前 3 行的一个例子:

```
c=0
g=open('OW.txt')
for i in g.readlines():
    if len(i)>1:
        if c<3:
            c+=1
            print('Line {} has {} characters'.format(c,len(i)),'\n',i)
g.close()
```

输出为:

```
Line 1 has 38 characters
Universal Declaration of Human Rights
Line 2 has 9 characters
Preamble
Line 3 has 181 characters
Whereas recognition of the inherent dignity and of the equal and
inalienable rights of all members of the human family is the foundation
of freedom, justice and peace in the world,
```

　　打印第9行(包括空行,下标是8,这是因为第1行的下标为0)及其第8个词(下标为7)的代码为:

```
g=open('UN.txt')
print('The 9th line:\n', g.readlines()[8])
g.seek(0,0)
print('The 8th words of the 9th line:\n',g.readlines()[8].split()[7])
g.close()
```

　　输出为:

The 9th line:

Whereas it is essential, if man is not to be compelled to have

recourse, as a last resort, to rebellion against tyranny and oppression,

that human rights should be protected by the rule of law,

The 8th words of the 9th line:

not

本章小结

　　本章根据目前信息技术在审计应用中的发展现状,分析了计算机审计的发展前沿,包括持续审计、联网审计和大数据审计。通过本章的学习,可以了解持续审计、联网审计和大数据审计等计算机审计研究与应用前沿,加深理解互联网、云计算、大数据等技术在计算机审计中的应用,还介绍了大数据审计 Python 的基础知识,为今后研究与应用持续审计、联网审计和大数据审计等计算机审计前沿理论与方法打下了基础。

思考与练习

　　1.持续审计与联网审计有何关系?谈谈你对持续审计和联网审计的认识。

　　2.研究和开展持续审计、联网审计有何意义?

　　3.大数据环境对开展联网审计有何影响?

　　4.在大数据环境下开展电子数据审计与目前的电子数据审计有何区别?

　　5.大数据环境对开展电子数据审计和信息系统审计有何影响?在大数据环境下如何开展电子数据审计和信息系统审计?

　　6.Python 的应用操作主要有哪些?

第 8 章　计算机审计实验

学习目标

通过本章的学习,理解审计信息化下的审计目的,掌握利用计算机审计软件和财务软件进行审计实训的具体操作,能够掌握计算机审计软件在实际实施阶段的应用。

8.1　审计货币资金的业务

【实验目的】

对库存现金和银行存款进行审计。

【实验内容】

①审计库存现金;

②审计银行存款;

③审计其他货币资金。

【实验要求】

计算机及审计软件,审计软件 5.8Setup(标准版)安装程序。

【实验资料】

货币资金审计案例

企业的包括库存现金、银行存款和其他货币资金,通常其他货币资金在货币资金总额中的比重较小,所以在审计货币资金时,主要是对库存现金和银行存款的审计,需要确定库存现金和银行存款在报表日是否确实存在,是否归被审计单位所拥有;确定库存现金和银行存款的收支业务是否均已入账,有无遗漏;确定库存现金及银行存款的余额是否正确;确定库存现金及银行存款在会计报表上的披露是否恰当。为实现上述审计目标,对库存现金及银行存款的实质性测试程序包括:

①核对总账与日记账的账簿记录是否相符;

②盘点库存现金;

③编制或获取银行存款余额调节表,同时函证银行存款。

【实验目的】

练习利用审计软件审计货币资金的方法,编制货币资金的审计工作底稿,并运用职业判断形成审计结论。

【实验内容】

①库存现金及银行存款的分析性复核;

②库存现金及银行存款的案例分析;

③编制货币资金的审计工作底稿。

【实验要求】

①根据表 8.1 和表 8.2 的要求以及货币资金审计实验资料,填制"库存现金监盘表",编制银行余额调节表,对货币资金进行分析性复核。

②根据【例 8.1】的背景资料和实验要求,模拟审计过程。

③编制货币资金审定表底稿,运用职业判断形成审计结论。

表 8.1　库存现金的分析性复核过程

审计步骤	操作提示
审核现金日记账余额,并与总账核对是否一致	分别打开"现金日记账"和"余额表"核对两账的现金余额是否一致,根据工作需要可发送底稿、可添加疑点
抽查大额的现金收入	选取"库存现金"科目借方,设定金额范围
抽查大额的现金支出	选取"库存现金"科目贷方,设定金额范围

表 8.2　银行存款的分析性复核过程

审计步骤	操作提示
审阅摘要栏与金额栏,检查银行存款收支业务是否合法	选银行存款科目对其摘要进行汇总分析
审阅对应科目栏,检查银行存款收付会计处理的正确性	对银行存款借贷方的对方科目行分析
审阅银行存款日记账的序时登记,检查有无故意颠倒日期记账,以掩盖某些问题的情况	查阅银行日记账
向银行发询证函	填制询证函

货币资金审计实验资料:

(1)填制"库存现金监盘表"所需的资料:银行核定的库存现金限额为 8 000 元。

1 月 28 日,审计人员对星光公司的库存现金项目进行审计,上年 12 月 31 日资产负债表的库存现金余额为 428.39 元,审计人员在 28 日下班前对出纳经管的现金进行清点,清点前现金日记账的余额为 2 295 元,具体清点结果如下:

①现金盘点结果见表8.3。

表8.3　1月28日现金盘点结果

面值/元	100	50	20	10	5	1	0.5	0.2	0.1	0.05	金额合计
数量/张	10	2	2	2	0	5	0	0	0	0	1 165

②某职工报销差旅费,金额为830元,手续齐全,时间为1月27日,未入账。

③某职工借条1张,金额为300元,日期为12月12日,未入账。

④经核对1月1—28日的收、付款凭证和现金日记账,收入现金金额为5 566.61元,支出为4 530元,正确无误。

(2)进行银行对账所需的"银行对账单"资料:电子银行对账单——12月银行对账单.xls。

【例8.1】从银行存款账发现:用营业外收入为职工发放奖金。

①查账疑点:查账人员于对该企业银行存款日记账进行查阅时发现银行存款的对方科目有应付工资:

7月的一笔收款凭证不仅摘要不清楚而且对方科目为应付工资也是反常的。为查清事实真相,查账人员调阅了该笔记账凭证,其会计分录为:

借:银行存款　　　　　　　　　　　　　　　37 500

　　贷:应付职工薪酬　　　　　　　　　　　　　　　37 500

同时还发现了摘要为"提取罚金"的凭证一张和摘要为"发放补贴"的凭证一张。

其会计分录分别为:

借:库存现金　　　　　　　　　　　　　　　37 500

　　贷:银行存款　　　　　　　　　　　　　　　　37 500

借:应付职工薪酬　　　　　　　　　　　　　37 500

　　贷:库存现金　　　　　　　　　　　　　　　　37 500

②问题分析:经进一步询问,被审计单位交出了罚款收入的依据,承认是将这笔收入作为奖金发给了职工。

③处理意见:对将应作为营业外收入的罚款收入作为奖金支付给职工是违反财务制度的,因此应予纠正,应从工资中扣回。

④操作要求:

a.利用"对方科目分析"工具分析银行存款科目的对方科目。(本方科目选择1002,本方借贷选择借,时间01-12)找到对方科目是应付职工薪酬的记录。

b.调用该笔业务的凭证,发送到疑点底稿。

c.利用"查询"工具进一步查找金额为37 500元的凭证(设置的查询条件为"借方金额=37 500或贷方金额=37 500")将查询到的另外两张凭证发送到疑点底稿。

d.在"问题工作底稿"中新建底稿,记录发现问题,并将相关底稿作为附件添加在工作底稿中。

e.编制调整分录。

借：其他应收款　　　　　　　　　　　　　　　37 500

　　贷：营业外收入　　　　　　　　　　　　　　37 500

【操作指导】

①在审易主界面中，打开底稿平台，找到货币资金工作底稿，进入库存现金监盘表页面，根据资料填写该表。

②在审易主界面中，利用"审计工具"下的"银行对账"工具，对银行科目—10001进行银行对账，分别导入科目1001(银行存款—工行)的企业日记账和银行对账单，由系统自动进行核对并生成银行存款余额调节表。

③根据案例的实验要求，单击"对方科目分析"和"查询"等工具，找到相关凭证，并完成底稿的编制和调整会计分录的制作。

④打开底稿平台，找到货币资金工作底稿，编制货币资金审定表。

8.2　审计筹资与投资业务

【实验目的】

审计权益性投资交易和债券型投资交易。

【实验内容】

①审计筹资业务；

②审计投资业务。

【实验要求】

计算机及审计软件，审计软件5.8Setup(标准版)安装程序。

【实验资料】

8.2.1　实收资本审计案例

"实收资本"是核算企业按照企业章程的规定，投资者投入企业的资本。对于实收资本，通常应采取如下审计程序：

①审查投入资本形成的真实性和合法性；

②审查投入资本增减变动的真实性和合法性；

③验证投入资本在报表上列示的正确性。

【实验目的】

练习利用审计软件审计实收资本的程序，明确实收资本审计的内容，掌握在审计软件的底稿平台编制实收资本审计工作底稿的方法。

【实验内容】

①实收资本的分析性复核；

②实收资本审计的案例分析；

③编制实收资本的审计工作底稿。

【实验要求】

①按照表 8.4 的要求,对实收资本进行分析性复核;

②根据【例 8.2】的背景资料和实验要求,模拟审计过程。

③编制实收资本审定表底稿,运用职业判断形成审计结论。

表 8.4　实收资本的分析性复核过程

审计步骤	操作提示
编制实收资本明细表,复核其加计数是否准确,并与明细账、总账进行核对	打开余额表,选取实收资本科目,科目级次选全部
检查实收资本增加情况	打开凭证高级查询,查实收资本贷方发生记录
检查实收资本减少情况	打开凭证高级查询,查实收资本借方发生记录
完成实收资本审定表	实收资本工作底稿平台

【例 8.2】随意冲减资本金。

(1)查账疑点:审计人员在对该公司审查时,发现本年 12 月"实收资本"账户有一笔借方发生额 100 000 元。追查到相关记账凭证,会计分录为:

借:实收资本　　　　　　　　　　　　　　　　100 000
　　贷:待处理财产损溢——待处理固定资产损溢　　　100 000

(2)问题分析:"实收资本账户的借方发生额表示的是实收资本 100 000 元的减少,这种情况往往很少发生。除非企业因业务减少,资本过剩,发生严重亏损短期内无力弥补等必须减少资本时,才会减少实收资本项目。其会计分录的对应科目——"待处理财产损溢",表示这是一笔资产处理的经济业务,几乎不可能与"实收资本"账户发生关系,所以这笔分录必然存在问题。

(3)调查取证:审计人员首先进一步审阅了"待处理财产损溢——固定资产损溢"明细账后,发现存在这样一笔会计分录

借:待处理财产损溢——待处理固定资产损溢　　　1 400 000
　　贷:固定资产　　　　　　　　　　　　　　　　1 000 000
　　　　累计折旧　　　　　　　　　　　　　　　　　400 000

分录后所附原始凭证为固定资产盘存单,盘亏机器设备一台,价值 1 400 000 元。询问会计人员后,得到的解释是:投资者投入的一台设备在盘点过程中发现遗失,总经理认为应该是投资者未经同意取走了该设备,故冲减"实收资本"。

(4)处理意见:

凡是资产的盘盈盘亏都应该做仔细的调查,对于无法查明的应记入相关损益的账户;对于能够查明的原因,应该获取足够证据,取得相应的赔偿。"实收资本"是企业的注册资本账户,如无非常特殊的情况,不得随意增减,如果确实有增减需要,必须符合相关

法规条件并履行相应的手续。

（5）操作要求：

①查询实收资本明细账，联查凭证并发送到疑点底稿；

②查询"待处理财产损溢——固定资产损溢"明细账，联联查凭证并发送到疑点底稿；

③对于问题1，在"问题工作底稿"目录下新建审计底稿，将问题描述为随意冲减资本金，将相关凭证以附件形式添加在底稿中；对于问题2，在"问题工作底稿"目录下新建审计底稿，将问题描述为物资设备损失，将相关凭证以附件形式添加在底稿中。

④编制调整分录进行审计调整。

借：营业外支出　　　　　　　　　　　　　　　　100 000

　　贷：实收资本　　　　　　　　　　　　　　　100 000

借：累计折旧　　　　　　　　　　　　　　　　　80 000

　　贷：待处理财产损溢——待处理固定资产损溢　　40 000

　　　　固定资产　　　　　　　　　　　　　　　40 000

【操作指导】

①在审易主界面中，单击"余额"快捷键，进入余额表界面，选择实收资本科目，科目级次选择"末级"，月份选择01-12，得到实收资本的余额及发生额表，与报表数据进行核对。

②在审易主界面中，单击"审计工具"下的"凭证高级查询"，设定贷方查询条件为："且，贷方科目包含实收资本，金额>1 000"，点击"执行查询"按钮，即得到查询结果，将结果发送到底稿。

③操作方法同上，区别是设定借方查询条件。

④根据案例的实验要求，完成相关底稿的编制和调整分录的制作。

⑤打开底稿平台，找到实收资本工作底稿，编制实收资本审定表。

8.2.2　无形资产审计案例

无形资产是指企业拥有或控制的没有实物形态的可辨认非货币性资产。"无形资产"核算企业持有的无形资产成本，包括专利权、非专利技术、商标权、土地使用权等。对于无形资产的审计，审计人员通常应采取如下审计程序：

（1）验证无形资产的存在性及其所有权归属；

（2）审查无形资产增减业务的正确性；

（3）审查无形资产摊销的正确性；

（4）审查无形资产的减值准备的计提是否正确；

（5）通过账表核对，验证表中"无形资产"项目是否反映被审计单位各项无形资产的摊余价值。

【实验目的】

练习利用审计软件审计无形资产的程序,明确无形资产审计的内容,掌握在审计软件的底稿平台编制无形资产审计工作底稿的方法。

【实验内容】

①无形资产的分析性复核;

②无形资产审计的案例分析;

③编制无形资产的审计工作底稿。

【实验要求】

①按照表 8.5 的要求,对无形资产进行分析性复核。

②根据【例 8.3】的背景资料和实验要求,模拟审计过程。

③编制无形资产审定表底稿,运用职业判断形成审计结论。

表 8.5　无形资产的分析性复核过程

审计步骤	操作提示
取得或编制无形资产明细表,复核其加计数是否准确,并与明细账、总账和报表有关项目进行核对	打开余额表,选无形资产科目,科目级次选全部
检查无形资产转让,其会计处理是否合理	利用凭证高级查询工具,查询无形资产贷方记录
抽查复算摊销计算是否准确	利用凭证高级查询工具,分别设置摊销无形资产的分录的借方条件和贷方条件
完成无形资产审定表	无形资产工作底稿平台

【例 8.3】无形资产减少处理不当查账疑点。

审计人员在对该无形资产项目进行审查后,发现该企业 3 月有一笔向外转让无形资产业务,取得收入 12 万元,该项无形资产的账面价值为 9 万元。在审查企业其他业务收入和其他业务支出账目时,发现有此项业务的记录,而在营业外支出和营业外收入账目中没有该业务的记录。其会计分录如下:

借:银行存款　　　　　　　　　　　　　　　　120 000

　　贷:其他业务收入　　　　　　　　　　　　　　　120 000

借:其他业务支出　　　　　　　　　　　　　90 000

　　贷:无形资产　　　　　　　　　　　　　　　　90 000

(1)问题分析:根据会计制度规定,企业出售无形资产,按实际取得的转让收入,借记"银行存款"等科目,按该项无形资产已计提的减值准备,借记"无形资产减值准备"科目,按无形资产的账面余额,贷记本科目,按应支付的相关税费,贷记"银行存款""应交税费"等科目,按其差额,贷记"营业外收入——出售无形资产收益"科目或借记"营业外支出——出售无形资产损失"科目。公司的上述做法,使得无形资产出售的损益错计入了

292

其他业务收支中;同时,销售业务没有按成交金额的 5% 计交营业税金。

（2）处理建议:根据上述情况,审计人员建议公司红字更正原有的会计记录,重新作如下会计分录并登账:

借:银行存款	120 000
贷:无形资产	90 000
应交税费——应交营业税	6 000
营业外收入	24 000

（3）操作要求:

①利用查询工具设置查询条件查询上述凭证;

②将查到的凭证发送到疑点底稿;

③编制调整分录(包括两笔红字分录和一笔正确分录)。

【操作指导】

①在审易主界面中,单击"余额"快捷键,进入余额表界面,选择无形资产科目,科目级次选择"末级",月份选择 01~12,得到无形资产的余额及发生额表,与报表数据进行核对。

②在审易主界面中,单击"审计工具"下的"凭证高级查询",设定贷方查询条件为:"且,贷方科目包含无形资产,金额>1",点击"执行查询"按钮,即得到查询结果,将结果发送到底稿。

③操作方法同上,区别是增加借方查询条件,即"且,借方科目包含管理费用,金额>1"。

④根据案例的实验要求,完成相关底稿的编制和调整分录的制作。

⑤打开底稿平台,找到无形资产工作底稿,编制无形资产审定表。

8.3　审计销售与收款业务

【实验目的】

审计销售与收款业务。

【实验内容】

①审计销售业务;

②审计收款业务。

【实验要求】

计算机及审计软件,审计软件 5.8Setup(标准版)安装程序。

【实验资料】

8.3.1　主营业务收入审计案例

主营业务收入审计的核心是确定主营业务收入的确认和时间归属是否恰当,通过分析性复核等方法来确定主营业务收入的总体合理性,主营业务收入账务处理是否恰当。对销售调整业务的处理是否及时、正确。对主营业务收入进行审计时,应执行以下测试程序:

①编制或获取主营业务收入明细表,并进行账表核对;

②进行主营业务收入的分析性复核;

③审查主营业务收入确认的正确性;

④审查销售退回、折扣和折让的处理是否正确。

【实验目的】

营业务收入的审计主要练习两项要求,一项是根据系统提供的审计程序、操作指导及为了完成某一具体的审计步骤而需要使用的审计工具和需要调用的审计文档,完成各项程序;一项是根据教材设定的审计背景资料,练习确定审计问题的方法、思路及审计调整分录的制作等要求。

【实验内容】

①主营业务收入的分析性复核;

②主营业务收入的案例分析;

③编制主营业务收入的工作底稿。

【实验要求】

①按照表 8.6 的要求,对主营业务收入进行分析性复核;

②根据【例 8.4】的背景资料和实验要求,模拟审计过程;

③根据【例 8.4】的实验结果,编制主营业务收入审定表底稿,运用职业判断形成审计结论。

表 8.6　主营业务收入的分析性复核过程

审计步骤	操作要求
取得主营业务收入明细表,复核其加计数是否准确,并与报表有关项目进行核对	利用余额表,查询主营业务收入各月的发生额和余额
主营业务收入复核性分析	对各月主营业务收入进行趋势分析
进行各月收入成本率分析	将成本与收入进行比对分析
抽查大额的收入	利用查询工具,查询"主营业务收入"大于 100 000 元的凭证
对收入发生进行抽样检查	用 PPS 抽样,对所有收入广泛抽查(注:抽样参数自定)
检查收入的来源	利用对方科目分析工具,检查主营业务收入的生成是否为正常业务交易结果

【例 8.4】向预付货款方发出商品时未作销售处理隐瞒收入。

(1)背景资料:

该企业一般发货期为收到货款后两个月。

(2)查账疑点:

审计人员审查企业预收账款业务时,发现企业 9 月份与购货方签订一销货合同,合同规定,购货方 9 月份预付全部货款 8 万元,销货方应于 11 月全部交货,该企业在 9 月份所作记账凭证:

借:银行存款 80 000
　货:预收账款 80 000

又调阅 11 月份企业发货时:

借:发出商品 50 000
　贷:库存商品 50 000

(3)问题分析:该记账凭证附有相关发货凭证,按规定企业来用预收货款方式销售时,向预付方发出产品时,即应将预收账款转为销售收入,而该企业不仅未作销售收入,却将该批产品的成本转入分期收款发出商品,这是由于会计人员业务水平欠缺还是有所企图?

(4)调查取证:经调查有关人员获悉,该企业为了控制利润的实现数额,便隐匿收入,控制利润增长幅度,而且逃避了增值税、所得税,审计处理意见:如在年底之前查明情况,应对 11 月错误凭证做出调账处理。

(5)审计过程:

①查看预收账款明细账,从中发现 9 月一笔摘要为"预收货款"的凭证;

②核对 11 月主营业务收入是否入账,结果发现直至年底都没有入账,不符合该企业发货规定;

③查看存货是否出库,发现 11 月有出库记录是将库存商品结转到分期收款发出商品科目,而不是主营业务成本账户。

由此可见,该企业存在隐瞒收入、少计成本费用的问题。

(6)操作要求:

①找到上述两笔可疑分录,将其发送到底稿平台,选择审计实施下的"疑点底稿"。

②制作调整分录。

借:预收账款 80 000
　贷:主营业务收入 70 796.46
　　　应交税金——应交增值税——销项税额 9 203.54
借:主营业务成本 500 000
　贷:发出商品 500 000

③在底稿平台的"问题工作底稿"目录下添加审计工作底稿,在底稿中对上述问题进行描述,并将相关的凭证作为附件添加在底稿中。

【操作指导】

①在审易主界面中单击"余额"按钮,进入余额表界面,科目选择"主营业务收入",科目级次选择"全部",月份分别选择01,02,…,12,查看主营业务收入各月的发生额,如图8.1所示。

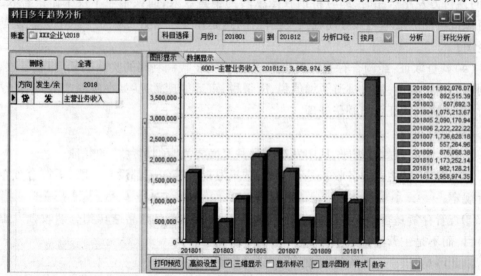

图8.1 主营业务收入余额表

②在审易主界面中单击"趋势"按钮,进入科目趋势分析界面,科目选择"主营业务收入","借/贷"栏下选择"贷","余额/发生"下选择"发",然后单击"分析"按钮,单击鼠标右键,图形类型选择"柱形",可得"主营业务收入"各月发生额分析图,如图8.2所示。

图8.2 主营业务收入趋势分析

将图形发送到审计实施阶段的"疑点底稿"平台(说明:方便记录审计过程中发现的审计疑点,用户可以在审计实施阶段下添加疑点底稿阶段)。

分析:12月份收入较其他月份大幅增长,比较异常,应进行进一步审查。

③在审易主界面中单击"对比"按钮,进入科目对比分析界面,分子科目选择"主营业务成本",借贷方向选择"借方";分母科目选择"主营业务收入",借贷方向选择"贷方",单击"发生额分析"按钮,可以得到分析结果,如图8.3所示。

分析:12月份主营业务成本占主营业务收入的比例比较异常,应进行进一步审查。

④打开"查询"工具,输入查询条件:"科目编号"象"6001"和"贷方金额>100 000",查询结果即可得到,如图8.4所示。

图 8.3　主营业务收入与主营业务成本对比分析

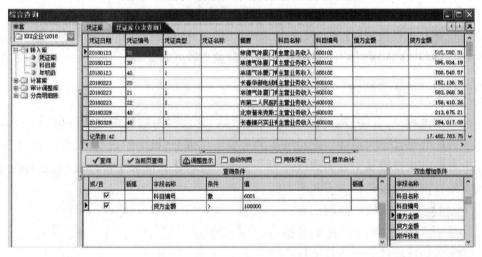

图 8.4　大额主营业务收入查询结果

⑤打开"查询"工具，设定查询条件，寻找可疑分录。然后双击贷方金额为 80 000 元的记录，调出相应凭证，如图 8.5 所示。

图 8.5　查询预收账款结果

⑥在审易主界面中,调用"审计成果"下的"审计调整分录",进入审计调整分录的制作界面,单击"制作调整分录"按钮,进入审计调整分录编制界面,编制调整分录,即可得到结果,如图 8.6 所示。

图 8.6　审计调整分录

⑦在审易主界面中,打开底稿平台,编制问题工作底稿打开主营业务收入工作底稿,找到主营业务收入审定表,单击取数,编制主营业务收入审定表。

8.3.2　应收账款审计案例

在销售过程中,有部分销售在当时收到货款,其余因为结算或赊销等原因会形成应收账款。应收账款作为报表中流动资产的重要组成部分,极易形成高估,在审计过程中,要采取各种方法来确认企业的债权。为了实现对应收账款的以上审计目标,进行应收账款的实质性测试程序包括以下几个方面:

①编制或获取应收账款明细表;

②编制或获取应收账款账龄分析表;

③实施应收账款的分析性复核;

④函证应收账款;

⑤审查未函证的应收账款;

⑥截止期测试;

⑦所有权测试。

【实验目的】

应收账款的审计主要练习两项要求,一项是根据系统提供的审计程序、操作指导及为了完成某一具体的审计步骤而需要使用的审计工具和需要调用的审计文档,完成各项程序;一项是根据教材设定的审计背景资料,练习确定审计问题的方法、思路及审计调整分录的制作等要求。

【实验内容】

①应收账款的分析性复核;

②应收账款的案例分析;

③编制应收账款的工作底稿。

【实验要求】

①按照表 8.7 的要求,对应收账款进行分析性复核。

②根据【例8.5】的背景资料和实验要求,模拟审计过程。

表8.7　应收账款的分析性复核过程

审计步骤	操作提示
取得应收账款明细表,复核其加计数是否准确,并与报表有关项目进行核对	利用余额表功能,查询应收账款各月的发生额和余额
对本年各月应收账款与相关资料进行分析、对比	对各月应收账款的借方发生额进行趋势分析
检查应收账款会计处理是否正确	对应收账款对方科目进行分析
抽取应收账款进行函证	打开辅助账,科目选应收账款,利用询证函工具生成询证函
取得或编制应收账款账龄分析表	利用账龄工具,生成应收账款的账龄分析表

③根据【例8.5】的实验结果,编制应收账款审定表底稿,运用职业判断形成审计结论。

【例8.5】捏造应收账款,虚增利润。

(1)查账疑点:审计人员对该公司12月份应收账款记账凭证审核,发现转账凭证会计分录是:

借:应收账款　　　　　　　　　　　　　　　3 510 000
　贷:主营业务收入　　　　　　　　　　　　3 106 194.69
　　　应交税费——应交增值税(销项)　　　　403 805.31

凭证摘要与其他凭证摘要明显不一致,且该转账凭证没有附任何原始凭证。

(2)问题分析:据了解该公司近两年准备上市,上市公司须连续三年盈利才能具备上市条件,而公司在前9个月销售盈利状况都不好,12月份又出现收入与成本明显不配比的现象,有虚列收入虚增盈利嫌疑。

(3)审计过程:

①查看12月份应收账款的记账凭证,从中发现一笔摘要为"销售商品收入"的凭证,该凭证没附原始凭证,也没有指明客户;

②对应收账款进行科目趋势分析,发现无论是发生额还是余额,12月份较11月份都有较大幅度增加;

③审计人员就该问题询问了单位会计人员,会计人员承认了虚列收入的事情。

④审计人员根据以上事实,编制调整分录:

借:主营业务收入　　　　　　　　　　　　　3 106 194.69
　　应交税费——应交增值税(销项税)　　　　403 805.31
　贷:应收账款　　　　　　　　　　　　　　　3 510 000

(4)操作要求:

①查询12月份应收账款的记账凭证,找到摘要为"销售商品收入"的凭证,将其发送

到审计实施——"疑点底稿"平台(或者查看12月份应收账款明细账,从明细账中发现12月31日有笔金额为351万元的应收账款,然后进一步联查到凭证)。

②用"科目趋势分析"工具分别对应收账款1~12的发生额和余额进行趋势分析,将分析图形发送到"疑点底稿"。

③编制审计调整分录进行调整。

【操作指导】

①在审易主界面中单击"余额"按钮,进入余额表界面,科目选择"应收账款",科目级次选择"全部",月份分别选择01,02,…,12,查看应收账款各月的发生额。

②在审易主界面中单击"趋势"按钮,进入科目趋势分析界面,科目选择"应收账款","借/贷"栏下选择"借","余额发生"栏下选择"发",然后单击"分析"按钮,单击鼠标右键,图形类型选择"柱形",可得"应收账款"各月发生额分析图。将图形发送到审计实施阶段的"疑点底稿"平台。

③打开"对方科目分析"工具,输入本方科目—1122借贷方向选择"借",月份选择01~12,级次选择"1级",单击"刷新"按钮,得到分析结果即可。进一步联查明细账及凭证,寻找审计疑点,如图8.7所示。

图8.7 应收账款对方科目分析结果

④单击"账证查询"下的"询证函"工具,取数来源选择"从辅助账取数",进入询证函界面,选择应收账款余额较大的客户,单击"回出询证函"按钮,生成所选客户的询证函(限于实验条件,在此假设回函结果是债务人全额确认)。

⑤单击"账证查询"下的"账龄"工具,取数来源选择从辅助账取数",进入账龄分析界面,科目选择"应收账款",得到应收账款的账龄分析表,对账龄大于180天的客户,进一步联查其明细账及凭证,将审计疑点发送到疑点底稿平台。

⑥单击审易主界面中的"查询"按钮,输入查询条件:"科目编号"象"1122"和"凭证日期"象"12",在查询结果中寻找摘要为"销售商品收入"的凭证,将其发送到审计实施疑点底稿"平台。

⑦进入"审计调整分录"界面,编制案例8-2中的调整分录。

⑧在审易主界面中,打开底稿平台,编制问题工作底稿,注意将相关凭证作为附件添

加在底稿中;打开应收账款工作底稿,找到应收账款审定表,单击"取数",编制应收账款审定表。

8.3.3　坏账准备审计案例

在会计核算上,为了体现谨慎性原则,要按照应收账款的一定比例计提坏账准备。坏账准备计提的数额是否适当,直接影响到被审计单位的财务成果和资产额。审计人员在审计过程中,应分析确认坏账准备的提取范围是否符合要求;计提金额是否适当;坏账准备增减变动的记录是否完整;期末余额的确定是否正确;坏账准的报表披露是否恰当。针对上述审计目标,在进行坏账准备的实质性测试时,其审计程序包括以下几个方面:

①核对坏账准备的账表数据是否相等;

②审查坏账准备的计提金额是否正确;

③审查坏账准备的确认和转销是否正确;

④确认坏账准备的报表披露是否恰当。

【实验目的】

分析坏账准备的提取范围是否符合要求;计提金额是否恰当;期末余额是否正确。

【实验内容】

①坏账准备的案例分析;

②编制坏账准备的工作底稿。

【实验要求】

①根据【例 8.6】的背景资料和实验要求,模拟审计过程。

②编制坏账准备审定表底稿,运用职业判断形成审计结论。

【例 8.6】利用坏账准备调节利润。

(1)背景资料:

被查单位按应收账款余额百分比法计提坏账准备,根据以往的经验、债务单位的实际财务状况和现金流量等相关信息估计坏账准备计提率为 0.42%,已经批准并向有关各方备案,企业按年度计提坏账准备。

(2)查账疑点:通过科目查询,审计人员审查"坏账准备"账户时,有以下会计分录:

借:资产减值准备　　　　　　　　　　　　　　　24 600.83

　　贷:坏账准备　　　　　　　　　　　　　　　　　24 600.83

审计人员进一步审阅有关原始凭账和账簿记录发现应收账款 12 月末余额 5 713 090.3元,12 月 31 日其他应收款余额 77 546 元,应收票据余额 70 000 元,年初坏账准备余额3 221.62元,年度尚未发生坏账损失。

(3)问题分析:经复核,12 月 31 日"坏账准备"账应维持的坏账准备为 24 320.67 元,期初有坏账准备 3 221.62 元,于 4 月计提 24 600.83 元,应冲减 3 501.78 元。而该企业未冲坏账准备。经查,财务人员将计提坏账准备的基数不仅包括应收账款、其他应收款,还包含了应收票据,并且在计提坏账准备之前,未考虑"坏账准备"账实际余额,从而达到增大费用,逃避税收目的。

(4)审计过程：

①打开余额表，查看应收类科目的余额，可以看出应收账款 12 月余额为 5 713 090.3 元，其他应收款 12 月余额为 77 546 元，应收票据 12 月余额为 7 万元。

②查看坏账准备余额，发现为 27 822.45 元，而根据 12 月份应收账款和其他应收款的余额计算 12 月正确的坏账准备额应为 24 320.67 元。

(5)操作要求：

①将"坏账准备"明细账发送到底稿——疑点底稿(Excel 格式)；

②查看应收类科目的余额，并计算年末"坏账准备"账的正确余额；

③制作调整分录。

借：坏账准备——坏账准备   3 501.78

    贷：资产减值准备   3 501.78

【操作指导】

①打开余额表，查看应收账款、其他应收款和坏账准备 3 个科目的余额。

②打开明细账，查看"坏账准备"明细账，单击鼠标右镜选择"发送到底稿"，底稿格式选择 Excel 格式，审计阶段选部计实施下的"疑点底稿"。

③进入"审计调整分录"界面，编制【例 8.6】中的调整分录，如图 8.8 所示。

图 8.8　审计调整分录

④在审易主界面中，打开底稿平台，找到坏账准备工作底稿，进入坏账准备审定表页面，单击"取数"，编制坏账准备审定表。

8.4　审计采购与付款业务

【实验目的】

审计采购与付款业务。

【实验内容】

①审计采购业务；

②审计付款业务。

【实验要求】

计算机及审计软件，审计软件 5.8Setup(标准版)安装程序。

【实验资料】

8.4.1　应付账款审计案例

应付账款是购货与付款循环中的一个重要会计报表项目,是企业在经营过程中,因购买材料、商品与接受劳务供应而应付给供应商的款项。对应付账款的实质性测试程序包括:

①获取或编制应付账款明细表;

②审查应付账款明细账;

③函证应付账款;

④审查未入账的应付账款。

【实验目的】

练习利用审计软件审计应付账款的方法,编制应付账款的审计工作底稿。

【实验内容】

①应付账款的分析性复核;

②应付账款的案例分析;

③编制应付账款的工作底稿。

【实验要求】

①按照表 8.8 的要求,对应付账款进行分析性复核。

②根据【例 8.7】的背景资料和实验要求,模拟审计过程。

③编制应付账款审定表底稿,运用职业判断形成审计结论。

表 8.8　应付账款的分析性复核过程

审计步骤	操作提示
取得或编制应付账款明细表,复核其加计数是否准确,并与明细账、总账和报表的有关项目进行核对	打开"科目账"核对数据
对应付账款进行账龄分析。对照应付账款的账龄分析,检查有无长期挂账的应付账款,相应的会计处理是否正确	利用"账龄"工具,分析账龄长的项目
选取与被审计单位交易量大、往来频繁的重要供应商、长期挂账的应付账款、非正常购买形式或经常发生购货退回或购货退回数量大的供应商等,进行应付账款的函证	利用"询证函"工具,生成询证函
检查有无大额整数金额的应付账款和大额调整账项	利用异常应付账款增加模型进行检查

【例 8.7】利用应付账款转移利润

(1)查账疑点:审计人员于对该企业应付账款明细账进行查阅时,发现应付账款明细账的 1 月份、2 月份、3 月份、11 月份和 12 月份的余额均为借方余额,进一步审查记账凭

证,发现该企业存在借方科目为银行存款、贷方科目为应付账款的凭证。具体包括:

1月25日的凭证:

借:银行存款——工行(人民币户) 500 000

　贷:应付账款——应付账款 500 000

2月28日的凭证:

借:银行存款——工行(人民币户) 1 000 000

　贷:应付账款——应付账款 1 000 000

3月31日的凭证:

借:银行存款——工行(人民币户) 100 000

　贷:应付账款——应付账款 100 000

6月30日的凭证:

借:银行存款——工行(人民币户) 100 000

　贷:应付账款——应付账款 10 000

这4张凭证所附的原始凭证均为银行存款进账单和销售给北方能源设备总厂的销售发票。

(2)问题分析:审计人员认为根据所附的原始单据,这4笔业务属于销售业务。经询问被审计单位的会计和出纳人员,证明这4笔业务确属销售业务,被审计单位是为了转移和隐藏当月的销售收入,采取了上述非法的账务处理。一般情况下,会在其他月份或下一年度予以冲回,即借记"应付账款",贷记"主营业务收入"账户,以达到认为调节利润的目的。

(3)处理意见:根据《企业会计准则第14号——收入》,上述业务应确认为收入,假设被审计单位为一般纳税人,增值税税率为13%,所得税税率为25%,净利润中提取法定盈余公积10%,任意盈余公积10%,剩下的为未分配利润,则应作账务调整如下:

借:应付账款——应付账款 1 700 000

　贷:主营业务收入 1 504 424.78

　　应交税费 195 575.22

借:所得税 376 106.20

　贷:应交税费 376 106.20

借:主营业务收入 1 504 424.78

　贷:所得税 376 106.20

　　盈余公积 225 663.72

　　利润分配——未分配利润 902 654.86

(4)操作要求:

①利用"余额表"即"明细账"功能,查询1—12月的发生额及余额,将查询结果发送到疑点底稿;

②利用"凭证高级查询"工具查找上述4张凭证,将查询结果发送到疑点底稿;

③在"问题工作底稿"中新建底稿,记录发现问题,并将相关底稿作为附件添加在工

作底稿中；

④编制调整分录进行相关调整。

【操作指导】

①在审易主界面中，单击"明细账"快捷键，进入明细账界面，找到"应付账款"科目，进一步查看其明细账。

②在审易主界面中，单击"账证查询"下的"账龄"工具，进入账龄分析界面，对上年的应付账款进行账龄分析。

③在审易主界面中，单击"账证查询"下的"询证函"工具，取数来源选择"从辅助账取数"，进入询证函界面，选择应付账款余额较大的客户，单击"出询证函"按钮，生成所选客户的询证函（限于实验条件，在此假设回函结果是债权人全额确认）。

④在审易主界面中，单击"审计预警"下的"分录模型预警"模型，进入分录检查预警界面，如图 8.9 所示，选择"异常应付账款增加"模型，单击"执行"，得到检查结果，进一步查看凭证，选中疑点凭证，将其发送到疑点平台。

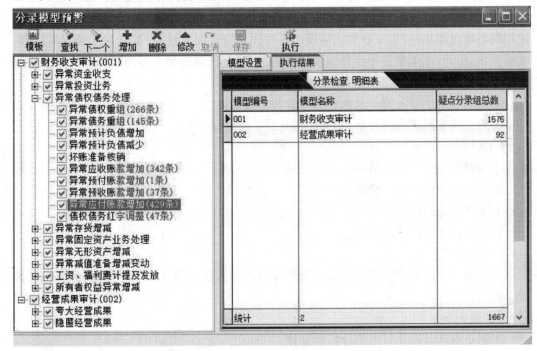

图 8.9　异常应付账款检查结果

⑤在审易主界面中，单击"账证查询"下的"凭证高级查询"，设定借方查询条件为："且，借方科目包含应付账款，金额>1 000 贷方查询条件为："且，贷方科目包含银行存款，金额>1 000"，点击"执行查询"按钮，即得到查询结果，如图 8.10 所示。

⑥打开底稿平台，找到应付账款工作底稿，编制应付账款审定表、应付账款账龄分析表、应付账款函证汇总表。

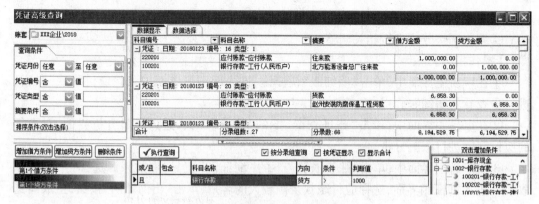

图 8.10　应付账款高级查询结果

8.4.2　固定资产及累计折旧的审计案例

固定资产是指生产商品、提供劳务、出租或经营管理而持有的使用寿命超过一个会计年度的有形资产。不属于生产经营主要设备的物品,但单位价值在 2 000 元以上,并且使用期限超过两年的,也应视为固定资产。对固定资产的审计,主要是为了确定其结存、增减变化、折旧、减值准备等业务或要求是否真实、合法与公允。对固定资产的实质性测试程序包括:

①索取或编制固定资产及累计折旧分类汇总表;

②验证固定资产的所有权;

③实地观察固定资产;

④审查固定资产增加情况;

⑤审查固定资产减少情况;

⑥审查固定资产折旧情况;

⑦审查固定资产减值情况。

【实验目的】

练习利用审计软件审计固定资产及累计折旧的方法,编制固定资产及累计折旧的审计工作底稿。

【实验内容】

①固定资产及累计折旧的分析性复核;

②固定资产及累计折旧的案例分析;

③编制固定资产及累计折旧的工作底稿。

【实验要求】

①按照表 8.9 的要求,对固定资产及累计折旧进行分析性复核。

②根据【例 8.8】的背景资料和实验要求,模拟审计过程。

③编制固定资产及累计折旧审定表底稿,运用职业判断形成审计结论。

表 8.9　固定资产及折旧的分析性复核过程

审计步骤	操作要求
取得或编制固定资产及折旧分类汇总表,复核其加计数是否正确,并与明细账、总账	利用"余额表"功能,查询固定资产科目下各明细科目的余额及累计折旧科目的余账和报表有关项目进行核对额,并与报表进行核对
实施分析性复核	利用"科目对比分析"工具,对累计折旧与固定资产进行分析
检查固定资产购置、建造的资本性支出是否符合规定	利用"对方科目分析"工具,对借方为固定资产的凭证的对方科目进行分析
检查固定资产价值变动是否得到有关部门的核准	检查固定资产贷方的对方科目不是固定资产清理或借方的对方科目不是货币资金的凭证
检查本年度减少固定资产的会计处理是否正确	审查固定资产发生额在贷方的凭证
检查固定资产的改良支出有无不通过在建工程"直接计入固定资产	查询摘要是否有改良支出的凭证

【例 8.8】盘亏资产处理不当。

(1)查账疑点:审计人员在对该公司审查固定资产及累计折旧时,发现 11 月"累计折旧"账户有一笔货方发生额为 400 000 元的记录,摘要为盘亏机器设备。追查到相关记账凭证,会计分录为:

借:待处理财产损溢——待处理固定资产损溢　　　　1 400 000

　贷:累计折旧　　　　400 000

　　固定资产　　　　1 000 000

(2)问题分析:盘亏的机器设备应转入待处理财产损溢账户,同时应将该设备已计提的累计折旧从借方转出,原值从贷方转出。根据累计折旧科目 1~12 月贷方发生额及余额分析可知,400 000 元的累计折旧是该项盘亏资产的已经计提的折旧额,而非本月应计提的折旧额,该笔会计分录处理不当。

(3)调查取证:审计人员进一步审阅了该记账凭证所附的原始凭证是一张固定资产盘存单,盘亏机器设备一台,原值 1 400 000 元,已提折旧 400 000 元,净值 1 000 000 元。

(4)处理意见:盘亏资产应将其原值和累计折旧转入待处理财产损溢,正确的会计分录应该是:

借:待处理财产损溢——待处理固定资产损溢　　　　1 000 000

　累计折旧　　　　400 000

　贷:固定资产　　　　1 400 000

建议编制调整会计分录对该张错误凭证进行调整。

(5)操作要求:

①从累计折旧余额表联查到累计折旧明细账,再进一步联查凭证并发送到疑点

307

底稿；

②查询"待处理财产损溢——固定资产损溢"明细账；

③在"问题工作底稿"目录下新建审计底稿，将审计问题描述为"物资设备损失"，将上述凭证以附件形式添加在底稿中；

④编制调整会计分录进行审计调整。

借：累计折旧   800 000

    贷：待处理财产损溢——待处理固定资产损溢   400 000

         固定资产   400 000

【操作指导】

①在审易主界面中，单击"余额"按钮，进入科目余额表界面，科目选择"1601"，科目级次选择"末级"，月份选择 01～12，得到固定资产各明细科目的余额及发生额表，然后与被审计单位提供的电子报表进行核对。

②在审易主界面中，单击"科目分析"菜单下的"科目对比分析"，进入"科目对比分析"界面，分子科目选择"累计折旧"，分母科目选择"固定资产"，单击"分析"按钮，得到对比分析结果，将结果发送至底稿，如图 8.11 所示。

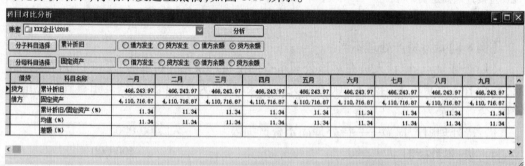

图 8.11 固定资产与累计折旧的科目对比分析结果

③在审易主界面中，单击"科目分析"菜单下的"对方科目分析"，进入"对方科目分析"界面，如图 8.12 所示，输入本方科目"固定资产"，借贷选择为"借"，对结果进行分析。

科目编号	科目名称	借方合计金额	贷方合计金额	比例
1001	库存现金		2,300.00	1.94%
1002	银行存款		44,690.00	37.71%
1122	应收账款		3,500.00	2.95%
1221	其他应收款		7,000.00	5.91%
1604	在建工程		57,345.40	48.39%
2221	应交税费		1,190.00	1.00%
			118,505.40	100.00%

图 8.12 固定资产的对方科目分析结果

④利用对方科目分析工具,方法同上,借贷选择为"贷",检查固定资产的价值变动是否得到有关部门的核准;本年度减少固定资产的会计处理是否正确。

⑤根据案例的实验要求,完成相关底稿的编制和调整会计分录的制作。

⑥打开底稿平台,找到固定资产工作底稿,编制固定资产审定表。

8.5　审计生产与存货业务

【实验目的】

审计生产与存货业务。

【实验内容】

①审计生产业务;

②审计存货业务。

【实验要求】

计算机及审计软件,审计软件 5.8Setup(标准版)安装程序。

【实验资料】

8.5.1　存货审计案例

《企业会计准则第 1 号——存货》规定,存货是指企业在日常活动中持有以出售的产成品或商品、处在生产过程中的在产品、在生产过程或提供劳务过程中耗用的材料和物料等。由于企业存货的品种、数量很多,收入支出频繁,存货金额在流动资产中占很大比重,存货的耗用又与产成品成本密切相关,所以存货审计是一项重要内容。一般来讲,存货审计的目标包括:确定存货是否存在;确定存货是否归被审计单位所有;确定存货增减变动的记录是否完整;确定存货的品质状况,存货跌价准备的计提是否合理;确定存货的计价方法是否恰当;确定存货余额是否正确;确定存货在会计报表的披露是否恰当。对存货的实质性测试程序包括:

①运用分析性复核程序进行存货审计;

②确定各存货明细项目与总账、报表的余额是否相符;

③存货监盘;

④确定存货是否归被审计单位所有;

⑤确定存货的品质状况,存货跌价准备的计提是否合理;

⑥确定存货的计价方法是否恰当;

⑦存货相关账户审计;

⑧确定存货在会计报表的披露是否恰当。

【实验目的】

练习利用审计软件审计存货的方法,明确存货审计的内容,掌握在审计软件的底稿平台编制存货审计工作底稿的方法。

【实验内容】

①存货的分析性复核；

②存货审计的案例分析；

③编制存货的审计工作底稿。

【实验要求】

①按照表 8.10 的要求,对存货进行分析性复核。

②根据【例 8.9】的背景资料和实验要求,模拟审计过程。

③编制坏账准备审定表底稿,运用职业判断形成审计结论。

表 8.10　存货的分析性复核过程

审计步骤	操作要求
取得或编制存货明细表,复核其加计数是否准确,并与各存货项目明细账、总账和报表有关项目进行核对	打开余额表,取得各项存货明细表
计算季度或月毛利率,检查年末存货价值的高估或低估	收入与成本比对
计算季度或月存货周转率,检查是否有过多存货或过时存货的存在	存货科目与成本比对
检查各种存货发出的计价方法是否前后各期一致	打开余额表,查存货贷方发生记录,分析计价方法是否合理
购入存货用于成本费用情况	对购入存货的贷方的对方科目进行分析
编制存货审定表	存货底稿平台

【例 8.9】存货跌价准备计提不正确。

(1)背景资料:

该企业半年计提一次存货跌价准备,12 月末存货可变现价值为 50 万元。

(2)查账疑点:审计人员在查阅某公司管理费用项目时,发现该企业 6 月份和 12 月份管理费用较其他月份有大幅增加的现象,通过细查发现该公司于 6 月和 12 月分别计提了存货跌价准备,且计提存货跌价准备的金额均为 10 万元。

编制会计分录:

借:管理费用　　　　　　　　　　　　　　　　　　100 000

　　贷:存货跌价准备　　　　　　　　　　　　　　　　100 000

(3)问题分析:经审查 6 月末存货跌价准备贷方余额 10 万元,12 月末存货账面成本 646 256.28 元,可变现价值为 50 万元,12 月末应计提的存货跌价准备为(64.63-50)-10=4.63(万元),不应该是 10 万元。

（4）审计过程

经过图形分析看出管理费用在 6 月和 12 月发生额最多,点击 6 月和 12 月柱状图进入明细分类账,进一步查找到 6 月份和 12 月份与其他各月不同的情况是计提了存货跌价准备,可以进一步穿透式查询到凭证。

经了解,该企业半年计提一次存货跌价准备,通过查询可知该企业已经于 6 月份计提过 10 万元存货跌价准备。则全年共计提存货跌价准备 20 万元。

我们查询存货发现该企业的存货即原材料,年末余额为 646 256.28 元,可变现价值为 50 万元。

（5）操作要求

①利用"科目趋势分析"功能查询各月的发生额,将图形发送到底稿(审计实施——实质性测试——损益类)。

②利用"对方科目分析"工具分析管理费用的对方科目,寻找管理费用发生的原因,发现分别于 6 月和 12 月计提 10 万元的存货跌价准备,将查询结果发送到工作底稿——疑点底稿(注意:第二张凭证应使用"追加到下列选中底稿的尾部"功能进行保存)。

③利用"账表查询"——"科目余额表"工具查询存货余额,选中存货类科目的数据,将其追加到上述底稿中。

④制作审计调整分录(调整分录的金额根据查询结果计算)。

借:存货跌价准备

　　贷:管理费用

【操作指导】

①在审易主界面中,单击"余额"快捷键,进入余额表界面,分别选择材料采购、在途物资、原材料、材料成本差异、库存商品、发出商品、周转材料等科目,科目级次选择"末级",月份选择 01～12,得到各项存货的余额及发生额表,与报表数据进行核对。

②在审易主界面中,单击"科目分析"下的"科目对比分析",分别输入分子科目"主营业务成本"、分母科目"主营业务收入",进行科目对比分析,并将结果发送到底稿。

③根据【例 8.9】的操作要求,完成相关底稿的编制和调整分录的制作。

④打开底稿平台,找到存货工作底稿,编制存货审定表。

8.5.2　应付职工薪酬审计案例

职工薪酬是指企业为职工在职期间和离职之后提供的全部货币性薪酬和非货币性福利,新《企业会计准则》中的"应付职工薪酬"包括了工资、职工福利费等项目,工资和福利费是企业成本费用的重要构成项目,是生产费用审计中十分重要的内容。应付职工薪酬的审计目标一般包括:确定期末应付职工薪酬是否存在;确定期末应付职工薪酬是否为被审计单位应履行的支付义务;确定应付职工薪酬计提和支取是否合理、记录是否完整;确定应付职工薪酬期末余额是否正确;确定应付职工薪酬在会计报表的披露是否恰当。对应付职工薪酬的实质性测试程序包括:

①获取或编制应付职工薪酬明细表;

②对本期应付职工薪酬的发生情况进行分析性复核；

③检查工资项目的核算内容；

④检查职工薪酬的计提是否正确,各期分配方法是否一致；

⑤检查应付职工薪酬的确认和计量；

⑥检查应付职工薪酬期末余额中是否存在拖欠性质的职工薪酬；

⑦确定应付职工薪酬在会计计报表的披露是否恰当。

【实验目的】

练习利用审计软件审计应付职工薪酬的程序,明确应付职工薪酬审计的内容,掌握在审计软件的底稿平台编制应付职工薪酬审计工作底稿的方法。

【实验内容】

①应付职工薪酬的分析性复核；

②编制应付职工薪酬的审计工作底稿。

【实验要求】

①按照表 8.11 的要求,对应付职工薪酬进行分析性复核。

②编制应付职工薪酬审定表底稿,运用职业判断形成审计结论。

表 8.11　应付职工薪酬的分析性复核过程

审计步骤	操作提示
取得或编制应付工资明细表,复核其加计数是否准确,并与明细账、总账和报表有关项目进行核对	利用余额表功能,打开工资明细账,与总账、报表核对
对工资的提取和发放按月进行比较,分析各月工资的提取和发放情况。或按照不同部门、不同车间、不同生产线计算上述比率,对于异常波动,听取被审计企业的解释,并取证；对于无法解释的波动,应作为审计线索进行追踪	利用"科目对比分析"功能,选取应付职工薪酬借方为分子,应付职工薪酬贷方为分母
抽查应付职工薪酬明细账贷方数是否与生产成本、制造费用、管理费用、产品销售费用、其他业务支出,在建工程中分摊的应付职工薪酬总数一致	利用"对方科目分析"工具,对应付职工霸酬贷方的对方科目分析
审核按规定代扣各种款项的会计处理是否正确	利用"凭证高级查询",条件查询应付职工薪酬借方支出
完成应付职工薪酬审定表	应付职工薪酬底稿平台

【操作指导】

①在审易主界面中,单击"余额"快捷键,进入余额表界面,选择应付职工薪酬科目,科目级次选择"末级",月份选择01~12,得到应付职工薪酬的余额及发生额表,与报表数据进行核对。

②在审易主界面中,单击"科目分析"下的"科目对比分析",分别输入分子科目"应付职工薪酬"、借贷方向选择"借方",分母科目"应付职工薪酬"借贷方向选择"贷方",进行发生额的科目对比分析,如图 8.13 所示,并将结果发送到底稿。

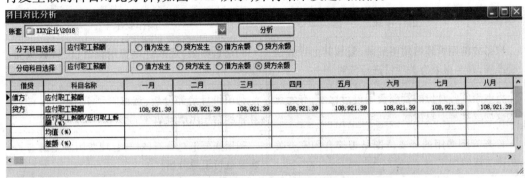

图 8.13　应付职工薪酬的科目对比分析结果

③在审易主界面中,单击"科目分析"下的"对方科目分析",输入本方科目"应付职工薪酬",本方借贷选择"贷方",分析其借方科目。

④打开底稿平台,找到应付职工薪酬工作底稿,编制应付工薪酬审定表。

8.5.3　管理费用审计案例

管理费用核算企业为组织和管理企业生产经营所发生的管理费用,管理费用因其核算的内容繁多而成为审计的重点和难点。管理费用的审计目标包括:确定管理费用的记录是否完整;确定管理费用的计算是否正确;确定管理费用的披露是否恰当。对管理费用的实质性测试程序包括:

①获取或编制管理费用明细表;

②检查其明细项目的设置是否符合规定的核算内容与范围;

③将本期、上期管理费用各明细项目做比较分析,必要时比较年期各月份管理费用,对有重大波动和异常情况的项目应查明原因,必要时作适当处理;

④选择管理费用中数额较大,以及本期与上期相比变化异常的项目追查至原始凭证;

⑤审查管理费用在会计报表的披露是否恰当。

【实验目的】

练习利用审计软件审计管理费用项目的程序,明确管理费用审计的内容,掌握在审计软件的底稿平台编制管理费用审计工作底稿的方法。

【实验内容】

①管理费用的分析性复核;

②管理费用审计的案例分析;

③编制管理费用的审计工作底稿。

【实验要求】

①按照表 8.12 的要求,对管理费用进行分析性复核。

②根据【例8.10】的背景资料和实验要求,模拟审计过程。

③编制管理费用审定表底稿,运用职业判断形成审计结论。

表8.12　管理费用的分析性复核过程

审计步骤	操作要求
取得或编制管理费用明细表,复核其加计数是否准确,并与报表有关项目进行核对	利用余额表,选取管理费用科目,科目级次为全部
将本年度各月份的管理费用进行比较,有无重大波动或异常项目情况	利用科目趋势分析,选取管理费用科目,对各月管理费用出图分析
检查管理费用的开支范围是否符合国家有关法律法规的规定	利用摘要汇总分析,对与管理费用发生的有关摘要进行汇总分析
检查费用开支是否超过规定标准。检查《业务招待费业财务制度》中规定的支付	利用科目对比分析,将管理费用中业务招待费与主招待费与主营业务收入进行比对分析
抽查数额较大的或异常的重大项目,检查重大项目是否合规、合法,会计处理是否正确	利用凭证高级查询,查管理费用借方发生额
完成管理费用审定表	管理费用工作底稿平台

【例8.10】将产品成本的构成要求计入管理费用。

(1)查账疑点:审计人员在对该企业2004年的"管理费用"进行抽样检查时发现,有工资10 000元摘要不明,比较可疑,决定进一步查证。

审计人员查阅了前面1月记账凭证,摘要为"计提车间管理人员工资",凭证要求分别为:

借:管理费用——工资　　　　　　　　　　　　　　　10 000

　　贷:应付工资　　　　　　　　　　　　　　　　　　10 000

经过查证原始凭证并询问有关会计人员,确认该企业将应记入制造费用"的车间管理人员工资10 000元记入当期"管理费用"账户。

在管理费用中对摘要含"车间"的进行查询,又发现一笔车间的折旧费计入当期费用。

(2)问题分析:被查企业混淆了产品成本与期间费用的界限,造成成本不实利润虚减。

(3)操作要求

①利用审计抽样工具进行审计抽样,抽样参数如下:

抽样库表——凭证库

抽样字段——借方金额

抽样条件——科目编号　象5502

可靠性和误差——97.5%

误差率和错误率——1

②从抽样结果中找出摘要为"计提车间管理人员工资"的凭证,将其发送到疑点底稿;

③利用查询工具查询"科目代码"象 5502(管理费用),凭证摘要中含"车间"凭证,将计提折旧的凭证发送到疑点底稿;

④假设有 50%的产品没有售出,编制调整分录调整本年利润。

借:库存商品　　　　　　　　　　　　　　　　　　　　　7 500

　　贷:主营业务成本　　　　　　　　　　　　　　　　　　7 500

【操作指导】

①在审易主界面中,单击"余额"快捷键,进入余额表界面,选择管理费用科目,科目级次选择"末级",月份选择 01～12,得到管理费用的余额及发生额表,与报表数据进行核对。

②在审易主界面中,单击"科目分析"下的"科目趋势分析",对 01～12 的管理费用科目的借方发生额进行分析,生成柱状图形如图 8.14 所示,并发送到底稿。

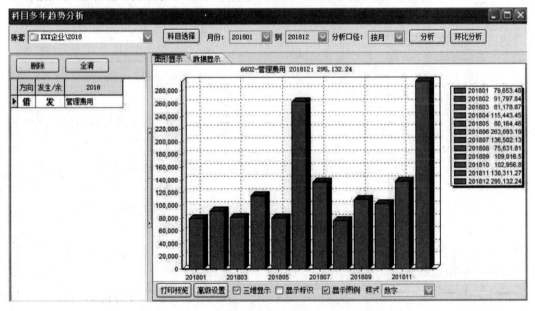

图 8.14　各月管理费用的科目趋势分析结果

③在审易主界面中,单击"科目分析"下的"摘要汇总分析",进入分析界面,在科目选择处选择管理费用科目,月份选择 01～12,然后单击"分析",得到分析结果,将发生频率大于 10 的记录另存为中间库,以备进一步分析之用。

④在审易主界面中,单击"科目分析"下的"科目对比分析",分别输入分子科目"管理费用——业务招待费"、借贷方向选择"借方",分母科目"主营业务收入"借贷方向选择"贷方"进行发生额的科目对比分析,并将结果发送到底稿。

⑤在审易主界面中,单击"账证查询"下的"凭证高级查询",设定借方查询条件为:

"且,借方科目包含管理费用,金额>1 000",点击"执行查"按钮,即得到查询结果,将结果发送到底稿。

⑥根据案例的实验要求,完成相关底稿的编制和调整分录的制作。

⑦打开底稿平台,找到货币资金工作底稿,编制货币资金审定表。

参考文献

［1］陈伟.计算机审计［M］.2版.北京：中国人民大学出版社,2019.

［2］陈福军.计算机辅助审计应用教程［M］.北京：清华大学出版社,2011.

［3］田分.计算机审计实务［M］.北京：经济科学出版社,2009.

［4］梁素萍.计算机审计实验［M］.上海：上海财经大学出版社,2010.

［5］杨闻萍.计算机审计理论与实务［M］.北京：中国铁道出版社,2014.

［6］饶艳超.计算机审计教程［M］.上海：上海财经大学出版社,2016.

［7］马春静.计算机辅助审计实用教程［M］.上海：上海财经大学出版社,2016.

［8］黄作明.信息系统审计［M］.大连：东北财经大学出版社,2012.

［9］毛华扬,张志恒,等.审计信息化原理与方法［M］.北京：清华大学出版社,2013.

［10］吴喜之.Python——统计人的视角［M］.北京：中国人民大学出版社,2018.